Dr. Otto Piper

Der Spuk

**Die wichtigsten Geschehnisse
aus der Welt des Übersinnlichen**

KÖNIG

Die Deutsche Bibliothek verzeichnet diese Publikation in der
Deutschen Nationalbibliografie; detaillierte bibliographische
Daten sind im Internet abrufbar über: *www.dnb.ddb.de*

Das Verzeichnis lieferbarer Bücher (VLB), die umfangreichste Datenbank für den deutschsprachigen Buchhandel, verzeichnet diese Publikation im entsprechenden Sachgebiet; detaillierte Bestell-Daten sind im Internet abrufbar über: *www.vlb-katalog.de*

Für Privatkunden und Interessenten hält der Buchverlag König ein umfangreiches Angebot von Publikationen und wichtigen Zusatzinformationen im Internet bereit unter: *www.buchverlag-koenig.de*

ISBN 978-3-939856-33-7

© 1. Auflage 2009 by Buchverlag König, Greiz/Thür.
Reprint der 1917 im Verlag J.P. Bachem, Köln erschienenen Ausgabe

Das gesamte Werk ist im Rahmen des Urheberrechtsgesetzes geschützt. Jede vom Verlag nicht genehmigte Verwertung ist unzulässig. Dies gilt auch für die Verbreitung durch Funk, Fernsehen, photomechanische Wiedergabe, Tonträger jeder Art, elektronische Medien sowie für auszugsweisen Nachdruck.

Satz,Layout: Satz- und Druckhaus Greiz, billy
Titelbild: Foto: Anett Röglin, Gestaltung: billy
Druck & Verarbeitung: digitaldruck.at, Loebersdorf

DER SPUK

250 Geschehnisse aller Arten und Zeiten

aus der Welt des Uebersinnlichen

gesammelt und behandelt von

OTTO PIPER

Dr. phil. h. c. et iur.

> Wir tappen alle in Geheimnissen
> und Wundern.
> Goethe.

Erstes bis zehntes Tausend

KÖLN 1917

Verlag und Druck von J. P. Bachem

Inhaltsverzeichnis.

	Seite
Erstes Kapitel: Allgemeines	7
Zweites Kapitel: Doppelgängerei	24
Drittes Kapitel: Zweites Gesicht und Vorzeichen besonders des Todes	39
Viertes Kapitel: Spukorte	67
Fünftes Kapitel: Andauernde Verfolgung einzelner durch Spuk	96
Sechstes Kapitel: Erscheinen Sterbender und Verstorbener	107
Siebentes Kapitel: Andere Anzeigen des Ablebens	137
Achtes Kapitel: Die wilde Jagd und Verwandtes	147
Neuntes Kapitel: Spuksichtige und spukende Tiere	158
Schlußsätze	165
Sach- und Namenregister	167

Erstes Kapitel.

Allgemeines.

Spuk in der jetzt gebräuchlichsten Bedeutung des Wortes wird man etwa so bestimmen können als von den menschlichen Sinnen, besonders Gesicht und Gehör, wahrnehmbare, unirdische, rätselhafte und darum unheimliche Vorfälle mannigfacher Art. Zu solchen von einander verschiedenen Arten von Spuk gehört besonders das Erscheinen Lebender an anderen Orten als an welchen sie sich in Wirklichkeit aufhalten, solches schon Verstorbener, ferner das Vorhersichtbarwerden oder andere Vorzeichen erst künftiger Ereignisse, unerklärliche, besonders an bestimmte Orte geknüpfte Wahrnehmungen des Gesichts oder Gehörs und dergleichen mehr. Spuk kann nicht gewollt oder auch nur vorhergesehen werden, und er kann daher auch nicht wie die (oft nur vorgetäuschten) Künste der Spiritisten und ihrer Medien Gegenstand von Experimenten sein. Diese sowie die Träume Schlafender oder die Wahnvorstellungen körperlich oder geistig Kranker und dergleichen — über welche weite Gebiete es auch schon eine überreiche Fachliteratur gibt — sind daher in diesem Buche nicht zu behandeln.

Wenn bekanntermaßen viele Menschen „nicht an Spuk glauben", so braucht das ja keinen an seiner Ueberzeugung vom Gegenteil irgendwie irre zu machen. Jenes versteht sich ja fast von selbst bei allen denen, welche weder selbst einen Spuk erlebt, noch sich hinlänglich mit der Sache beschäftigt haben, um genug zuverlässige Nachrichten von unzweifelhaften Spukfällen zu kennen. [1] Es kommt hinzu, daß jeder vor anderen lieber als ein „aufgeklärter"

---

[1] Wie C. Flammarion in seinem Buche „L'Inconnu" schreibt, findet sich im Durchschnitt unter zwanzig Personen eine, die entweder einen Spukfall selbst erlebt hat oder in ihrer nächsten Umgebung davon gehört hat.

Mensch erscheint, denn als ein leichtgläubiger oder gar beschränkter Man kann solchen mit Recht entgegnen, was Schopenhauer („Versuch über Geistersehen" Seite 243) mit minderem Rechte von „den Tatsachen des animalischen Magnetismus und seines Hellsehens" schreibt: „Wer sie bezweifelt, ist nicht ungläubig, sondern unwissend zu nennen."

Dazu, sich das Wesen des Spuks möglichst klar zu machen, bedarf es natürlich vor allem einer hinlänglichen Kenntnis des vorhandenen tatsächlichen Materials, d. h. einer den verschiedenen Arten nach möglichst vollständigen Beispielsammlung von unzweifelhaften Spukfällen, wie sie deshalb in diesem Buche geboten wird.

Dazu mag vorweg im allgemeinen bemerkt werden, daß inbezug auf die Glaubwürdigkeit der Angaben bei Spukfällen die Sache deshalb besonders günstig steht, weil aus dem schon angegebenen Grunde einer sich hier nicht leicht veranlaßt finden wird, nur Erdachtes vorzubringen. Werden doch deshalb manche wirkliche Spukfälle sogar von den Beteiligten geflissentlich verheimlicht aus Besorgnis, sich in den Ruf der Geisterseherei, die Wohnung in den einer von Spuk heimgesuchten zu bringen oder Nahestehende zu beunruhigen. „Spökenkieker", d. h. Gespensterseher, ist im Niederdeutschen nahezu ein Schimpfwort. Im 6. Kapitel haben wir einen Fall, wo Nachtwächtern selbst von Obrigkeits wegen über einen beobachteten Spuk Stillschweigen auferlegt wird. Nicht selten handelt es sich auch um Gewährsleute, denen die für ihre Erzählung nötige Phantasie gar nicht zuzutrauen wäre.

Wenig können der Zahl nach hieneben die Spukgeschichten in Betracht kommen, die man sich etwa erdacht hat, um sich wichtig oder andere fürchten zu machen.

Wie der weitaus meiste wirkliche und überhaupt erwähnenswerte Spuk durch menschliche Kunst gar nicht nachgemacht werden könnte, kann es sich den Umständen nach auch verhältnismäßig nur selten um einen zu irgendwelchem Zweck künstlich in Szene gesetzten Spuk handeln. Davon freilich, daß das schon in alten Zeiten vorkam, wird in der Zimmerischen Chronik I, S. 55 folgendes hübsche Beispiel erzählt:

Im 14. Jahrhundert hatte ein leichtsinnig wirtschaftender Abt von Reichenau dem Herrn von Bodman den Mindelsee geschenkt, welchen nach seinem Tode das Kloster vergebens zurückzuerhalten sich bemühte. „Do rusten die Münch ein spectrum oder ein lebendigen gaist zu, der fur nachts in eim schiff uf dem see, ließ sich etwan mit feur oder prennenden lichtern sehen. Er wardt durch anstiften des abts in der Reichenow befragt, was er allda thet oder zu schaffen, gab der gaist antwurt, er wer der vorgendt prelat und mocht nit selig werden oder zu ruwen komen, es hetten dann die von Bodmen dem gotzhaus den see wiederumb zugestellt. Darumb waren die edelleut vilmals ernstlichen angesucht, aber sie woltens nit merken oder den see faren lassen. Also da alles versuchen vergebens, do stunden die münch von irer forderung, und damit so wardt auch der lebendig zugericht gaist auch abgestellt. Der wardt hinfüro bei dem see nit mehr weder gesehen oder gehört."

Anderseits kann es auch vorkommen, daß ein Vorfall, der in allem als ein unzweifelhaft echter Spuk erscheint, doch auf natürliche Weise zu erklären ist. Das nachstehende Beispiel ist dem zehnten von Walter Scotts „Letters on demonology and witchcraft" entnommen.

„In Plymouth bestand ein Klub von Herren, die sich mit Wissenschaft und Literatur beschäftigten. Während des Herbstes und Winters tagte er auf dem Grundstücke einer Wirtschaft, jedoch um für sich zu bleiben, in einem abgesondert vom Hauptgebäude im Garten liegenden Sommerhause. Einige der Mitglieder hatten einen eigenen Schlüssel zu dem Garten, so daß sie zu dem Sommerhause gelangen konnten, ohne durch die Wirtschaft zu gehen. Die Mitglieder des Klubs führten in demselben einer nacheinander den Vorsitz.

„Bei einer Zusammenkunft im Winter war der damalige Vorsitzende sehr krank und es hieß, daß er im Sterben liege. Aus einem Gefühl des Respekts hatte man den Stuhl, welchen er hätte einnehmen sollen, leer gelassen und man unterhielt sich über den Verlust, den die Gesellschaft durch sein Ableben erleiden würde. Während man dies traurige Thema behandelte, öffnete sich plötzlich die Tür, und die Erscheinung des Vorsitzenden trat ein. Er trug einen weißen Umhang (wrapper) und eine Nachtmütze, und die Erscheinung war die des Todes selbst. Mit ungewöhnlicher Würde eingetreten, nahm er auf dem Präsidentensitz Platz, hob das vor ihm stehende leere Glas, führte es mit einer Verbeugung gegen die Anwesenden an die Lippen, stellte es wieder auf den Tisch und verließ danach das Zimmer ebenso stillschweigend wie er gekommen war. Die Gesellschaft war tief erschüttert, und nach kurzer Besprechung der seltsamen Erscheinung beschloß man, zwei Mitglieder abzusenden, um zu sehen, wie es dem Präsidenten gehe. Sie kamen mit der schrecklichen Nachricht zurück, daß der Freund an dem Abend gestorben sei.

„Die bestürzte Gesellschaft beschloß, über das wunderbare Gesicht absolutes Stillschweigen zu bewahren. Die Herren waren zu sehr Philosophen, um zu glauben, daß sie wirklich den Geist des Verstorbenen gesehen hätten und zugleich waren sie zu verständig, um den Aberglauben des Volkes durch ein zweifelloses Zeugnis für ein Gespenst verstärken zu wollen. Gleichwohl fanden unbestimmte Gerüchte über den Vorfall ihren Weg in die Oeffentlichkeit."

Wer die Erzählung Walter Scotts bis hier gelesen hat, wird schwerlich mit den Klubmitgliedern gleicher Ansicht, vielmehr nach den angegebenen besonderen Umständen überzeugt sein, daß, wie ähnliches so oft geschehen ist, der Vorsitzende im Augenblick seines Todes durch sein spukhaftes Erscheinen von seinen Freunden Abschied nehmen wollte. Gleichwohl ist das zweifellos nicht der Fall gewesen.

„Mehrere Jahre später", — heißt es nämlich bei Scott weiter — „war eine alte Frau, welche lange Krankenpflegerin gewesen war, heftig erkrankt und wurde auf ihrem Sterbebette von einem Mitgliede des Klubs behandelt. Diesem bekannte sie mit dem Ausdruck lebhaften Bedauerns, daß sie seinerzeit den Herrn, dessen Erscheinung den Klub so sehr erregt habe, gepflegt hätte, und daß sie wegen der Umstände, unter welchen er gestorben sei, Gewissensbisse habe. Da seine Krankheit, fuhr sie fort, mit Irrsinn verbunden gewesen war, hatte man ihr für die Dauer derselben eine strenge Beaufsichtigung zur Pflicht gemacht. Unglücklicherweise aber war sie eingeschlafen und während ihres Schlafes hatte der Kranke das Zimmer verlassen. Als sie dann erwachte, fand sie das Bett leer. Sie eilte aus dem Hause, um ihren Pflegling zu suchen und traf ihn auf dem Rückwege. Als sie ihn wieder zu Bett gebracht hatte, starb er sogleich. Alsbald darauf kamen die zwei Herren des Klubs, um sich nach seinem Befinden umzusehen, und erfuhren, daß er schon gestorben war. Der Kranke hatte im Delirium sehr natürlich den Weg nach dem Klub genommen, weil er sich dunkel der Pflichten des Abends erinnerte. Im Kommen und Gehen hatte er den Privatschlüssel benutzt, der ihm den Weg abkürzte, während die nach ihm ausgesandten Herren den weiteren Weg gingen, und so hatte er Zeit gehabt, in das Bett zurückzukehren, welches sein Sterbebett werden sollte, bevor die Herren sein Zimmer erreicht hatten.

So hatte der vor Jahren geschehene Vorfall, welcher sicher als ein besonders interessanter, gewissermaßen typischer und völlig beglaubigter Spuk erschienen war, in allem völlig ungezwungen seine natürliche Erklärung gefunden und die Klubherren waren nun beflissen, solche im Publikum hinlänglich bekannt werden zu lassen."

Auch davon, wie der Versuch, einen Spukfall als ein natürliches Vorkommnis zu erklären, ein verfehlter sein kann, gibt uns Walter Scott a. a. O. wider Willen zwei Beispiele. Das erste derselben findet man da wie folgt mitgeteilt:

„Ein in der politischen Welt wohlbekannter Herr von hohem Range, der mir diesen Vorfall selbst erzählt hat, hatte noch nicht

Erstes Kapitel. Allgemeines. 11

lange seinen Rang und Titel bekommen, als unter seiner Dienerschaft das Gerede von einem sonderbaren zur Nachtzeit in dem Familienhause gehörten Rumoren (noise) ging, dessen Spur nicht zu finden war. Der Herr beschloß, selbst mit einem Diener zu wachen, der in der Familie alt geworden war und begonnen hatte, über das Klopfen, welches sobald auf das Ableben seines alten Herrn gefolgt war, seltsame Dinge zu murmeln. Sie wachten, bis der Lärm sich hören ließ, dem man ja in der Stille der Nacht mehr Bedeutung beilegt, als wenn er mit dem des Tags vermischt ist. Als nun der Herr und der Diener dem wieder Gehörten nachspürten, kamen sie in einen kleinen Raum, in welchem verschiedene Vorräte der Familie aufbewahrt wurden. ʻSie blieben dort einige Zeit, bis das Rumoren wieder hörbar wurde. Endlich kam es wieder, aber leiser als es ihnen vorher erschienen war, indem es aus der Entfernung auf ihre Einbildungskraft gewirkt hatte. Die Ursache wurde nun sofort entdeckt. Der Lärm (tumult) rührte von einer Ratte her, welche in einer Falle gefangen war. In ihrem Bemühen, herauszukommen, vermochte sie die Tür ihres Gefängnisses bis zu einer gewissen Höhe zu heben, worauf sie sie wieder fallen lassen mußte. Und der infolgedessen durch das Haus widerhallende Lärm hatte die Beunruhigung verursacht, welche ohne das kaltsinnige Dazwischentreten des Eigentümers zu einer beglaubigten Geistergeschichte geworden sein möchte."

Man wird gegen diese natürliche Erklärung füglich einwenden können, daß mit dem Türlein einer Rattenfalle, die nicht so hoch gelupft wurde, daß das Tier sich darunter hätte durchzwängen können, schwerlich ein von einem abgelegenen Vorratsraum aus durch das Haus schallender Lärm verursacht werden konnte. Das in der Nähe nur leisere (!) Geräusch war auch gewiß ein anderes als das in der Entfernung lauter gehörte, und wie lange sollte auch die Ratte schon in der Falle gesessen haben?

Das zweite der erwähnten Beispiele ist folgendes:

„Ein Landmann aus Teviotdale ritt von einem Jahrmarkt, auf welchem er etwas, aber nicht übermäßig, gekneipt hatte, nach Hause, und er dachte dabei mit einiger Aengstlichkeit an das Bedenkliche eines Rittes, der auf einer einsamen Landstraße an einem Friedhofe vorüberführte. Schon ganz in die Nähe desselben gekommen, sah er im Mondlicht auf der ihn umgebenden Mauer eine bleiche weibliche Gestalt stehen. Der Weg war sehr schmal, so daß er nicht ausweichen konnte, aber der einzige, welcher nach seinem Hause führte, und er mußte sich deshalb entschließen, an dem Gespenst vorüber zu reiten. Möglichst langsam näherte er sich demselben, welches bald ganz ruhig und stillschweigend da stand, bald die Arme schwenkte und Unverständliches zum Monde hinauf sprach. Ganz nahe gekommen, spornte der Landmann sein Pferd zum Galopp an; aber das Gespenst verpaßte die Gelegenheit nicht. Es gelang ihm, sich auf das Pferd zu werfen und den Reiter zu umfassen, ein Manöver, welches nicht nur die Schnelligkeit des Pferdes, sondern auch den Schrecken des Reiters noch vermehrte, denn die Hand, welche sich an ihm festhielt, war kalt wie die einer Leiche. Endlich zu Hause angekommen, befahl er den herbeikommenden Dienern, den Geist herunterzunehmen. Sie nahmen hiernach ein weißgekleidetes Frauenzimmer herab, während der arme Landmann ins Bett gebracht wurde, wo er wochenlang an einem schweren Nervenfieber krank lag. Die Frau wurde als eine Irrsinnige erkannt, welche, plötzlich Witwe eines geliebten Mannes geworden, wenn sie aus ihrem Gewahrsam entkommen konnte, auf den Friedhof ging und am Grabe heftig weinte, zuweilen auch ausspähend auf der Mauer stand und jeden fremden Reiter für ihren verstorbenen Ehemann hielt."

Scott fügt hinzu: „Wenn diese Frau, was sehr wohl möglich gewesen wäre, von dem Reiter unbemerkt, vom Pferde heruntergefallen wäre, würde es wohl sehr schwer gewesen sein, jenen davon zu überzeugen, daß er nicht wirklich einen Teil seines Rittes mit einem hinter ihm sitzenden Geist gemacht habe."

Ich bin jedoch meinerseits der Meinung, daß dies wirklich der Fall gewesen, und der Ausgang des Vorfalles unrichtig überliefert worden ist. Abgesehen auch von der sonstigen wenig Sinn habenden Erklärung, wird ja da einer irrsinnigen gewöhnlichen Frau in langen Kleidern, welche schwerlich jemals auf einem Pferde gesessen hatte, ein gymnastisches Bravourkunststück auf freier Bahn zugeschrieben, welches gewiß auch die geübteste kurz geschürzte Kunstreiterin in einem geschlossenen Zirkus kaum fertig gebracht hätte. —

Zur Frage von den nur erdachten Spukgeschichten ist die folgende besonders zu Anfang des vorigen Jahrhunderts in der periodischen Literatur viel verbreitete gewesen von besonderem Interesse. Der tatkräftige König Karl XI. bewohnte in Stockholm das mit der Aussicht auf den Mälarsee auf dem Ritterholm gelegene Schloß. An einem späten Herbstabend des Jahres 1697 weilte er in Gesellschaft seines Günstlings, des Grafen Brahe, und des Leibarztes Doktor Baumgarten in einem Gemache, welches in dem in Hufeisenform gebauten Schlosse dem großen Saale gegenüberlag, der bei Gelegenheit den Ständen zum Versammlungsorte diente. Plötzlich sah man die Fenster dieses sonst verschlossen gehaltenen Saales erleuchtet, und der König, wiewohl heftig erschrocken, erklärte, die Sache selbst untersuchen zu wollen. In Begleitung des vom Leibarzt aus dem Bette geholten Kastellans, der die Schlüssel hatte, begab man sich mit brennenden Lichtern dahin. In einer zum Ständesaal führenden Galerie fand man die mit Holz getäfelten Wände jetzt schwarz behangen, und der Kastellan warnte vergebens davor, weiter zu gehen, da die unlängst verstorbene Königin dort umgehe. Der König befahl, die Türe des Saales zu öffnen, aus welchem ein seltsames Geräusch sich hören ließ, und als er mit dem Fuße gegen dieselbe stieß, hallte es wie ein Kanonenschlag von dem Gewölbe wider. Da keiner seiner Begleiter sich entschließen konnte, aufzuschließen, mußte er es selbst tun, und mit den Worten „In Gottes Namen denn!" trat er in den Saal. Dieser war von sehr vielen Fakkeln erhellt, und auch hier anstatt der vormals farbigen Tapete mit einer schwarzen bekleidet. Unter den sonst zur Dekoration angebrachten Bannern war das schwedische mit einem Trauerflor umhüllt. Eine unzählbare schwarz gekleidete Versammlung aus allen vier Ständen des Reiches hatte ihrem Range nach geordnet die Sessel und Bänke eingenommen. Auf dem erhöhten Throne, von dessen Stufen aus der König die Versammlung anzureden pflegte, saß ein blutiger, mit dem Zeichen der Königswürde angetaner Leichnam. Zu seiner Rechten stand ein gekröntes Kind mit dem Szepter in der Hand, während zur Linken ein bejahrter Mann in dem Mantel der ehemaligen Reichsverweser sich auf die Lehne des Thrones stützte. Gegenüber dem letzteren umgaben mehrere gravitätische Gestalten einen mit Büchern und Pergamenten bedeckten Tisch. Vor dem Throne stand ein von einem Trauerflor umhüllter Block, auf welchem ein Beil lag. Ein dumpfes Gemurmel ging eine Weile durch die Reihen der Anwesenden, von welchen niemand die Gegenwart des Königs und seiner Begleiter zu bemerken schien. Da stand der älteste der Richter auf und klopfte dreimal mit der Hand auf das vor ihm liegende Buch, worauf die größte Stille eintrat. Einige reich gekleidete Männer in der Blüte der Jahre und entschlossenen Angesichts traten in den Saal. Ihre Hände waren auf den Rücken gebunden, und hinter ihnen ging ein starker in braunes Leder gekleideter Mann, der die Enden der Stricke, mit welchen sie gebunden waren, hielt. Der vorausgehende der Gefesselten blieb in der Mitte des Saales stehen und betrachtete den Richtblock mit stolzer Verachtung. Der Leichnam auf dem Throne zitterte wie in konvulsivischer Bewegung, und frische Blutstropfen floßen aus seiner Wunde. Der Gebundene kniete nieder, legte seinen Kopf auf den Block, das Beil funkelte durch die Luft und fiel mit Geräusch nieder. Ein Blutstrahl bespritzte die Stufen des Thrones, und der Kopf des Gerichteten rollte bis zu Karls Füßen und befleckte sie mit Blut. Der König, dessen Zunge bisher von Entsetzen gelähmt war, näherte sich wankend dem Manne in dem Reichsverwesermantel und sprach: „Wenn du Gottes bist, so rede; bist du des andern, so laß uns in Frieden." Das Gespenst antwortete ihm langsam und feierlich: „König Karl! Dies Blut wird nicht unter deiner Regierung vergossen werden, wohl aber unter dem fünften nach dir. Wehe, wehe dem Blut Wasa!" Hier wurde die Stimme weniger deutlich, die Gestalten der Versammelten schienen durcheinander zu verschwimmen und verschwanden dann unter Geräusch mit dem Fackellicht völlig, nachdem die Erscheinung ungefähr zehn Minuten gedauert hatte, doch blieb auf einem Schuh des Königs ein roter Fleck zurück, der nicht verging. Karl XI. ließ alsbald eine Relation des Geschehenen aufsetzen und fügte der Unterschrift seiner Begleiter die eigene hinzu. Der Schlußsatz des noch vorhandenen Dokuments lautet: „Wenn das, was ich, der König, hiermit bekräftige, nicht die redlichste Wahrheit ist, so leiste ich Verzicht auf jede Hoffnung eines seligen Lebens, welches ich vielleicht verdient haben könnte durch einige gute Werke, durch meinen Eifer, mein Volk glücklich zu machen, und durch meine Anhänglichkeit an die Religion meiner Vorfahren." — Der spukhafte Vorfall fand 1792 seine Erklärung oder richtiger das zweite Gesicht seine Erfüllung durch die Ermordung Gustavs III. durch Anckarström, der unter dem unmündigen Gustav IV. Adolf, dem fünften nach Karl XI., hingerichtet wurde, während der Herzog von Södermanland die Reichsverweserschaft führte.

Die genauen Einzelheiten der (hier noch gekürzten) Darstellung, sowie die ihr noch hinzugefügte Angabe, daß das erwähnte „authentische Dokument noch vorhanden" sei, machen es erklärlich, wenn Dr. theol. Horst in seiner „Deuteroskopie" (1830) II S. 176 es deshalb für „Vermessenheit" hält, der wenn auch unbegreiflichen Erscheinung den Glauben zu versagen. Wenn solches jedoch von anderer Seite geschieht unter Berufung darauf, daß die Spukgeschichte sich vor 1792 nirgends erwähnt finde, so dürfte das eine so wenig wie das andere nachzuweisen sein. —

Zu dem hier behandelten[1]) Thema bemerkt noch Schopenhauer („Versuch über Geistersehen" S. 314): „Manche Geistergeschichten sind allerdings so beschaffen, daß jede anderweitige Auslegung große Schwierigkeit hat, sobald man sie nicht für gänzlich erlogen hält. Gegen dies letztere aber spricht in vielen Fällen teils der Charakter des ursprünglichen Erzählers, teils das Gepräge der Redlichkeit und Aufrichtigkeit, welches seine Darstellung trägt, mehr als alles jedoch die vollkommene Aehnlichkeit in dem ganz eigentümlichen Hergang und Beschaffenheit der angeblichen Er-

---

[1]) Weiteres darüber ist auch in Dr. W. Ludwig, „Spaziergänge eines Wahrheitssuchers" (1890) ausgeführt.

scheinungen, soweit auseinander auch die Zeiten und Länder liegen mögen, aus denen die Berichte stammen[1]."

Darum bemerkt Schopenhauer a. a. O. S. 295 weiter: „Man muß annehmen und erwägen, daß von den Tatsachen, welche dem gesamten Gegenstand der gegenwärtigen Betrachtung angehören, auf eine öffentlich mitgeteilte tausend ähnliche kommen, deren Kunde aus verschiedenen Ursachen, die leicht abzusehen sind, nie über den engen Kreis ihrer unmittelbaren Umgebung hinausgelangt ist. Daher schleppt sich die wissenschaftliche Betrachtung dieses Gegenstandes seit Jahrhunderten, ja seit Jahrtausenden mit wenigen einzelnen Fällen, Wahrträumen und Geistergeschichten, deren gleiche seitdem hunderttausendmal vorgekommen, aber nicht zur öffentlichen Kunde gebracht und dadurch der Literatur nicht einverleibt worden sind [2]."

Manche Fachschriftsteller besonders unserer Zeit achten in löblicher Weise darauf, daß nur als solche unzweifelhaft nachgewiesene Spukfälle entsprechend behandelt werden. Nach dieser Richtung hin hat auch die 1882 gegründete, „in den ersten Kreisen der englischen Geistesaristokratie wurzelnde" und deshalb mit Recht höchst angesehene Society for Psychical Research (Gesellschaft für psychische Forschung) sich besondere Verdienste erworben, indem sie alle auf dem Wege öffentlicher Rundfragen zu ihrer Kenntnis gelangenden neuzeitlichen geheimnisvollen Vorgänge auf dem Gebiete des Seelenlebens, besonders der psychischen Fernwirkung mit solcher Sorgfalt nachprüfte, daß in ihren umfänglichen Veröffentlichungen („Proceedings and Phantasms of the Living" [3]) nur ein fast verschwindend geringer, immerhin aber noch viele Hunderte von Fällen umfassender Prozentsatz derselben als völlig einwandfrei nachgewiesen anerkannt wird.

In ähnlicher vorsichtiger und unvoreingenommener Weise sind u. a. Camille Flammarion, Generalsekretär der Société astronomique de France, und Prof. Dr. zur Bonsen in Münster vorgegangen, von welchen der erstere besonders die „telepathischen Manifestationen und Erscheinungen Sterbender", der letztere das „zweite Gesicht" behandelt hat. Die erlangten Zeugenaussagen sind in den bezüglichen Veröffentlichungen gutenteils mitabgedruckt. Es

---

[1] Als ein solcher Spukfall aus dem Altertum, der „ganz denselben Charakter trägt wie unzählige aus der neueren Zeit", wird von Schopenhauer S. 301 der von Plinius erzählte, hier S. 67 wiedergegebene bezeichnet.

[2] Seitdem dies geschrieben wurde (1851), ist die Zahl solcher Fälle freilich sehr erheblich gewachsen.

[3] Von dem vielbändigen Werke, redigiert von Gurney, Myers und Podmore, ist eine sehr verkürzte deutsche Uebersetzung von Feilgenhauer (Leipzig 1897) unter dem Titel „Gespenster lebender Personen u. andere telepathische Erscheinungen" erschienen.

liegt ja freilich in der Natur der Sache, daß gerade beim Spuk aller Art besonders ein Zeugenbeweis nur in verhältnismäßig seltenen Ausnahmefällen zu erbringen sein kann.

Trotz der an sich vielen in Fachschriften mitgeteilten unanfechtbar beglaubigten Spukfälle aller Art fehlt es auch nicht an selbst neuern Schriftstellern, welche das Gegenteil nachzuweisen versuchen, aber die offenbare Unhaltbarkeit des so Vorgebrachten liefert vielleicht gerade den besten Beweis für die Wirklichkeit des Bestrittenen.

So geht der Leipziger Universitätsprofessor Strümpell in seinem Buche „Der Aberglaube, was er ist, woraus er entspringt und wie er sich überwinden läßt" (Leipzig 1890) von dem Satze aus, daß es keinen Spuk gäbe, der nicht lediglich auf Aberglauben und Phantasie beruhe. Er schreibt da S. 34: „Am häufigsten tritt dies (der Gedanke an eine übernatürliche Macht) ein, wo ein einzelner Eindruck auf das Gesicht und das Gehör stattfindet und sich dabei kein wahrnehmbarer Gegenstand, zu dem er gehört, darbietet, und der Mensch doch psychisch genötigt ist, für den Eindruck einen bestimmten Gegenstand vorauszusetzen und zu suchen, von dem der Eindruck herrührt. Der Mensch vernimmt im Walde ein unbekanntes Geräusch, einen seltsamen Ton, ein unverstandenes Rauschen und Flüstern in den Wipfeln der Bäume, ein sonderbares Klopfen während der Nacht in seinem menschenleeren Zimmer usw. Dies alles dient der unabweisbaren Neigung, für dasselbe doch bestimmte Dinge oder Wesen vorauszusetzen, zur Anknüpfung irgend einer Wahnvorstellung. Dies wird noch schlimmer, wenn die Phantasie die Sinne so aufregt, daß eine täuschende Illusion entsteht, oder noch mehr, daß sie ihren eigenen Zustand in die Außenwelt versetzt und in eine Vision oder Halluzination übergeht. In solchen Fällen verwandelt die sinnliche Phantasie namentlich im Zwielicht, im Mondenschein, im Nebel eine knorrige Weide, die Büsche am Bach, die Zäune an den Feldern, das Handtuch im Schlafzimmer, ein umherschleichendes Tier, einen in der Dunkelheit flatternden Vogel in etwas Gespenstisches um, und der Visionär erblickt den Verstorbenen und sieht ihn nicht bloß mit der Hand winken, sondern hört in seinem Halluzinieren ihn sogar bestimmte Worte aussprechen. Das an sich Ungestaltete, Unmögliche wandelt sich zur faßbaren, genau umgrenzten Gestalt und Wirklichkeit um, und mancher Leser wird sich aus der Zeit seiner Kindheit solcher Fälle erinnern, wo die phantastische Wirklichkeit für ihn eine Kraft und Lebendigkeit annahmen, daß aller Zweifel an der Realität verschwand. Was unsere Kinder aber noch jetzt in solchen Fällen erleben, das hat die Menschheit in ihren frühesten Zuständen auch an ihren Erwachsenen erlebt und erlebt es noch jetzt an allen denjenigen Erwachsenen, die von

Aberglauben an Gespenster, Kobolde, umherirrende Geister, Wiedererscheinen der Toten und anderweitige Nichtigkeiten besessen sind." Man wird gegen diese Ausführungen unbedenklich behaupten können, daß sie auf nur ganz unzulänglicher Kenntnis der vorhin bezeichneten Fachliteratur beruhen. Auch von den in diesem meinem Spukbuche mitgeteilten Fällen hat keiner mit dem, was Strümpells Ansicht, vom „unbekannten Geräusch im Walde" bis zum „flatternden Vogel", der Illusion regelmäßig zugrunde liegt, mit dergleichen etwas zu tun, abgesehen etwa vom „sonderbaren nächtlichen Klopfen im menschenleeren Zimmer", welches doch auch wohl der genannte Verfasser so wenig auf natürlichem Wege zu erklären imstande sein würde wie so vieles andere beim Spuk wirklich eine Rolle Spielendes.

In ähnlich bequemer Weise beseitigt Dr. R. Hennig in seinem Buche „Wunder und Wissenschaft" (Hamburg 1914) allen Spuk als „Autosuggestion". Er schreibt u. a. S. 65 in seltsam übertriebener Weise: „Wer zur Nachtzeit durch den Wald geht und nur ein wenig Angst, sei es vor Räubern, sei es vor Gespenstern, oder aber auch ein wenig poetisches Gefühl hat, wird es wissen, in wie überraschend deutlicher Weise die schattenhaften Umrisse von Bäumen und Sträuchern überall menschliche Formen annehmen, wie hinter jedem Stamm und auf jedem Ast ein Räuber, ein Kobold, ein Gespenst oder auch eine Elfe (je nach der Stimmung des Beschauers) zu lauern scheint. Wie im Nebelkleid die Eiche zum aufgetürmten Riesen wird und die Nacht tausend Ungeheuer schafft . . . . Millionen (?!) von Berichten über angeblich ganz deutliche Wahrnehmung von Schreckgestalten, Geistern und Gespenstern sind auf diese Weise durch Suggestion entstanden . . . . Zahllose Wahrnehmungen, die, oft am hellen Tage, noch weit häufiger in der umrißverwaschenden Dämmerung und Dunkelheit wohl jedem (?) schon zu wiederholten Malen begegnet sind. Wer etwa im Dämmerschein durch ein ungewohntes Geräusch erschreckt, aus dem Schlaf emporfährt, der sieht leicht im Bettzipfel, im Kleiderständer, im Ofen, in der Fensterluke eine unheimliche, unbekannte menschliche Gestalt."

Der Verfasser scheint hier wider Willen das Gegenteil von dem zu beweisen, welches er beweisen will. In der Weise, wie hier beschrieben, kann wohl nur ein auch sonst Unzurechnungsfähiger einen Wald mit Erscheinungen bevölkert sehen, und so einfache und harmlose Sinnestäuschungen im Schlafzimmer wird überhaupt kein Fachschriftsteller als erwähnenswerten Spuk berücksichtigen. Anders natürlich, wenn es sich — wie nachweislich so oft geschehen, dem Verfasser aber unbekannt geblieben zu sein scheint — um die mit einem Todesfall in Beziehung stehende Erscheinung dem Seher **bekannter** Personen handelt.

Ebenso liegt die Sache ja, wenn Dr. H e n n i g an anderer Stelle [S. 192] es als ein angebliches Beispiel vermeintlich mystischen Zusammenhanges anführt, daß jemand, der im Traume grüne Bohnen gegessen hat, darauf ein Loch in das gleichfalls grüne Billardtuch stößt. Wer um die Nichtexistenz des Spukes zu beweisen, sich auf so alberne erdachte Beispiele berufen muß, kann damit nur zeigen, daß er es auf andere Weise nicht vermag. Die w i r k l i c h e n bestbeglaubigten Spukfälle, wie die Menge nachgewiesenen „zweiten Gesichts" (s. das 3. Kapitel), beseitigt Dr. Hennig (I S. 224) einfach durch die Behauptung, daß „ihre Realität bisher noch nicht sicher erwiesen" sei. Freilich äußert er ebendaselbst auch die besondere Ansicht, daß gerade das angebliche häufige Vorkommen von Spuk anstatt etwa eines seltenen Einzelfalles bei dem kritischen Forscher den allerstärksten Verdacht gegen die Sache überhaupt erregen müsse. (Einen verfehlten Versuch Hennigs, einen Spukfall als solchen zu widerlegen, s. im 9. Kapitel.)

Professor C a r l M e y e r schreibt in „Der Aberglaube des Mittelalters" (Basel 1884) S. 349 zur Erklärung des nur auf Wahnvorstellung beruhenden Eindruckes von Spuk: „Die Stimmung des Menschen ist aus der oder jener Ursache vielleicht schon vor dem Erscheinen des Geistes eine bange, so daß letztere die Bangigkeit nicht erst hervorruft, sondern bloß vermehrt. Daß es in den meisten Fällen krankhaft angelegte Naturen sind, welchen solche Erscheinungen am häufigsten zuteil werden, liegt in der Natur der Sache; doch kommen neben krankhafter Disposition auch andere Ursachen, wie Leichtgläubigkeit, Fehler der Erziehung, angeborene Furchtsamkeit teils einzeln, teils in ihrer Zusammenwirkung in Betracht."

Es wird hier jedenfalls — s. auch Kap. 2 — die Wirkung der angegebenen Umstände zu dem einigermaßen deutlichen Eindruck einer spukhaften Erscheinung überschätzt. Wie wenig zu einer solchen selbst eine besonders darauf gerichtete hochgradige seelische Erregung zu führen braucht, habe ich selbst an mir erfahren.

Als Gymnasiast von einem bei Verwandten auf dem Lande gemachten Besuche allein zu Fuß nach Neubrandenburg zurückkehrend, mußte ich an einem mondhellen Abend an einem eine Viertelmeile vom Dorfe Bargensdorf abseits gelegenen Friedhofe entlang gehen, so sehr es mir, der ich damals sehr graulich war, Ueberwindung kostete. Ich konnte nicht umhin, mir die Leichen und Gerippe, die da neben dem einsamen Wanderer in den Gräbern lagen, lebhaft vorzustellen. Gleichwohl bezwang ich mich, aufmerksam dahin zu blicken, und war gewissermaßen verwundert, nichts von Gespenstern oder auch nur was ich in der Erregung dafür hätte halten können, wahrzunehmen.

In allem ähnlich war es, als ich später einmal im Böhmerwalde an einem Aprilabend im Schneegestöber ganz fern von menschlichen Wohnungen einen Kreuzweg passierte, an welchem der dortigen Sitte entsprechend eine Anzahl „Totenbretter" aufgestellt waren, d. h. Bretter, auf welchen die in Inschriften genannten Leichen vor ihrer Einsargung gelegen haben.

Anderseits habe ich einmal vielleicht ein Gespenst gesehen, während sozusagen die Umstände keineswegs solchen Anlaß dazu boten. Zu den 750 von mir besuchten Burgruinen gehört auch das steiermärkische, in tiefem Walde nicht leicht zu findende Dürnstein (Band IV meines Werkes „Oesterreichische Burgen", Wien 1905). Während ich nun da mit Zeichnen und Messen beschäftigt war, schritt über den weiten Burghof ein Mann, der weder ein Tourist, noch ein Arbeiter zu sein schien und von dem weder vor noch nachher etwas zu sehen war. Wenngleich mir die Sache einigermaßen unheimlich war, möchte ich freilich doch nicht mit Sicherheit behaupten, daß es sich da wirklich um einen Spuk gehandelt habe. —

Wie weit nur immer die Geschichtsschreiber und Dichter ins Altertum zurückreichen, spielt bei ihnen schon der Spuk eine Rolle.

So teilt schon der um 500 v. Chr. geborene älteste griechische Geschichtsschreiber Herodot u. a. im 8. Buch Kapitel 94 folgende spukhafte Erscheinung mit:

„Adimantus aber, der Feldherr der Korinther, sagen die Athener, habe gleich von Anfang, wie die Schiffe ins Gemenge kamen, aus Bestürzung und großer Furcht die Segel aufgezogen und sich auf die Flucht gemacht, worauf die Korinther, da sie das Feldherrnschiff fliehen sahen, gleichfalls davon gegangen. Wie sie dann auf ihrer Flucht an der Küste von Salamis gegen das Heiligtum der Sciradischen Athene kamen, seien sie auf einen Schnellfahrer gestoßen durch göttliche Schickung, da die Korinther weder jemand gesehen, der ihn abgefertigt hätte, noch denen, die sie bei dem Heere kannten, ihm ähnlich befunden. Und daß es ein Gotteswunder war, nehmen sie nun daraus ab, daß sie auf dem Schnellfahrer, wie sie den Schiffen nahe waren, also gesprochen hätten: »Adimantus, du hast deine Schiffe umgewandt, ergreifst die Flucht und lässest die Hellenen im Stich; sie aber siegen schon so völlig über die Feinde, als ihr Wunsch und Flehen war.« Und nach diesen Worten, da es Adimantus nicht glauben wollte, hätten sie wiederum gesagt, daß sie selbst gleich als Geißeln mitgehen könnten und sterben wollten, wenn sich's nicht zeige, daß die Hellenen siegten. Nun erst habe er sein Schiff umgewandt und die andern auch und seien zum Heere gestoßen, da schon alles abgetan war."

In der noch wieder älteren Odyssee endlich finden wir (Buch 20) folgende Vorzeichen des Todes geschildert:

„Weh ergriff die ahnende Seele,
Auch Theoklymenos jetzt, der göttliche, ließ sich vernehmen:
›Ha, welch grauses Geschick, ihr Unglückseligen, trifft euch!
Nacht umhüllt euch das Haupt, das Gesicht und unten die Knie.
Wehegeschrei steigt auf; die Wangen rinnen von Tränen;
Ringsum triefen von Blut die Wände, die zierlichen Lauben.
Schatten erfüllen den Flur und Schatten den Vorhof und trachten
Westwärts fort und hinab ins ewige Dunkel. Vom Himmel
Schwindet die Sonne hinweg, ereilt von grauser Verfinstrung.‹
Doch es erweckte sein Wort nur aller herzliches Lachen.
Also redete dann Eurymadros, Polybos Sprosse:
›Wahnwitz schwatzet der Gast, der jüngst aus der Fremde gekommen."

Neben den überaus zahlreichen Heiligengeschichten, bei welchen das wirklich Geschehene von der bloßen Legende nicht mehr leicht zu sondern zu sein pflegt[1]), bietet auch an Chroniken besonders die schon vorhin angeführte bekannte Zimmerische nebenbei eine nicht ohne kritischen Sinn zusammengetragene Sammlung von Spukgeschichten zwischen 1134 und der Mitte des 16. Jahrhunderts. Sie ist jedenfalls für die letzten beiden Jahrhunderte als zuverlässig anerkannt, und zeigt uns, welche hervorragende Rolle in dem Leben unserer fernen Vorfahren der Spuk gespielt hat.

Der viel zitierte Satz dann: „Es gibt mehr Dinge im Himmel und auf Erden, als eure Schulweisheit sich träumen läßt," welchen der am Ausgang des Mittelalters geborene Shakespeare seinem Hamlet in den Mund legt, gab gewiß nur der eignen Ueberzeugung des großen Dichters Ausdruck, da er wie kein anderer in seinen berühmtesten Dramen — eben dem Hamlet, Julius Cäsar, Richard III. und Macbeth — spukhafte Erscheinungen eine hervorragende Rolle spielen läßt.

Zu den Dichtern, welche ihrem Glauben an Gespenster in ihren Dramen Ausdruck gegeben haben, gehören bekanntlich auch der in Shakespeares Todesjahr geborene Andreas Gryphius und Grillparzer mit seiner vielberühmten „Ahnfrau".

Ebenso bekannte sich, um hier nur noch den größten von allen Dichtern zu nennen, ein Goethe, am Ende seines langen Lebens zu der Ueberzeugung [2]), daß „wir alle in Geheimnissen und Wundern

---

[1]) Dasselbe ist der Fall bei den Wundergeschichten, welche schon der 590 zum Papst erwählte Gregor der Große aus den Klöstern gesammelt und in seinem Werke „Dialogorum de vita et miraculis patrum Italicorum et de aeternitate animarum libri IV" aufgespeichert hat.

[2]) „Gespräche mit Eckermann" (1827) III. Seite 136.

leben und von einer Atmosphäre umgeben sind, von der wir noch gar nicht wissen, was sich alles in ihr regt und wie es mit unserm Geiste in Verbindung steht."

Angesichts der mancherlei wunderbaren Dinge, die — wie z. B. die drahtlose Telegraphie, die Röntgenstrahlen und dergl. — während des letzten Menschenalters auf dem weiten Gebiete der Naturwissenschaften entdeckt und erfunden worden sind, meint mancher wohl, daß auf diesem Wege in einer noch nicht vorherzusehenden Weise manches natürlich zu erklären sein werde, welches heute noch als rätselhafter Spuk erscheine. Das kann jedoch schon deshalb nicht der Fall sein, weil zu jenen neuen Dingen regelmäßig **besondere Vorrichtungen** gehören, von welchen überhaupt beim Spuk ja nicht die Rede sein kann.

Als etwas diesem Eigentümliches, welches ihn zugleich fast immer von den natürlichen Dingen unterscheiden wird, kann man auch das bezeichnen, daß er **auch unter den gleichen Umständen immer nur eine verhältnismäßig seltene Ausnahme bildet**, wie denn beispielsweise, wenn er weitaus meistens irgendwie an das Ableben der Menschen anknüpft, doch wohl sicher noch nicht im hundertsten Teile von Todesfällen eine Spukerscheinung damit in Beziehung stehen mag. Die Möglichkeit, Entstehung und Wesen der letzteren zu erklären, wie genug versucht worden ist, muß dadurch noch wesentlich erschwert werden. Ja, jeder solcher Versuch, der nicht dieser wesentlichen Eigenschaft des Spukes Rechnung trägt — und das tut eben, soviel ich finde, keiner — muß deshalb meiner Ansicht nach von vornherein ein verfehlter sein.

Wie also dies in den Fachschriften bisher nicht beachtet worden zu sein scheint, so auch nicht der Umstand, daß zu dem Rätselhaften, welches der Spuk verschiedener Art bietet, es auch gehört, daß er, wie viele der weiterhin angeführten Beispiele zeigen, regelmäßig nur von **ganz kurzer Dauer ist**, so besonders eine Erscheinung nach etwa kaum wenigen Minuten wieder zu verschwinden pflegt. Es ist das ja besonders dann nicht zu erklären, wenn etwa eine besondere seelische Erregung den Spuk veranlaßt haben soll, während jene doch mit der Erscheinung gewiß nicht aufgehört hätte, vielmehr durch sie nur noch gesteigert werden müßte.

Man darf füglich annehmen, daß eine spukhafte Erscheinung, welche nur eine auf Einbildung beruhende Wahnvorstellung ist, verschwinden muß, sobald sie kaltblütig als eine solche betrachtet wird. Wir werden weiterhin manche Fälle kennen lernen, in welchen ausdrücklich festgestellt ist, daß die Erscheinung auch solcher Prüfung völlig standgehalten hat. —

Begreiflicherweise hat es, wie bemerkt, und zwar schon seit Alters, nicht an Versuchen, den Spuk zu erklären, gefehlt. So pflegte er, als besonders um das Ende des Mittelalters der Glaube an den Teufel und seine Dämonen im Schwange war, ohne weiteres diesen zugeschrieben zu werden. Später spielten da die sog. „Astralgeister" eine Rolle[1]), vermeintlich von den Sternen (Astra) herstammende gefallene Engel oder in einem Reiche zwischen Himmel, Erde und Hölle regierende Geister. Als dann der „animalische Magnetismus" aufkam, welchen heute fast vergessenen Schopenhauer[2]) „die inhaltschwerste aller jemals gemachten Entdeckungen nannte", glaubte besonders dieser „durch sie auch zu Aufschlüssen über Geistererscheinungen den Weg zu öffnen".

Eine andere Erklärung hat dann 1857 der Arzt Bruno Schindler[3]) gefunden, dahingehend, daß uns aus jenem Leben wie alle Kräfte in der Natur zwei Pole haben, nämlich außer dem bisher von den Psychologen allein betrachteten Tagpol einen Nachtpol, in welchem die Erklärung für alle mystischen Ereignisse, magische Wirkungen etc. zu suchen wäre.

Der hervorragende Naturforscher Wallace lehrt[4]), es seien Wesen denkbar von einer ätherischen Ordnung, denen eine erhöhte Intelligenz dadurch verliehen sein könnte, daß sie für solche Aetherbewegungen empfindlich wären, denen kein menschlicher Sinn entspreche, ja, welche ihre Tätigkeit entsprechend den Bewegungen des Aethers einrichteten und so eine ebenso schnelle Bewegungsgeschwindigkeit hätten als die des Lichtes oder des elektrischen Stromes. Auch der Philosoph Hellenbach spricht[5]) von Wesen in menschlicher Form, aber von unwägbarer ätherischer Materie, die demnach über jene Kräfte und Fähigkeiten verfügten, die wir dem Aether zuschrieben, z. B. Durchdringung der Materie. (S. darüber auch im zweiten Kapitel S. 38.

Von wieder anderen Erklärungsversuchen eines du Prel, Perty, Reich, Sebregondi, Gutberlet, Jung-Stilling, Schlenter, Myers etc. mag hier nur noch die mit besonderem Beifall aufgenommene Theorie des letztgenannten von einem im Menschen vorhandenen „Unterbewußtsein" als einem „Ausgangspunkt zum Verständnis aller seelischen Phänomene" erwähnt werden. Danach soll ein „unterschwelliges Ich" (sublimal self), ein viel weiteres, viel tiefer liegendes Bewußtsein vorhanden sein, von welchem unser ge-

---

[1]) Näheres darüber s. im 6. Kapitel.
[2]) „Versuch über Geistersehen und was damit zusammenhängt." S. 285.
[3]) „Das magische Geistesleben". S. 387.
[4]) „Miracles and modern spiritualism." (1875.)
[5]) „Der Aether als Lösung der mystischen Rätsel." („Sphinx" 1887. IV.)

wöhnliches (Erfahrungs- oder Tagesbewußtsein) nur ein kleiner Ausschnitt, ein Bruchteil sei und in welchem der eigentliche Schwerpunkt des seelischen Lebens liege. Obgleich aber u. a. auch Dr. Hennig a. a. O. S. 125 mit diesem Unterbewußtsein als mit einer „von der wissenschaftlichen Psychologie allgemein anerkannten Tatsache" operiert, muß auch er dasselbe als einen noch „völlig rätselhaften und geheimnisvollen bloßen wissenschaftlichen Hilfsbegriff" zugeben.

Soweit also diese (zunächst auch nur auf den Spiritismus abzielenden) Erklärungsversuche überhaupt verständlich sind, und es sich dabei nicht vielmehr um die bekannten Worte handelt, die „sich zur rechten Zeit einstellen, wo Begriffe fehlen", wird damit zur Lösung der Rätsel, welche uns der Spuk bietet, wenig genug gewonnen sein. Bei der Behandlung der verschiedenen Arten desselben werde ich noch Anlaß haben, darauf zurückzukommen.

Zweites Kapitel.

Doppelgängerei.

Eine besondere, für sich bestehende Art von Spuk ist die Doppelgängerei. Sie besteht darin, daß lebende Personen auch an einem anderen Orte gesehen werden, als an dem sie sich zur Zeit des Erscheinens wirklich aufhalten. Vom zweiten Gesicht (siehe das folgende Kapitel) unterscheidet sie sich u. a. auch dadurch, daß die Erscheinung nicht bloß von einzelnen Personen, sondern von allen in entsprechender Nähe befindlichen wahrgenommen wird.

Einige in des Dr. theol. Horst Walter Scott gewidmeter „Deuteroskopie" (Frankf. 1830) mitgeteilte Fälle, welche der genannte seinerzeit sehr angesehene Verfasser aufs zuverlässigste aus dem Kreise seiner Verwandten erfahren bezw. selbst erlebt hat, sind folgende:

Eine Tante seiner Schwiegermutter und deren Mann, ein Pfarrer, nebst einer bejahrten Magd waren an einem Winterabend im Zimmer beisammen. Die beiden weiblichen Personen mit einer häuslichen Arbeit beschäftigt, als alle drei auf einmal eine Schwester der Tante mitten in der Stube am Tisch sitzen und in eine offene Bibel blicken sahen, als ob sie darin läse. Während die Frauenzimmer Schrecken und Angst durch Gebärden ausdrückten, faßte der Pfarrer sich den Mut, auf die Erscheinung zuzugehen, aber während er den Kopf auch zur Bibel hinabbeugte, war jene verschwunden. Die drei gingen trotz bösen Wetters sofort nach dem nahen Wohnorte der Erschienenen und fanden dieselbe infolge eines bei ihr nicht seltenen Anfalles von Hysterie zwar seit mehreren Tagen bettlägerig, sonst aber ganz heiter und munter. Irgend etwas Besonderes hatte auch nicht stattgefunden, und sie hat nachdem auch noch lange Jahre gelebt.

Der genannte Verfasser befand sich ferner einmal in dem Hause eines älteren berühmten Gelehrten, als sich ein anderer Besucher

Zweites Kapitel. Doppelgängerei.

dort einfand. Da dieser im Hause schon bekannt war, wurde er in das Studierzimmer des Hausherrn hinaufgeschickt. In dem Augenblick sahen aber mehrere den letzteren in dem an das Haus anstoßenden Garten, und Dr. Horst eilte deshalb dem Besucher nach. Beide sahen nun aber den Gelehrten an seinem Schreibpult sitzen, während derselbe gleichzeitig zur Hintertür des Hauses hereinrief, man möge zu ihm in den Garten kommen, wo man ihn denn, ohne sich von der gehabten Erscheinung etwas merken zu lassen, mit leichten Arbeiten beschäftigt fand.

Endlich wird ebenda von einem Manne erzählt, der, während er im Hause war, von mehreren im Felde gesehen wurde, aber im Garten, durch welchen er zurückkehrte, den Blicken entschwand.

Während es sich so, wie auch bei anderen weiterhin mitzuteilenden Fällen der Doppelgängerei der Regel nach nur um ganz vereinzelte Erscheinungen handelt, gibt es auch Personen, von denen man mehr oder weniger häufig einen Doppelgänger sieht. So war es in meiner Jugendzeit allgemein bekannt, daß ein Landmann im östlichen Mecklenburg solchen Doppelgänger hatte. Deshalb wußten seine Leute, wenn sie ihn übers Feld reiten sahen, nicht, ob er es selbst oder eben dieser Doppelgänger sei, und wenn er des Abends verreist war, hörte man wohl kurze Zeit vor seiner Rückkunft seinen Wagen vor dem Wohnhause vorfahren, ohne daß da etwas zu sehen gewesen wäre.

Ein besonders bemerkenswerter Fall dieser Art ist der folgende, u. a. auch von Horst a. a. O. S. 86 verzeichnete:

In dem ersten Jahrzehnt des 18. Jahrhunderts ward der damalige Kommandant der Feste Koburg von dem Doppelgeist seiner Gemahlin, einer geborenen von Stein, heimgesucht, welcher unter den verschiedensten Umständen bald z. B. bei Tisch, bald außer dem Hause im Schloßhof, im Garten etc. zu sehen war. Er war, wie mehrere gleichzeitige Schriftsteller berichten, der lebenden Dame so vollkommen ähnlich, daß der Kommandant selbst die Erscheinung bisweilen kaum von seiner wirklichen Gemahlin zu unterscheiden vermochte. Wenn er etwa mit dieser in den Speisesaal trat, so saß die Erscheinung bereits da, oder sie kam einige Zeit nachher und nahm einen Platz ein. Auffallend war, daß auch die Gemahlin sie ebenso wie der Kommandant sah. Vergebens versuchte man durch Wechseln der Wohnung das Gespenst los zu werden. Bei dem ungemeinen Aufsehen, welches die Sache machte, wurde sie in öffentlichen Blättern und von fast allen Schriftstellern, welche dergleichen Themata behandelten, zur Sprache gebracht.

Dem Buche von Professor Perty „Die mystischen Erscheinungen der menschlichen Natur" ist dann noch der nachstehende bestbeglaubigte und in neuester Zeit passierte Fall entnommen:

Zweites Kapitel. Doppelgängerei.

Fräulein Emilie Sagée, eine französische Erzieherin, damals um neunzehn Jahre alt, konnte sich in keiner Stellung behaupten, weil sie überall als Doppelgängerin gesehen wurde. So auch ständig von allen Bewohnern des Pensionats zu Neuwelke in Lievland. Meistens wiederholte da der Doppelkörper die Bewegungen des Fräuleins. Bei Tisch stand jener manchmal hinter diesem, seine Bewegungen mitmachend, nur ohne Messer und Gabel in der Hand. Stand Fräulein Sagée bei der Lektion vor der Tafel, so wurde es gleichfalls häufig doppelt gesehen, im Aussehen gleich, dieselben Bewegungen machend und nur darin unterschieden, daß es leiblich die Kreide in der Hand hielt, während der danebenstehende Doppelgänger nur die Bewegungen nachahmte. Sehr oft kam es aber auch vor, daß sich der Doppelkörper selbständig benahm. So sahen die Mädchen des Pensionats das Fräulein im Garten oder im Saal, während es sich in Wirklichkeit unter ihnen im Zimmer befand, oder sahen sie den Doppelkörper herumgehen, während das Fräulein im Bett lag. Als sie einst einem Mädchen rückwärts den Rock zuknöpfte, sah dieses, sich umblickend, zwei Fräulein Sagée, die an ihr knöpften, worüber es vor Schrecken in Ohnmacht fiel.

Einen andern, besonders eigentümlichen, von ihm selbst verbürgten Fall berichtet Dr. Horst im zweiten Teil der Deuteroskopie Seite 138.

Ein ihm bekannter wissenschaftlich gebildeter und besonnener Mann ging eines Abends vor dem Schlafengehen nach dem Abtritt in seinem Hause, allein er fand da schon sein anderes Ich auf der Brille sitzend. Er fuhr sich mit der Hand über die Augen, ob es nicht doch etwa Täuschung sein könne. Aber die etwa eine Minute lang ruhig betrachtete Gestalt blieb unverändert da sitzen, bis der Mann nach seinem Zimmer zurückkehrte. Während er schon sich im Schlafrock befand, trug sie noch besonderer Weise seine gewöhnliche Ziviluniform. Nach etwa einer Viertelstunde ging der Mann zum zweiten Male nach dem genannten Ort, entschlossen, falls die Erscheinung noch da wäre, sie anzureden; doch war sie da verschwunden.

Es versteht sich ja nun von selbst, daß ein Geist (in weiterem Sinne) körperliche auf solche Weise zu befriedigende Bedürfnisse nicht haben könne, und kann es sich daher hier nur um eine Vexation gehandelt haben, die, wie wir noch sehen werden, bei Spuk nichts besonders Seltenes ist[1]), aber freilich in derartiger Weise sonst kaum vorgekommen sein dürfte. —

---

[1]) So heißt es in der Zimmerischen Chronik (IV, Seite 263) von einem Spuk: „Was solcher Geist für seltzam abentur und affenspill getriben, welches ich selbs mertails gesehen und gehört, davon wer ein sonderlicher tractat (eigene Schrift) zu machen."

Zweites Kapitel. Doppelgängerei.

Wie wir hier schon Beispiele von Sichselbstsehen kennen gelernt haben, spielt solches auch bei der Doppelgängerei eine besondere Rolle. Nach Dr. A. Wuttcke, „Der deutsche Volksaberglaube", Seite 226, meint man vielfach, daß der, welcher sich selbst als Doppelgänger erblickt, im Laufe eines Jahres sterben müsse. Auch Jung-Stilling schreibt in seiner „Theorie der Geisterkunde", ihm seien etliche Beispiele eines bald darauf erfolgten Todes bekannt. Dagegen bemerkt Horst (a. a. O. Seite 141), er kenne sechs solcher Selbsterscheinungen, aber nur auf eine derselben sei baldiger Tod erfolgt und auch da nur „höchst wahrscheinlich durchaus zufällig". Nach Schopenhauer, „Versuch über Geistersehen" S. 296, „zeigen die Fälle des Sichselbstsehens bisweilen, wiewohl durchaus nicht immer den Tod des Sichselbstsehenden an". Soweit gehören solche also zu denen des „zweiten Gesichts" (vgl. drittes Kapitel).

Aus alter Zeit wird von einem Sichselbstsehen in der „Zimmerischen Chronik" (IV, 295) folgendermaßen berichtet: „In diesem 1574 jar war im schloß zu Mösskirch ein alts weible genannt Greta Bantscherin, war vil jar kindsmagd darin gewesen. Vor irem absterben eltiche monat hat sie iren gaist gesehen in aller gestalt, wie sie. Der ist ir im schnecken (Wendeltreppe) eins abends bekomen (begegnet) und stillschweigendt fürgangen. Unlangs darnach, als bemelt weible widerumb den Schnecken hinauf gangen, hat es den gaist abermals in irer gestalt hellen tags gesehen. Der ist sie gewichen und under dem dach an denen truchen sich duckend hingeschlichen. Wie er im Winkel kommen, ist er verschwunden, und unlangs darnach ist das weible alters halb gestorben." Wie also hier so soll es nach derselben Quelle mit einem baldigen Tode auch, nichts zu tun gehabt haben, daß „des theuren und weit beruempten grafen Reinharten von Solms gemahl es begegnete, da sie iren gaist mermals gesehen, so urschaidenlich als ob sie in einen Spiegel sich selbs hat beschowet."

Vollends ein langes Leben folgte ja noch auf den wohl einzigen, kaum einem literarisch Gebildeten unbekannt gebliebenen auch an sich eigentümlichen Fall eines Sichselbstsehen, dem, welcher dem jungen Goethe begegnete.

Es heißt davon in dem 11. Buche von „Wahrheit und Dichtung":

„In solchem Drang und Verwirrung konnte ich doch nicht unterlassen, Friederiken noch einmal zu sehen. Es waren peinliche Tage, deren Erinnerung mir nicht geblieben ist. Als ich ihr die Hand noch vom Pferde reichte, standen ihr die Tränen in den Augen, und mir war sehr übel zu Mute. Nun ritt ich auf dem Fußpfade gegen Drusenheim, und da überfiel mich eine der sonderbarsten Ahnungen. Ich sah nämlich, nicht mit den Augen des Leibes, sondern des Geistes, mich mir selbst denselben Weg zu Pferde wieder entgegenkommen, und zwar in einem Kleide, wie ich es nie getragen: Es war hechtgrau mit etwas Gold. Sobald ich mich aus diesem Traume aufschüttelte, war die Gestalt ganz hinweg. Sonderbar ist es jedoch, daß ich nach acht Jahren, in dem Kleide, das mir geträumt hatte, und das ich nicht aus Wahl, sondern aus Zufall gerade trug, mich auf demselben Wege fand, um Friederike noch einmal zu besuchen. Es mag sich übrigens mit diesen Dingen, wie es will, verhalten, das wunderliche Trugbild gab mir in jenen Augenblicken des Scheidens einige Beruhigung."

Trotz der einschränkenden Bemerkung, welche Goethe machen zu sollen glaubt, kann es doch seinen näheren Angaben nach nicht zweifelhaft sein, daß es sich hier nicht um einen „Traum", sondern um eine wirkliche Erscheinung gehandelt hat[1]), welche erst wieder verschwand, als der Dichter sich aus einem gewissen Dämmerzustand aufgerafft hatte. Auch Dr. L u d w i g, „Spaziergänge eines Wahrheitsuchers" (Leipzig 1890), Seite 47, bemerkt dazu: „Alle Verwirrung eines verliebten Dichterherzens reicht schwerlich hin, dieses Phänomen mit dem Schwerpunkt seiner empirischen grobwirklichen Wiederholung nach acht Jahren, auf das Niveau einer bloßen physiologischen Sinnestäuschung herabzudrücken, wie das u. a. S c h ü l e in seinem „Handbuch der Psychiatrie" unter geringschätzigem Hinwegsehen über diesen Schwerpunkt als ein klassisches Beispiel einer solchen bezeichnet. Man wagt es nicht, lieber die Tatsächlichkeit dieser Erzählung ihrer Rätselhaftigkeit wegen als eine Dichtung zu bestreiten, weil einem Goethe nicht zuzutrauen ist, er habe die Albernheit begehen können, solche, deren ganzes Interesse nur auf ihrer Wahrheit beruhen kann, aus der Luft zu greifen, um sie als abgeschmacktes Beiwerk seiner Selbstbiographie einzuschalten."

Der Tendenz seines Buches „Wunder und Wissenschaft" entsprechend (vgl. oben S. 17), schreibt Dr. H e n n i g daselbst S. 191 zu dem Falle: „Daß die heftige Gemütsbewegung des Scheidenden und seine bange Frage, ob er noch einmal die Geliebte wiedersehen würde, sich zu einer Halluzination steigerten (vielleicht auch nur zu einer Illusion, indem er sich selbst an die Stelle eines zufällig ihm entgegenkommenden Reiters wünschte (?), hat nichts Ueberraschendes an sich; denn ganz gesunde Menschen werden weit häufiger von Halluzinationen befallen, als man im allgemeinen glaubt (?), zumal in einem Zustande hochgradigen Affekts und psychischer

---

[1]) So auch S c h o p e n h a u e r, „Versuch über Geistersehen" in „Parerga und Paralipomena". Er fügt hinzu: „Diese Erscheinung hatte eigentlich den Zweck (?), ihn zu trösten . . . . sie lüftete ihm auf einen Augenblick den Schleier der Zukunft, um ihm in seiner Betrübnis das Wiedersehen zu verkünden."

Depression, wie sie damals bei Goethe zusammentrafen. Es handelte sich in diesem berühmten Falle also wahrscheinlich nicht um ein Zweites Gesicht, nicht um eine Doppelgängererscheinung, sondern um eine ganz gewöhnliche (?) Halluzination, um einen sehr lebhaften Wachtraum, und das einzige Wunderbare an dem Bericht, die Tatsache, daß er gerade in dem geträumten Kleide nach Sesenheim zurückkehrte, wird als eine autosuggestive Erinnerungstäuschung post eventum zu erklären sein, um so wahrscheinlicher, als zu der Zeit, da der Bericht niedergeschrieben wurde, bereits 37 Jahre seit dem Erlebnis vergangen waren!"

Hiergegen ist zu bemerken, daß Goethe seiner eigenen Angabe nach zur Zeit jener Erscheinung nicht anders wußte, als daß er das herrliche Elsaß nun **auf immer verlasse**, und daher jene „bange Frage", welche die Halluzination veranlaßt haben soll, ihm sicher ganz fern lag. Auch konnte jener „sonderbarste" Vorfall ja sehr wohl ihm sein Leben lang in sicherster Erinnerung geblieben sein. —

Wenn der Altmeister seine Selbstlebensbeschreibung nicht mit jungen Jahren abgebrochen hätte, würde er seinen Lesern auch wohl nicht das viel spätere Erlebnis einer Doppelgängerei vorenthalten haben, in welchem es sich jedoch nicht um ein Sichselbstsehen handelt. Der Geheimrat K. in Jena, aus dessen Leben Nataly von Eschstruth die Geschichte in ihrem Buche „Spuk" entnommen hat, durfte als Student einmal Goethe auf einem Spaziergange von Weimar nach Belvedere begleiten. Bei der Rückkehr in der Dämmerung äußerte die schon alte Exzellenz plötzlich ihre lebhafteste Ueberraschung darüber, daß sein Freund Friedrich, der doch, wie er bestimmt zu wissen glaube, jetzt in Frankfurt weile, ihnen, und zwar in Goethes Schlafrock und Morgenschuhen, auf der sonst einsamen regennassen Straße entgegenkomme. In kürzester Zeit war auch die Erscheinung, von welcher bemerkenswerterweise K. überhaupt nichts wahrgenommen hatte, in nichts zerronnen.

Als die beiden Spaziergänger in größter Spannung auf die Lösung des Rätsels in Goethes Wohnung zurückgekehrt waren, trafen sie da Friedrich in dem Arbeitszimmer und wie angegeben gekleidet. Er hatte den Dichter besuchen wollen, da von dem Spaziergange Bescheid erhalten und, vom Regen durchnäßt, sich die trockenen Kleider geben lassen und, die Rückkehr mit Ungeduld erwartend, lebhaft mit seinen Gedanken den Abwesenden auf dem ihm wohlbekannten Wege verfolgt, was denn wohl hier zu der Erscheinung des Doppelgängers geführt hatte. Nach Angabe der Verfasserin des „Spuk" wurde es derselben von einem anderen Zeitgenossen Goethes, dem Hofrat G. in Jena, bestätigt, daß dies Geschehnis seinerzeit auch weiter bekannt war. —

Zweites Kapitel. Doppelgängerei.

Verschiedene andere Fälle von Doppelgängerei sind folgende: Nach M. Kröning, „Gibt es ein Fortleben nach dem Tode?" (Stuttgart, Zentralverlag, 1916) sah der Steuermann eines auf dem Atlantischen Ozean fahrenden Schiffes eines Tages in der Kajüte einen ihm unbekannten Mann am Schreibtische sitzen. Er machte dem Kapitän Bericht. In die Kabine zurückgekehrt, fand man den Fremden nicht mehr vor, aber auf einem da liegenden Blatt Papier geschrieben: „Steuere nordwestlich!" Das ganze Schiff wurde durchsucht, aber kein Fremder auf demselben gefunden, auch bekannte sich niemand zu der Schrift. Man beschloß indes, der wunderbaren Weisung zu folgen und eine Zeitlang nach Nordwesten zu steuern. Nachdem man dieses getan, kam ein Schiff in Sicht, das von Eis umschlossen und in Gefahr war, zertrümmert zu werden. Alsbald wurden Boote ausgesetzt, um die Mannschaft zu retten. Aber wie erstaunte der Steuermann, als er unter dieser den Fremden erblickte, den er in der Kabine des Kapitäns an dem Schreibtische gesehen hatte! Es war der Führer des verlassenen Schiffes, ein frommer Quäker namens Squires, der dann erzählte, wie er um jene Zeit zu Gott um Rettung gebetet habe und, in tiefen Schlaf gesunken, geträumt habe, daß er auf ihrem Schiffe gewesen sei, um durch die schriftliche Weisung den Kapitän zu bewegen, ihm zur Hilfe zu kommen. Man bat ihn, die Worte „Steuere nordwestlich" niederzuschreiben, es war genau dieselbe kritzelnde Handschrift.

An Beispielen eines bald auf ein Sichselbstsehen gefolgten Ablebens mögen folgende mitgeteilt werden:

Jung-Stilling hat von zuverlässiger Seite nachstehenden in seiner „Theorie der Geisterkunde" S. 210 erzählten Fall erfahren: Frau v. M... saß unten in ihrem Wohnzimmer und schickte ihre Magd hinauf in ihr Schlafgemach, um etwas zu holen. Sowie diese die Tür aufmacht, sieht sie die Frau ganz so, wie sie sie drunten verlassen hat, in ihrem Armsessel sitzen. Die Magd läuft erschreckt wieder hinunter und erzählt der Herrin, was sie gesehen habe. Diese will sich von der Wahrheit überzeugen, geht also hinauf und sieht sich selbst ebenso, wie sie die Magd gesehen hatte. Bald nachher starb die Dame.

Eben daselbst führt Jung-Stilling noch aus dem „Museum des Wundervollen" (Band II S. 390) einen ihm „auch noch von anderen Seiten her bekannten" Fall an. „Als in Rostock der Professor der Mathematik und Hauptpastor an der Jakobikirche Becker mit verschiedenen bei ihm bewirteten Freunden in einen Streit über eine von einem gewissen Theologen geäußerte Meinung geraten war und nun in seine Bibliothek ging, um das betreffende Buch zu holen, sah er da sich selbst auf dem gewohnten Stuhl am Tische sitzen. Er ging näher hinzu und, dem Sitzenden über die Schulter blickend, fand er, daß dieser mit einem Finger der rechten Hand auf eine Stelle der vor sich aufgeschlagenen Bibel wies, wo es hieß: „Bestelle dein Haus, denn du mußt sterben." Er kehrte voll Erstaunen und Unruhe zu der Gesellschaft zurück, welcher er den Vorfall erzählte, und obgleich man ihm die Sache auszureden und als bedeutungslos nachzuweisen versuchte, blieb er standhaft bei der Meinung, die Erscheinung bedeute seinen Tod, weshalb er auch von seinen Freunden Abschied nahm. Des anderen Tages um 6 Uhr nachmittags beschloß der schon in hohem Alter Stehende sein Leben."

Wie hier, haben wir eine direkte Hinweisung auf den Tod in dem Falle des Sichselbstsehens, welchen der Dichter de la Motte-Fouquée berichtet [1]). Ein junger Edelmann, an einer Jagd teilnehmend, stieg der Aussicht halber in den oberen verfallenen Stock des Försterhauses, wo er sich selbst deutlich, mit Kleidung und Waffen versehen, als Leiche liegen sah. Später wurde er in eben demselben Gemach in einem Zweikampf getötet.

Ein ähnlicher Fall ist der u. a. in Horsts „Deuteroskopie" I S. 134 mitgeteilte. Der wegen seines Witzes und steten Humors allgemein bekannt gewesene Professor Taubmann erwachte kurz vor seinem letzten Krankenlager einmal und glaubte, einen Sarg mit einer Leiche vor seinem Bette stehen zu sehen. Ohne seine Fassung zu verlieren, richtete er sich vollkommen wachend im Bette auf und beobachtete das ominöse Gesicht, da er in dem im Sarge liegenden Toten sich selbst zu erkennen meinte. Mit unverwandtem Blick schaute er die Erscheinung eine Zeitlang an, bis solche allmählich vor seinen Augen verschwand. Er erzählte sofort mehreren seiner Freunde, namentlich seinem Kollegen Erasmus Schmidt, was er gesehen, und daß er, wie er mit aller Gemütsruhe hinzusetzte, nun mit seinen Freunden nicht lange mehr scherzen, sondern ohne Zweifel bald sterben werde. Wirklich starb auch der joviale Mann, allgemein betrauert, sehr bald darauf am 24. März 1613 erst 48 Jahre alt, und Professor Schmidt erzählte in der ihm gehaltenen Leichenpredigt die hier angeführte Erscheinung.

Auch von der Königin Elisabeth von England, sowie vom Feldmarschall Robert Napier heißt es, daß ihnen durch Erscheinung eines Doppelgängers der nahe Tod angekündigt worden sei.

Ein eigentümlicher, hierher gehörender Fall betraf den Dichter Shelley kurz vor seinem Tode. Am 23. Juni, berichtet einer seiner Biographen, hörte man ihn in seiner Wohnung in Rom laut schreien.

---

[1]) „Blätter für deutsche Frauen." III. 89.

Man lief zu ihm und fand ihn ins Leere starrend. Er hatte die Erscheinung einer in einen Mantel gehüllten Gestalt gehabt, welche an sein Bett kam und ihm winkte, ihr zu folgen. Er tat das, und als sie in das Wohnzimmer gekommen waren, hob das Phantom einen Zipfel des Mantels und zeigte dem Dichter seine eigene Gestalt mit den Worten: „Siete soddisfatto?"[1]), worauf es verschwand.

Die Erscheinung wird damit erklärt, daß Shelley, auch Uebersetzer Calderons, das diesem zugeschriebene Drama „El Embozado" gelesen hatte, in welchem eine geheimnisvolle Person, die den Helden sein Leben lang heimgesucht und verfolgt hat, als sie ihm zuletzt in einem Duell Genugtuung geben will, sich als dessen eigene Erscheinung offenbart. Auch hier fragt sie: „Bist du befriedigt". Und der Mann stirbt darauf vor Schrecken.

Uebrigens wurde, wie Lord Byron dem Mr. Cowell mitgeteilt hat, Shelley am 29. Juni von einigen Freunden ganz genau in einem kleinen Walde unweit Lerici gesehen, während er in Wirklichkeit in einer ganz anderen Gegend war.

Bekanntlich ertrank dann der Dichter oder wurde wahrscheinlich ertränkt, als er am 8. Juli eine Spazierfahrt auf dem Meere machte.

Auch Lord Byron gehörte übrigens selbst zu den Doppelgängern. So wurde er 1810, während er in Patras krank lag, in London von Sir Robert Peel und seinem Bruder gesehen, von anderen, wie er sich da beim Tode des Königs als Leidtragender einzeichnete, und wenn sein Freund Walter Scott lebhaft an ihn dachte, glaubte er, seine Gestalt in den Vorhängen des Bettes zu sehen. —

Mitunter scheint indessen auch eine **einfache Doppelgängerei** ein Vorbote nahen Ablebens zu sein. Der Geheimrat **Formey** zu Berlin, der sich in der 2. Hälfte des 18. Jahrhunderts als aufgeklärter Gelehrter auszeichnete, erzählt in seiner „Heidnischen Philosophie" folgenden ihm von den drei Beteiligten beteuerten Vorfall.

Eine vornehme Dame kam um Mitternacht in bester Stimmung aus einer Gesellschaft nach Hause und unterhielt sich, während sie von der Kammerjungfer ausgekleidet wurde, noch mit der bei ihr in Dienst stehenden französischen Bonne. Als diese darauf zu ihrem Zimmer die Treppe hinaufstieg, begegnete ihr die Dame noch in dem völligen Anzuge, in welchem sie nach Hause gekommen war. Die Bonne konnte vor Schrecken und Furcht kaum ihr Zimmer erreichen. Gleich darauf kam in dasselbe die Kammerjungfer, nicht weniger aufgeregt, da ihr dieselbe Erscheinung begegnet war. Beide,

---

[1]) Seid ihr zufrieden?

durchaus verständige Personen, teilten das Geschehene dem Herrn des Hauses mit, jedoch auf dessen Gebot nicht seiner Gemahlin. Diese aber, jung und bis dahin völlig gesund, erkrankte in derselben Nacht und starb nach acht Tagen. Einen Fall, in welchem wie hier der Doppelgänger nicht in dem Anzuge erscheint, welchen die betreffende Person nicht zur Zeit der Erscheinung, sondern kurze Zeit vorher getragen hat, haben wir auch schon S. 26 gehabt. Vielleicht wäre das so zu erklären, daß die Doppelgängergestalt sich schon in der entsprechenden Zeit, bevor sie gesehen wurde, gebildet gehabt hätte. Einen in dieser Beziehung ganz besonderen Fall bildet ja dann das vorhin behandelte Erlebnis des jungen Goethe, in welchem es sich rätselhafter Weise umgekehrt um einen Anzug handelt, den der Dichter erst nicht weniger als acht Jahre später getragen hat. —

Nur ausnahmsweise wird das Erscheinen eines Doppelgängers offenbar durch die Fernwirkung einer seelischen Erregung veranlaßt. In Eschenmayers „Archiv für den tierischen Magnetismus" VIII 3 werden dafür folgende Beispiele erzählt:

Görbing Frank, ein aus Thüringen gebürtiger Schauspieler, bekundet, wie er einmal auf einer Reise nach seiner Heimat begriffen gewesen sei, habe er es herzlich bedauert, daß er mit den Seinigen nicht die Freuden der Kirmes teilen könne, da er erst nach Beendigung des Festes bei ihnen anlangen werde. Der Gedanke an die größten Freuden seiner Kindheit und Jugend riß ihn so mächtig hin, daß er sich demselben ganz überließ, wie ein Träumender des Wegs dahin ging und mit voller Seele bei den Seinigen war. Als er nun einige Tage nachher wirklich bei ihnen ankam, erfuhr er, daß sie alle gerade zur Zeit jener so lebhaften Sehnsucht ihn über den Hof dahinschreiten gesehen, jedoch gleich darauf überall vergebens gesucht hätten.

Ein dänischer Arzt hatte seiner Patientin versprochen, sie noch an demselben Abend zu festgesetzter Stunde zu besuchen. Er trat auch zur bestimmten Zeit in das Krankenzimmer, jedoch ohne ein Wort zu sagen. Die Kranke betrachtet ihn eine Weile und sagt endlich: „Guten Abend, Herr Doktor!" worauf die von ihr für wirklich gehaltene Erscheinung mit einem tiefen Seufzer verschwindet. Als nachher der Arzt wirklich zu ihr kam, äußert sie ihr Erstaunen über die gehabte Erscheinung und erfährt nun von ihm, sie wäre nicht die erste, welcher das widerfahren sei. Es begegne ihm nicht selten, daß er von einem zur bestimmten Zeit versprochenen Krankenbesuch abgehalten sei, was ihm jedesmal äußerst unangenehm sei. Wenn nun der Gedanke daran lebhaft in ihm erwache, so erscheine öfter dem Kranken, wie mehrere versicherten, sein Doppelgänger, was er auch jedesmal selbst mitfühle, wenn es geschehe. Er bitte sie aber sehr, daß sie ihn dann nie wieder anreden möge, weil ihm dies ein unnennbar peinliches Gefühl verursache.

Auch hierzu (siehe vorhin) bemerkt Professor Dr. Kieser offenbar mit Unrecht: „Aus dem Zustande und der Sehnsucht des Kranken nach ihrem Arzte möchte sich dies schwerlich allein erklären lassen, da man sonst die Erscheinung häufiger haben müßte." Offenbar ist es vielmehr die seelische Erregung d e s A r z t es gewesen, welche mehrfach die Erscheinung veranlaßt hat.

Mehrere ähnliche Fälle von Doppelgängerei werden nach noch anderen Quellen von du Prel, „Die Entdeckung der Seele" II, 55, erzählt. So nach Perty, „Die mystischen Erscheinungen", der folgende:

Die schwerkranke Frau des Doktor J., sehr bedauernd, daß sie nicht in die Heimat ihres Mannes reisen konnte, wo dessen Vater und Schwester lebten, die sie nie gesehen hatte, erwachte einst vergnügt aus dem Schlafe, indem sie sagte, sie sei nun dort gewesen, habe den Vater und dessen Tochter, die eben in der Küche einen Fisch putzte, gesehen und beschrieb die Oertlichkeit. Bald darauf starb sie. Doktor J. meldete alles nach Hause, und mit diesem Briefe kreuzte sich einer des Vaters, welcher meldete, zu jener Stunde sei ein Frauenzimmer in seinem Zimmer erschienen, welches auch von der Tochter während des Fischputzens gesehen worden sei.

Der Rev. Mr. Talbot, Pastor zu Wooburn, teilt in der Weihnachtsnummer 1890 der Steadischen „Review of Reviews" folgenden Vorfall mit:

„Unsere Familie saß eines Abends beim Tee, als meine im besonderen Grade mit dem zweiten Gesicht begabte Mutter plötzlich eine etwa eine Meile entfernt wohnende Frau Lister mit gegen die Augen gedrücktem Taschentuche und jammernd den zu unserem Hause führenden Weg daher kommen sah. Sie wollte ihr aus der Haustür entgegen gehn, doch konnte sie draußen niemand sehen. Der Mutter ahnte Schlimmes. Auf ihr Betreiben wurde angespannt, und die Eltern fuhren so schnell als möglich zu dem Hause der Frau Lister. Dort wurde ihnen auf ihr Schellen nicht geöffnet, und die Mutter fand in dem Schlafzimmer der Frau dieselbe kaum atmend in einer Blutlache liegen. Ihr Gatte hatte sie in einem Anfalle von Wahnsinn grausam geschlagen und dann, sie für tot haltend, sich in einem Teich ertränkt. Mein Vater holte schleunigst einen Arzt, der die schlimmsten Wunden zunähen und das Bluten stillen konnte. Wenn so die Frau am Leben erhalten wurde, verdankte sie es nur dem glücklichen Umstande, daß sie in dem Augenblicke, da sie das Bewußtsein verlor, meiner ihr befreundeten Mutter vor dem Fenster unseres Teezimmers erscheinen konnte."

Zweites Kapitel. Doppelgängerei.

Ein mehrfach ähnlicher, von allen Beteiligten bezeugter Spukfall wird in den „Phantasms of the Living" (übersetzt von Feilgenhauer) mitgeteilt:

Eine Frau Bellany zu Ashbourne Grove kam als etwa zehn Jahre altes Kind auf einem Gange nach A. durch einen Wald. Es las unterwegs in seinem Lehrbuche der Geometrie, welche Beschäftigung ja gewiß nicht geeignet war, irgendwelche krankhafte Vision hervorzurufen. Plötzlich wurde aber seine Umgebung ganz grau und schien zu verschwinden, während das Mädchen anstatt dessen in ein unbewohntes, „das weiße Zimmer" genanntes Gemach des elterlichen Hauses blickte und da seine vor kurzem in vollem Wohlbefinden verlassene Mutter wie leblos auf dem Boden liegen sah. Nach vielleicht einigen Minuten verschwand die Erscheinung, während die frühere Umgebung wieder mit wachsender Deutlichkeit hervortrat. Anstatt direkt nach Hause zurückzukehren, veranlaßte das Kind den zunächst aufgesuchten Hausarzt der Familie, dahin mitzukommen, wo dann die Mutter, welche von einem Herzkrampfe befallen worden war, genau der Erscheinung entsprechend gefunden wurde. Indem also die Erscheinung sich nicht dem im Hause weilenden Gatten, sondern dem auf einer Wanderung sich befindenden Kinde gezeigt hatte, bietet auch dieser Fall ein bemerkenswertes Beispiel davon, wie so zu sagen willkürlich und unlogisch ein Spuk sich gestalten kann.

In Eschenmayers „Archiv für den tierischen Magnetismus" wird Band 8, 3, S. 121, folgendes erzählt:

Peter Müller auf dem Langenberge im Kirchspiel Enge ließ sich eines Sonntags morgens von seinem Knecht zur Kirche fahren, um das Abendmahl zu nehmen. Der Knecht fuhr gleich darauf wieder nach Hause und spannte da aus. Als er aber die Pferde in den Stall brachte, sah er seinen Brotherrn in dessen gewohntem Morgenanzuge langsam in demselben auf und abgehen, das Gesicht nach dem Vieh hingerichtet. Als er dann nach beendetem Gottesdienst den Herrn wieder nach Hause holte, fiel er diesem durch sein verstörtes und schweigsames Wesen auf und ließ sich nur schwer dazu bewegen, die Ursache zu offenbaren. Peter Müller ließ sich zu dem ihm befreundeten Pastor Heinrichsen fahren und mußte diesem auf Befragen bekennen, daß er während des Empfanges des Abendmahles an sein Stallvieh gedacht habe.

Der Mitherausgeber des Archivs Professor Dr. Kieser bemerkt hierzu: „Also Fernwirkung eines durch die religiöse Handlung aufgeregten Gefühlslebens auf den mit ihm in Rapport stehenden und für diese Fernwirkung empfänglichen und sie im Phantasiebilde darstellenden Menschen". Soweit diese Erklärung überhaupt zu verstehen ist, scheint sie mir eine ganz verfehlte zu sein. Müller nahm im Gegenteil so wenig seelischen Anteil an der heiligen Handlung, daß er während derselben vielmehr an sein daheim befindliches Vieh dachte, und auch dieser Gedanke konnte ihn ja so wenig erregen, daß nicht wohl zu verstehen ist, wie er zu solcher Doppelgängerei, wie doch offenbar geschehen ist, führen konnte.

Auch Goethe läßt in den „Wahlverwandtschaften" (2. Teil, 8. Kap.) Ottilien „wundersame nächtliche Erscheinungen" einer durch seelische Erregung veranlaßten Doppelgängerei haben. „Wenn sie sich abends zur Ruhe gelegt, schien es ihr, als wenn sie in einen ganz hellen, doch mild erleuchteten Raum hineinblickte. In diesem sah sie Eduarden ganz deutlich, und zwar nicht bekleidet, wie sie ihn sonst gesehen, sondern im kriegerischen Anzug, ... stehend, liegend, reitend. Die Gestalt, bis aufs kleinste ausgemalt, bewegte sich willig vor ihr, ohne daß sie das Mindeste dazu tat, ohne daß sie wollte oder die Einbildungskraft anstrengte. Manchmal sah sie ihn auch umgeben besonders von etwas Beweglichem, das dunkler war als der helle Grund; aber sie unterschied kaum Schattenbilder, die ihr zuweilen als Menschen, als Pferde, als Bäume und Gebirge vorkommen konnten. Gewöhnlich schlief sie über der Erscheinung ein. Sie fühlte sich überzeugt, Eduard lebe noch. Sie stehe mit ihm noch in dem innigsten Verhältnis."

Hiernach und wie wir noch weiterhin sehen werden, ist auch Goethe davon überzeugt gewesen, daß solche Eindrücke durchaus möglich seien.

Daß endlich auch wohl ein Sichselbstsehen durch seelische Erregung verursacht werden kann, haben wir schon an dem Sesenheimer Erlebnis des Dichters gesehen.

Hier mag noch der folgende dem „Museum des Wundervollen" (II. S. 389) entnommene Fall hinzugefügt werden:

„Der Regierungssekretär Triplin in Weimar ging einmal auf die Regierung, um ein Aktenstück zu suchen, an welchem ihm viel gelegen und deswegen er schon sehr besorgt gewesen war. Als er dahin kam, sah er sich selbst auf seinem Stuhle sitzen und das Aktenstück vor sich haben. Sehr erschrocken ging er nach Hause und schickte seine Magd, die an seinem Sitze liegenden Akten zu holen. Diese traf nun auch ihren Herrn da sitzend und glaubte, er sei auf einem anderen Wege vor ihr dahin gekommen."

Während wir schon Fälle kennen gelernt haben, in welchen eine Doppelgängerei dem Betreffenden durchaus unerwünscht ist, sind in der Weihnachtsnummer von 1890 der Review of Reviews unter Mitwirkung der „Society for Psychical Research" (Gesellschaft für psychologische Forschung) bestbeglaubigte Beispiele mitgeteilt davon,

Zweites Kapitel. Doppelgängerei.

daß gewisse Menschen sich umgekehrt durch ihren Willen zu Doppelgängern machen können.

So von einer Frau M., Tochter eines wohlbekannten Londoner Rechtsanwalts, die nach eingehendem Studium des Okkultismus diese Fähigkeit erlangt hatte. Vermöge derselben erschien sie unter anderm, wie a. a. O. ausführlich erzählt wird, eines Abends, obgleich an einem ganz anderen Orte weilend, dem ihr befreundeten Fräulein C., jedoch merkwürdigerweise mit einem weißseidenen Schal angetan, den sie in Wirklichkeit seit Jahren unbenutzt bei sich verwahrt liegen hatte. Ebenso erschien sie in der Nacht der Mutter des Fräuleins, wegen deren Befindens sie sich beunruhigt hatte, und zwar wurde da ihre gleichsam wie von innen erleuchtete Gestalt wiederholt in dem finstern Zimmer sichtbar, um zu verschwinden, sobald Licht gemacht wurde.

Jung Stilling erzählt in seiner „Theorie der Geisterkunde" (S. 58) nach zuverlässiger Quelle einen besonderen um 1750 in der Nähe von Philadelphia vorgekommenen Fall, in welchem ein auch seherisch begabter Mann sich selbst zum Doppelgänger machen konnte. Ein Schiffskapitän blieb länger abwesend, als er seiner Frau versprochen hatte. Diese, um ihn besorgt, wandte sich an einen in der Nähe der Stadt still und einsam lebenden Mann, welchem man zutraute, über verborgene Dinge Auskunft geben zu können. Der Mann geht in sein Zimmer, während die Frau draußen wartet. Als es ihr zu lange währt, guckt sie durch ein kleines Türfenster und sieht nun den Mann wie tot auf seinem Sofa liegen. Etwas später kommt aber derselbe heraus und gibt an, der Kapitän befinde sich in London in dem und dem Kaffeehause, werde aber bald zurückkehren. Auch die Gründe seines längeren Ausbleibens weiß er anzugeben. Der Kapitän kam auch in der Tat bald danach wieder und bestätigte diese Gründe. Als er aber später in Gegenwart seiner Frau den Mann sah, entsetzte er sich und erzählte, er habe diesen vor kurzem in London im Kaffeehause schon einmal gesehen und mit ihm über seine verspätete Rückkehr gesprochen. Es ergab sich dann, daß das zu derselben Zeit gewesen war, während welcher die Frau auf den Bescheid des Mannes gewartet hatte.

Aehnliche Fälle sind nach du Prel, „Die Entdeckung der Seele" II, 57, auch sonst vorgekommen. So [erzählt Remigius in seiner „Dämonolatria": „Ein nach Italien gereister französischer Kaufmann wollte von einem Zauberer Nachricht aus der Heimat erhalten. Dieser ließ ihn eine Stunde in einem andern Zimmer warten und erzählte ihm dann, sein jüngerer Bruder sei gestorben, seine Frau von Zwillingen entbunden, und die Magd habe einen Geldsack entwendet, was sich alles als richtig erwies." Desgleichen erzählt

Bodinus in seiner „Dämonomanie" (I, 12): „Ich habe im Jahre 1546, als ich zu Nantes gewesen, von sieben Zauberern vernommen, welche im Beisein vieler Leute sich ausließen, sie wollten innerhalb einer Stunde Nachricht von allem bringen, was auf zehn Meilen in der Runde geschehen sei. Sie fielen darauf in eine Art von Ohnmacht und blieben so wohl drei Stunden liegen. Darauf standen sie wieder auf und sagten, was sie in der Stadt Nantes und der Umgegend gesehen hätten, und wobei sie genau die Umstände, Orte, Handlungen und Personen wahrgenommen hätten. Was sie erzählten, wurde als wahrhaft erfunden."

Selbst schon aus dem Altertum ist uns dasselbe überliefert. Nach Plinius (VIII, 52) hatte ein gewisser Hermotimus aus Clazomene die Fähigkeit, mit der Seele seinen Leib zu verlassen, und aus entfernten Gegenden zu berichten, währenddessen sein Leib wie leblos liegen blieb. Während einer dieser Seelenreisen verbrannten Feinde seinen Körper.

Diese Fälle gehören insofern hierher, als nach du Prels Meinung (a. a. O. S. 53) jedenfalls die Frage naheliegt, ob nicht das räumliche (nicht zeitliche) Fernsehen — übrigens „ein ganzer Rattenschwanz dunkler Probleme" — auf Doppelgängerei zurückgeführt werden kann, wobei denn allerdings vorausgesetzt werden müßte, daß der „ätherische" Leib des Doppelgängers die Bewegungsgeschwindigkeit des Gedankens habe.

Wenn übrigens der genannte Forscher a. a. O. die Meinung äußert, daß „im Menschen selbst ein solcher Leib von ätherischer Natur liegt, oder daß wir mindestens die potenzielle Anlage zur jederzeitigen Bildung eines solchen besitzen", so ist hier gewiß ebenso ein seltener Ausnahmefall für das Regelmäßige erklärt worden, als wenn nach ebendaselbst beim Doppelgänger ebenso wie bei den Gespenstern Verstorbener „die Verdichtung bis zur Sichtbarkeit der Ausnahmezustand" sein soll. Eine seltene Ausnahme bildet es, wenn, wie in einigen oben angeführten Fällen, die Erscheinung des Doppelgängers sich nicht auf die Sichtbarkeit beschränkt.

Drittes Kapitel.

Zweites Gesicht und Vorzeichen besonders des Todes.

Manche Personen haben das besondere Vermögen, Begebenheiten und Tatsachen, welche sich in der Zukunft ereignen werden, vermittels der Organe des natürlichen Gesichts wahrzunehmen und zwar so, daß das Abwesende und Zukünftige als gegenwärtig erscheint und in mehr oder weniger sinnbildlicher Weise angeschaut wird. Diese Fähigkeit, das zweite Gesicht (Second sight, Deuteroskopie) genannt, wird am häufigsten auf den schottischen Inseln gefunden, außerdem aber auch unter anderm in Norwegen, Lappland, Estland, der Bretagne, verschiedenen Teilen Deutschlands, besonders Westfalen, ja in Indien und bei den Negern der Sahara[1]).

Das zweite Gesicht unterscheidet sich, wie schon bemerkt, unter anderm von den Erscheinungen der Doppelgänger auch dadurch,

---

[1]) Das „zweite Gesicht" ist mehr als andere Arten von Spuk in der Fachliteratur behandelt worden. Eingehenderes über dasselbe auf den Schottischen Inseln hat zuerst der Reisende Martin in einer „Description of the western islands of Scotland" (London 1716), übersetzt in von Eschenmayers „Archiv für tierischen Magnetismus" VI, berichtet. Weiter sind dann zu nennen Dr. theol. G. C. Horst, „Deuteroskopie oder merkwürdige psychische und physiologische Erscheinungen und Probleme aus dem Gebiete der Pneumatologie" (Frankfurt a. M. 1830); du Prel, „Das zweite Gesicht" (Breslau 1881); M. Schlenter, „Das zweite Gesicht" (Leipzig 1893); Professor Dr. Bahlmann, „Westphälische Spökenkieker und ihre Vorgeschichten" (Münster 1897); Professor Dr. Zurbonsen, „Das zweite Gesicht". Dritte Auflage (Köln 1913), Dr. W. Ludwig (pseud. für Professor Dr. L. Kuhlenbeck) „Spaziergänge eines Wahrheitssuchers ins Reich der Mystik". 2. Auflage (Leipzig 1899); L. Strackerjan, „Aberglaube und Sagen aus dem Großherzogtum Oldenburg" (Oldenburg 1867). Hauptsächlich werden in diesen Büchern nachweisliche Fälle des zweiten Gesichts in Westfalen behandelt.

Drittes Kapitel. Zweites Gesicht und Vorzeichen besonders des Todes.

daß es sich durchaus der Regel nach nur dem Seher allein, aber nicht den übrigen dabei gegenwärtigen Personen darstellt. Selbst derjenige Teil des Gesichtes, den der Seher ausnahmsweise hört, bleibt diesen unvernehmbar[1]).

Die schon längere Zeit mit dem zweiten Gesicht Begabten haben wohl aus der Erfahrung gelernt, wie — soweit sich das nicht von selbst ergibt — die symbolischen Erscheinungen näher zu deuten sind, oder solche Deutungen sind auch schon durch die Ueberlieferung festgestellt, aber auch wohl in den verschiedenen Gegenden in mannigfacher Weise verschieden ausgebildet.

Wie bei anderen Arten des Spukes um den Uebergang vom Leben zum Tode, so handelt es sich auch hier weitaus am häufigsten um die Ankündigung eines künftigen Sterbefalles. So sieht man den bald Sterbenden besonders im Sarge liegen, letzteren oder auch einen Leichenzug aus seiner Wohnung kommen, den Stuhl als leer, auf welchem der Todeskandidat in Wirklichkeit sitzt, diesen ohne Kopf, oder mit einem Rauch um das Gesicht, auch wohl in ein Leichentuch gehüllt, und soll dabei auch die Zeit des Todes daraus zu erkennen sein, wie hoch das Tuch um die Person geschlagen ist. Auch Flämmchen von verschiedener Art und Bedeutung sind häufig[2]).

Im zweiten Stück des zweiten Bandes des „Magazins zur Erfahrungsseelenkunde" wird eines angesehenen Mannes gedacht, dem zu seiner Qual das Angesicht von Leuten, die bald sterben sollten, so vorkam, als ob sie schon einige Tage im Grabe gelegen hätten.

Seltener wird eine Heirat vorausgesehen, so durch einen Hochzeitszug oder durch ein hüpfendes, anstatt ruhig brennendes Flämmchen. Man sieht die Zukünftige eines Mannes, wenn sie zu seiner Linken erscheint. Auch einen Brand kann man voraussehen, desgleichen eine Geburt, die Ankunft von Personen, Straßen- und Hausbauten, an welche sonst noch nicht gedacht wird und dergl. mehr. In der Regel hat der Seher gar kein besonderes Interesse an dem geschauten Bilde und kommt daher eine seelische Erregung, welche bei anderen Arten des Spukes eine so große Rolle spielen kann, hier gar nicht in Frage.

Wie bald irgend ein Gesicht erfüllt werden wird, soll auch daraus zu erkennen sein, zu welcher Tages- oder Nachtzeit dasselbe erschienen ist[3]). Je weiter die Erfüllung noch entfernt ist, in desto

---

[1]) Auch schon in der Zimmerischen Chronik (IV 263) heißt es vom Spuk: „Wie denn oft beschicht, daß der ein etwas hört oder sicht, daß der ander nit vernimpt."

[2]) Näheres bei L. Strackerjan, „Aberglaube und Sagen im Hzt. Oldenburg". I. S. 134.

[3]) Strackerjan ebd. S. 139.

Drittes Kapitel. Zweites Gesicht und Vorzeichen besonders des Todes. 41

kleinerem Maßstabe wird alles gesehen und dergl. mehr. Ausnahmsweise kann so Zukünftiges selbst auf Jahre vorausgesehen werden, wobei dann aber besondere, damit verknüpfte Umstände an der Identität nicht zweifeln lassen. So sah (nach Strackerjan a. a. O.) in Neuenkirchen eine alte Seherin namens Anne Mette einmal zu ihrem Verwundern aus einem Hause einen Sarg tragen, welchem nur ein Mann, namens Meyer, folgte, während doch sonst da immer das ganze Dorf die Leichen zu Grabe geleitet. Die Seherin erklärte zugleich, was sie vorhergesehen habe, werde noch nicht sobald kommen, da sie das Gesicht erst am Nachmittag gehabt habe. In der Tat starb nun nach etwa drei Jahren in dem Hause ein fremder Kaufmann, und seinem Sarge folgte niemand als sein Handelsfreund, eben jener Meyer. Zu einer Zeit, da man noch gar keine Eisenbahnen kannte, sah ein Seher, daß bei Osterkappeln durch einen Berg eine Straße gelegt wurde, auf welcher Wagen ohne Pferde fuhren. Aehnliches ist bei Telegraphenleitungen vorgekommen.

Interessant, aber natürlich auch nicht zu beantworten, ist die Frage, weshalb immer das Vorgesicht gerade zu dieser, der Erfüllung so verschieden lange vorausgehenden Zeit und nicht etwa früher oder später erschienen ist. —

Viele der besonders mit dem zweiten Gesicht Begabten — auch kurzweg „Seher", in Tirol „Fürweiling", in Nordwestdeutschland auch „Schichtige" oder „Schichtkieker" genannt — fühlen sich als unglückliche, wegen ihrer unwillkommenen Gabe sich abhärmende Menschen. Besonders in Westfalen und Oldenburg kommt wohl hinzu, daß sie, durch einen unwiderstehlichen inneren Drang getrieben, wider Willen dahin gehen müssen, oft an einen Kreuzweg, wo sie dann die Erscheinung wahrnehmen.

Dazu wird bei Strackerjan a. a. O. S. 145 u. a. erzählt: „Auf dem Gerberhofe bei Oldenburg lebte ein Mann, den es auch häufig des Nachts hinaustrieb, um Spuk zu sehen. Als er einmal in seinem Bett schlief, banden seine Hausgenossen ihn mit Stricken an der Bettstelle fest, indem sie hofften, ihn so von seiner Plage zu befreien. Nicht lange danach wachte er auf und wollte aufstehen, und als er sich gebunden fand, bat er flehentlich, ihn los zu machen. Er arbeitete mit aller Kraft an den Stricken und schrie zuletzt so, daß man ihn endlich befreien mußte. Sofort sprang er aus dem Bette und eilte in bloßem Hemde aus dem Hause in der Richtung auf den Oldenburger Kirchhof zu. Aber er kam zu spät, um den vorspukenden Leichenzug noch zu sehen, und fiel ohnmächtig auf dem Wege hin. Eine halbe Stunde später fanden die Hausgenossen ihn dort liegen und brachten ihn nach Hause. Er hat da lange krank gelegen, hat aber nach wie vor den Spuk sehen müssen."

Auch Jung-Stilling bezeugt in seiner „Theorie der Geisterkunde", daß ein „Seher" „gewöhnlich bei der Nacht gedrungen wird, hinauszugehen und zwar in die Nähe des Hauses, aus dem die Leiche herauskommen soll; dann sieht er den Zug mit allen, auch den kleinsten Umständen".

Diese Sehergabe haftet in Tirol gewissermaßen auch an bestimmten Orten. So sehen in Zirl bei Innsbruck die Leute, welche in den nach dem Kirchhofe hinaussehenden Häusern wohnen, um Mitternacht solche Leichenzüge, in denen sie die Personen erkennen, welche demnächst sterben werden. Deshalb werden diese Wohnungen gemieden und die Armen erhalten sie unentgeltlich [1]).

Die Erscheinungen des zweiten Gesichts werden nicht allein von solchen Menschen wahrgenommen, denen diese Fähigkeit besonders eigen ist [2]) und die so etwa alle Sterbefälle in einer Ortschaft voraussehen, sondern auch von anderen, nur in für sie ganz vereinzelten Fällen. Solcher werden in Horst's „Deuteroskopie" u. a. folgende erzählt:

In Helmstedt sah bei dem Professor L. E. einmal dessen Famulus einen Sarg, in welchen man einen jungen, ihm unbekannten Herrn legte. Er teilte das sofort den Hausgenossen mit, wurde aber mit seiner für einen Traum erklärten Vision ausgelacht. Indessen nahm acht Tage später bei dem Professor Wohnung und Tisch ein junger Graf v. Reuß-Plauen, welchen der Famulus als demjenigen vollkommen ähnlich erkannte, den er in dem Sarg hatte liegen sehen. Auch dies sagte er dem Professor, und in der Tat verfiel der junge Graf nach wenigen Tagen in eine schwere Krankheit, an welcher er starb.

Am 14. Juli 1684 machte der Würzburger Fürstbischof Konrad Wilhelm bei guter Gesundheit eine Wasserspazierfahrt nach seinem Garten zu Veitshöchheim. Als er dabei am Kloster Unterzell vorüberfuhr, sah seine Schwester, welche Priorin desselben war, im Schiff unmittelbar vor dem Kirchenfürsten eine mit einem Leichentuche bedeckte Totenbahre stehen. Nach wenigen Monaten starb der Bischof, und die Priorin ließ eine von ihr beglaubigte Erzählung des Vorfalles in das Klosterarchiv aufnehmen [3]). —

---

[1]) v. Alpenburg, „Mythen und Sagen Tirols" 1857, Seite 341.

[2]) Schopenhauer hat („Versuch über Geistersehen") als Organ des Vorhersehens ein eigenes „Traumorgan" angenommen, damit aber die Erklärung der Sache schwerlich gefördert, auch in der Fachliteratur damit keinen Beifall gefunden.

[3]) Selbst Dr. Hennig (vgl. S. 17) gibt a. a. O. S. 230 zu, daß dieser Fall „verhältnismäßig am besten beglaubigt und am beweiskräftigsten unter vielen ganz wertlosen (?) Berichten" über das zweite Gesicht sei.

Drittes Kapitel. Zweites Gesicht und Vorzeichen besonders des Todes.

Aus neuerer Zeit erzählt Nataly von Eschstruth in ihrem Buche „Spuk" [1]) folgendes Erlebnis: Mit ihrem Vater einmal in Viktor Scheffels Landhause „Seehalde" zu Besuch, erhielt sie da für die Nacht ein Fremdenzimmer, in welchem noch ein zweites weiß überzogenes Bett stand. Nach tiefem Schlafe plötzlich erwacht, sah sie nun zu ihrem Entsetzen bei hellem Mondscheine anstatt dessen einen hohen Sarg, auf welchem Waffen und ein Kissen mit Orden lagen, während zu Häupten und Füßen Kerzen brannten. Auf den Schreckensruf des damals noch jungen Mädchens kam der Vater mit Licht, doch war jetzt wieder nur das unberührte Bett zu sehen. Dasselbe war, wie früher öfter, so auch das letztemal von einer alten Exzellenz v. F. aus Karlsruhe benutzt worden, und es wurde denn nun auch bald festgestellt, daß diese in derselben Nacht zu Tode erkrankt war. —

Während jedenfalls diejenigen Familien die Regel bilden, deren Angehörige weiten Kreises nie irgendwelchen Spuk erlebt haben, kommen auch deren vor, welche von solchen gewissermaßen verfolgt werden.

G. C. Horst's „Deuteroskopie" (Frankfurt 1830) enthält im ersten Bande einen längeren Auszug aus einem alten Manuskript der Königsberger Bibliothek, in welchem der Theologieprofessor Konsistorialrat etc. Dr. Heinrich Lysius „Von allerhand merkwürdigen Ahnungen, Träumen, Gesichten, Erscheinungen, Gespenstern, Hexereien etc." berichtet, welche ihn und seine Angehörigen, übrigens lauter gesunde, lebensfrohe und kraftvolle Menschen, getroffen haben. Das Wesentlichere daraus, durchweg in das hier behandelte Kapitel gehörend, mag hier kurz wiedergegeben werden [2]).

Schon seine mehr als 90 Jahre alt gewordene Großmutter hatte sowohl im Finstern als bei Tage zahlreiche auch besondere zweite Gesichte gehabt, welche immer in Erfüllung gegangen waren. So sah sie einmal, in Flensburg vor ihrer Haustüre stehend, aus dem an der Straße liegenden Posthause eine große Leichenprozession an sich vorüber nach der nicht fernen Kirche ziehen. Außer den von ihr genau erkannten Teilnehmern, unter welchen Schüler der ersten Klasse

---

[1]) Leipzig, Verlag von P. List. Ungeachtet der wenig angemessenen weitschweifigen und romanhaften Einkleidung wird man den in dem Buche erzählten, von mir noch sonst angeführten Spukfällen den beanspruchten vollen Glauben beizumessen haben, da gewiß nicht anzunehmen ist, daß die Verfasserin es öffentlich gewagt haben sollte, durchweg angesehensten Personen erdachte Erlebnisse zuzuschreiben und einen ihr befreundeten Oberstleutnant und Kammerherrn (Kindler von Knobloch), welchem das Buch gewidmet ist, damit hinters Licht zu führen.

[2]) Auch hier gibt Dr. Hennig, a. a. O. S. 222 zu, daß die Angaben des Lysius „von einer selten scharfen Beobachtung, ruhigen Auffassung und vor allem von unantastbarer Ehrlichkeit zeugen."

mit brennenden Kerzen und schwarzen Flören, die auf Blech gemalte Wappen trugen, folgten, wie sie sich nachher ausdrückte, ein schön geputzter Engel auf einem weißen Pferde und ein gräßlicher Teufel auf einem schwarzen. Sie erzählte das gehabte Gesicht sofort den Ihrigen. Da aber zumal in dem Posthause niemand wohnte, der nach damaligen Rechten mit solchem Gepränge begraben werden konnte, war, auch von dem „Engel" und dem „Teufel" abgesehen, nicht abzusehen, wie dasselbe in Erfüllung gehen könnte. Allein wenige Tage darauf duellierten sich vor der Stadt zwei Adelige auf Pistolen und der eine, tödlich verwundet, wurde in das Posthaus getragen, wo er alsbald starb. Er wurde dann genau auf die Art, wie die alte Frau beschrieben hatte, begraben, wobei ein Kavalier in einem schönen bunten Harnisch das sog. Freudenpferd von weißer Farbe und ein anderer in einem schwarzen Harnisch das schwarze Trauerpferd ritt.

Als Hauslehrer lag Lysius dann einmal in der Nacht wachend im Bett, als plötzlich das Zimmer ganz hell wurde und es sich wie eines Menschen Schatten an der Wand entlang bewegte. Eine innere Stimme ließ ihn denselben sicher als den Schatten seiner Mutter erkennen, obgleich dieselbe nach den letzten Nachrichten gesund und munter war. Er stand sogleich auf, konnte aber in der nun wieder finsteren Stube ebenso wenig wie am folgenden Morgen etwas zur Erklärung der Erscheinung Dienliches finden. Alsbald aber erhielt er denn auch die Nachricht, daß seine Mutter nach kurzem Kranksein in derselben Nacht gestorben war.

Als Lysius später mit der Großmutter und acht Geschwistern ein Haus bewohnte, eröffnete ihm einst eine in demselben verkehrende mit dem zweiten Gesicht begabte Frau, es würden bald aus ihm sieben Leichen herausgetragen werden, und danach eine Braut dort hineinkommen. Zunächst starb dann die Großmutter und auch nicht, ohne daß das zu einer besonderen Erscheinung Anlaß gegeben hätte. Noch während ihrer anscheinend nur leichten Krankheit wollte Lysius eines Abends aus der Wohnstube herausgehen, als er eine in Parade stehende Leiche nach der dortigen Landessitte mit weißen und schwarzen Tüchern bekleidet, so dicht vor der Türe stehen sah, daß er kaum heraus und zur Treppe gelangen konnte. Er fragte eine herbeigerufene Schwester, ob sie auch die Leiche sehe und diese ging, sichtlich erschrocken mit bleichem Gesicht eiligst zurück, während Lysius in der halb offenen Stubentüre so lange stehen blieb, bis die Erscheinung allmählich dunkler wurde und verschwand. Als die Großmutter dann bald darauf unerwartet gestorben war, wurde während seiner Abwesenheit aus dem Hause die Leiche ganz ebenso, wie das Gesicht es gezeigt hatte und auf dieser besonders unzweckmäßigen Stelle niedergesetzt.

Drittes Kapitel. Zweites Gesicht und Vorzeichen besonders des Todes.

Wenige Tage darauf nun erkrankten und starben an einer schlimmen Fleckfieberepidemie in dem Hause noch vier Geschwister, eine Tante und eine Magd des Lysius, während drei noch weiter Erkrankte unerwarteterweise wieder genasen. Wie es nun so genau bei den sieben im Gesicht gesehenen Leichen geblieben war, traf es auch ein, daß Lysius „nun ohne häusliche Unterstützung, sich bald darnach eine brave Jungfrau zur Braut aussuchte".

Auch noch von dieser als seiner nunmehrigen Ehefrau weiß er dann zu erzählen, sie sei einmal des Nachts mit großem Schrecken darüber aus dem Schlafe aufgefahren, daß man sie laut zweimal „Gertrude!" gerufen habe. Zu derselben Zeit aber sei fern von da eine ihr besonders nahe gestandene Schwester gestorben.

Der gelehrte Verfasser des Manuskripts bekennt sich zu dem Standpunkt, „daß in der Welt Gaben sind, die wir nicht wissen, und Dinge geschehen, so schwer zu glauben sind".

Wie hier Lysius schon ein Beispiel davon mitgeteilt hat, daß mehrere aufeinander folgende Ereignisse zu einem Vorgesicht zusammengefaßt wurden, so kommt das wiewohl selten, auch sonst vor. Nach Kreitens Lebensbeschreibung von Annette von Droste-Hülshoff, 2. Auflage 1900 S. 25, wurde der letzteren einmal 1839 von einer alten Wärterin folgendes Gesicht über drei Freundinnen Annettens mitgeteilt: In der Kirche zu Hülshoff habe Fräulein Malchen (v. Zuydtwyck) am Altar als Nonne gekniet, Fräulein Victorine (v. Twickel) tot im Sarge gelegen und sei Fräulein Maria (v. Haxthausen) mit einem Offizier getraut worden. Noch in demselben Jahre trat die erstgenannte Freundin in Rom ins Kloster, die zweite starb und die dritte vermählte sich mit dem Freiherrn Friedrich von Brenken, dessen dabei getragene Landstandsuniform die Alte für die eines Offiziers gehalten hatte. Dieser ist zugleich Gewährsmann für die Wahrheit des Vorfalles gewesen.

Uebrigens war die große westfälische Dichterin selbst mit dem zweiten Gesicht begabt, ebenso ihr Freund Levin Schücking und Fr. W. Weber, der Dichter von Dreizehnlinden, bekanntlich ein westfälischer Arzt (siehe darüber auch im fünften Kapitel).

Ein von mehreren Fachschriftstellern angeführter Fall des zweiten Gesichts ist folgender:

Ein englischer Offizier, der den Vorfall bezeugt hat, war in einer Gesellschaft bei einem schottischen Edelmann und las dort den Damen eine Komödie vor, als der in dem Rufe eines Sehers stehende Hausherr seinen Gang durch das Zimmer plötzlich unterbrach, die Klingel zog und einem Diener befahl, sofort auf ein benachbartes Schloß zu reiten und sich nach dem Befinden der Herrin zu erkundigen, sowie, wenn der erhaltene Bescheid günstig ausfalle, dasselbe bei einem andern nahen Schlosse zu tun. Der Offizier fragte ihn nach dem Anlaß und erhielt die nur zögernd erteilte Antwort, der Edelmann habe die Erscheinung gehabt, daß die Tür des Zimmers sich geöffnet habe und eine kleine Frau ohne Kopf eingetreten sei, was den plötzlichen Tod eines Bekannten anzeigen müsse. Mehrere Stunden später kam denn auch der Diener zurück mit der Meldung, daß zur Zeit der Erscheinung eine der beiden Damen an einem Schlagflusse gestorben sei.

Zu den von der **Society for Psychical Research** als zweifellos festgestellten Vorgeschichtsfällen gehört folgender: An einem Sommertage 1889 saß eine Mrs. Mac Alpine am Ufer eines Sees in der Nähe von Castleblaney (England). Plötzlich fühlte sie sich von einem Schauder und einer Schwere in den Gliedern erfaßt, daß sie sich nicht zu erheben vermochte. Ihre Blicke aber wurden wie durch eine äußere Gewalt auf die Oberfläche des Sees geheftet. Da sah sie aus einem Gewölk, welches über der Wasserfläche erschien, einen hochgewachsenen Mann in den See stürzen und in den Fluten verschwinden. Einige Tage später suchte und fand ein Fremder, ein gewisser Espy, ein Mann von hohem Wuchs, auf den genau die von Mrs. Alpine gemachte Beschreibung paßte, in dem See seinen Tod.

Wie in **Perty**, „Die mystischen Erscheinungen" II 286 mitgeteilt wurde, sah der Professor der Medizin Dr. V. in Leipzig, der Gäste zu sich geladen hatte, den Stuhl zu seiner Rechten von einem Gerippe besetzt, das ein kleineres Gerippe vor sich hielt. Er suchte den Eindruck zu verbergen, und der Stuhl wurde darnach von einer Geheimrätin F. eingenommen. Zu dieser wurde der Professor dann noch an demselben Tage durch einen Boten gerufen; infolge einer plötzlichen Frühgeburt war ein Blutsturz eingetreten, an dem sie starb, noch bevor der Arzt eintraf. —

Von Interesse ist es auch, daß man mehrfach vergebens versucht hat, die Angaben eines Sehers dadurch als unzuverlässig nachzuweisen, daß man das genaue Eintreffen von ihm angekündigter Einzelheiten verhinderte. **Eschenmayers** „Archiv" VIII, 3 entnehme ich folgende Beispiele:

In dem Pfarrdorfe Schwesing, unweit Husum, sagte eine Seherin unter vielen anderen Dingen voraus, in kurzer Zeit käme aus dem Schulhause eine Leiche, vor welcher das Lied „Wer weiß, wie nahe mir mein Ende" nur von dem Küster und zwei Schülern gesungen werde. Auch nannte sie die Namen der Leichenträger. Nun wurde gewiß keine Leiche aus der Gemeinde in das damals im Winter täglich von den Schulkindern besuchte Schulhaus gebracht, auch war es dort Sitte, selbst bei der ärmsten Leiche wenigstens vier Kinder

Drittes Kapitel. Zweites Gesicht und Vorzeichen besonders des Todes.

singen zu lassen. Man machte sich deshalb über die Seherin lustig. Allein bald darauf, kurz vor Weihnachten kam ein kranker Bettler in die Dorfschenke, starb nach wenigen Tagen, und man brachte mit Zustimmung der Gemeindevorsteher die Leiche in das jetzt Platz bietende Schulhaus. Als nun schon soviel von der Erscheinung in Erfüllung gegangen war, taten der Pastor und der Küster alles mögliche, doch das übrige Vorhergesagte zu vereiteln. Im ganzen Dorfe wurden Träger gerade außer den vier, von der Seherin genannten bestellt, aber alle gaben eine abschlägige Antwort, so daß man zu diesen seine Zuflucht nehmen mußte, die sich auch bereit finden ließen. Außerdem wurden alle Knaben des Dorfes zum Singen angesagt, jedoch erschienen zum Begräbnis nur zwei, indem die übrigen sich auf verschiedene Weise davon frei gemacht hatten. Nun wollte der Küster wenigstens das angegebene Sterbelied keinesfalls singen lassen und hatte auch den beiden Schülern bereits eine andere Nummer des Gesangbuches bezeichnet, als er dessenungeachtet, sich ganz vergessend, doch jenes gewohnte Lied anstimmte, wonach er das nicht mehr ändern konnte. — Die Erzählung stammt aus dem Munde des damaligen Predigers zu Schwesing, namens Buchwald.

Einen ähnlichen Vorfall erzählte der Pastor Petersen zu Lindholm. Ein Seher hatte ihm die Textesworte und den Hauptinhalt der Leichenpredigt angegeben, welche er bei einer bevorstehenden Beerdigung halten werde. Nachdem in bezug auf den Todesfall alle vorhergesagten Nebenumstände eingetroffen waren, wählte der Pastor für seine Rede vorsätzlich einen anderen Text und Gedankengang; allein wie er die sorgfältig memorierte Rede halten wollte, versank er, seiner eigenen späteren Versicherung zufolge, vorübergehend in einen Zustand der Bewußtlosigkeit und sagte darnach, wie von einer unsichtbaren Macht getrieben, doch die von dem Seher angegebenen Textesworte her und hielt nun darüber aus dem Stegreife eine Predigt.

Auch bei belanglosesten Nebenumständen kommt dasselbe vor. So sollte nach Strackerjan, „Aberglaube und Sagen" (I, 151) bei einer im Vorspuk gesehenen Hochzeit beim Beladen des Brautwagens dem Tischler der Hut vom Kopfe fallen. Als es nun zum Aufladen kam, setzte der Tischler, um das unmöglich zu machen, seinen Hut abseits auf einen Schrank; allein durch eine a. a. O. näher angegebene Verkettung von Umständen kam es dann doch dazu, daß der wiederaufgesetzte ihm vom Kopfe fiel.

Besonders aus den Fällen dieser Art ergibt sich mehr als aus anderen Umständen die ja höchst bedeutungsvolle Folgerung, daß, wie Schopenhauer in seiner Abhandlung „Ueber die anscheinende Absichtlichkeit im Schicksale des Einzelnen" schreibt: „So sehr auch der Lauf der Dinge sich als rein zufällig darstellt, er es im Grunde doch nicht ist, vielmehr alle diese Zufälle selbst von einer tief verborgenen Notwendigkeit umfaßt werden, deren bloßes Werkzeug der Zufall selbst ist. Daß alle Begebenheiten durch vollständige Notwendigkeit eintreten, weil schon bei der Geburt des Menschen sein ganzer Lebenslauf bis ins einzelne irgendwo unwiderruflich zum voraus bestimmt ist." Es ist hier nicht der Ort, auf die Fragen „Wo?" und „Wie?" eine Antwort oder eine Lösung des Konflikts zu suchen, der zwischen diesen lange vorher festgestellten Notwendigkeiten und der vielfach nachgewiesenen Macht des menschlichen Willens sich zeigt. Auch hier, wie überall in den Dingen der übersinnlichen Welt, stoßen wir eben auf Rätsel, welche kein Philosoph zu lösen vermag[1]).

Besonders eigentümlich ist es, daß, wie hinlänglich bezeugt ist, die Gabe des zweiten Gesichts sich von einem Seher durch Berührung des dafür Empfänglichen auf ihn übertragen läßt[2]). Dasselbe bedeutet es auch wohl, wenn in „Wahrheit und Dichtung", erstes Buch, Goethe, nachdem er erzählt hat, wie sein Großvater in hervorragendem Maße mit dem zweiten Gesicht begabt war, weiter schreibt: „Bemerkenswert bleibt es hierbei, daß Personen, welche sonst keine Spur von Ahnungsvermögen zeigten, in seiner Sphäre für den Augenblick die Fähigkeit erlangten, daß sie von gewissen gleichzeitigen, obwohl in der Entfernung vorgehenden Krankheits- und Todesereignissen durch sinnliche Wahrzeichen eine Vorempfindung hatten."

Es scheint sich hier um eine dem „animalischen Magnetismus" verwandte Wirkung zu handeln.

Zu den Zeugenaussagen, welche der dritten Auflage von Professor Zurbonsens Buch „Das Zweite Gesicht" (Köln 1913) angehängt sind, gehört die folgende über einen in bezug hierauf interessierenden Fall: „Im Jahre 1896 bin ich durch nachfolgendes Erlebnis dazu bekehrt, Vorgeschichten nicht mehr abzuleugnen.

„Es war im Winter, kurz vor der Geburt meines jüngsten Sohnes, als mein Mann und ich aus meiner Heimatstadt W. per Wagen

---

[1]) Eine besondere Meinung äußert da Jung-Stilling, indem er in seiner „Theorie der Geisterkunde" Seite 134 schreibt: „So viel erhellt aus allen zuverlässigen Nachrichten aus dem Geisterreich, daß in demselben alles, was in der Sinnenwelt geschieht, vorbereitet, von da die ganze Menschheit regiert werde; doch so, daß der freie Wille des Menschen nicht gezwungen werde (?)."

[2]) Eschenmayer, „Archiv", VIII, 3, S. 128. Es findet sich auch der Volksglaube, daß man zu dem Zweck dem Seher über die linke Schulter blicken muß, während man ihm auf den rechten Fuß tritt.

Drittes Kapitel. Zweites Gesicht und Vorzeichen besonders des Todes. 49

nach der Station E. zu gelangen suchten. Plötzlich ging der Wagen sehr langsam. Da wir uns das langsame Tempo nicht erklären konnten und keine überflüssige Zeit hatten, befahlen wir dem Kutscher, schneller zu fahren. Er rief: »Ich kann nicht. Es ist ein Leichenwagen vor uns, bei dem ich nicht vorbei kann, da er trotz Rufens nicht ausbiegen will.« Mein Mann und ich standen auf und sahen uns den Leichenwagen an, der in der Mitte des Weges direkt vor uns fuhr und weder rechts noch links Platz zum Vorbeikommen ließ. Wir unterhielten uns noch über die Rücksichtslosigkeit des Führers, als plötzlich der ganze Leichenwagen verschwunden war. Durch diesen Vorgang waren wir so frappiert, daß wir ausstiegen, um uns zu überzeugen, daß wirklich rechts und links kein Weg war, auf dem das unheimliche Gefährt hätte entweichen können."

„Ich kann mir noch heute den leichenblassen Kutscher vorstellen, der zu meinem Manne sagte: »Herr, einer von uns macht diesen Weg zum letzten Male!« Mein Mann war über diese Worte außer sich, weil er sah, daß ich mich sehr aufregte. Daß der Vorgang aber auch auf ihn einen grauenhaften Eindruck gemacht hat, weiß ich von Herrn Geheimrat Sp. (gestorben 1912), dem er das Erlebnis unserer Reise mitgeteilt hat."

„Ich blieb gesund, aber mein lieber Mann machte keine Reise mehr; diese unheimliche Fahrt ist unsere letzte gemeinschaftliche Reise gewesen. Wer hätte den Tod ahnen können bei einem Menschen so strotzend von Gesundheit wie er!

M., 7. April 1913.

Frau Rechtsanwalt — i — ."

Nach zur Bonsen a. a. O. scheint auch hier das zweite Gesicht von dem Kutscher auf das Ehepaar übertragen worden zu sein. Meiner Meinung nach liegt aber zu solcher Ansicht umsoweniger Grund vor, als ja jener weder ein Seher, noch bei dem Vorzeichen beteiligt war. —

In demselben Buche wird Seite 46 auch folgender bestbeglaubigter Vorfall erzählt: „Zum Zwecke der Ausschmückung der Salzstraße in Münster für eine Prozession waren meine Schwester und ich mit einer Anzahl anderer junger Leute zur Mauritzheide hinausgezogen, um Moos zum Kränzewinden zu sammeln. Ein Gewitter hatte die Luft gereinigt, und die Sonne strahlte vom Himmel. Da meine Schwester Durst verspürte, traten wir in ein naheliegendes Kötterhaus, und ich bat die in der Küche allein hantierende Hausfrau für uns um einige Trunk Milch. Die Frau öffnete uns die Wohnstube, da prallte meine Schwester, die voranschritt, heftig zurück. »Laßt uns wieder gehen«, sagte sie, »da liegt ja auf den Stühlen eine Leiche, ein toter Mann!« »Eine Leiche?« versetzte die

Drittes Kapitel. Zweites Gesicht und Vorzeichen besonders des Todes.

Hausfrau verwundert. »Nein, Gott sei Dank! Fräulein, die haben wir nicht im Hause.« Wir anderen sahen auch nichts, aber meine Schwester beharrte dabei; auch die Totenkerzen gab sie an neben der Leiche zu sehen. Wir alle standen verblüfft da und schauten die Sprecherin an, da wurde es auf dem Hofe unruhig, die Haustür öffnete sich, und herein, trugen Leute, Nachbarn, die Leiche des Kötters, den man, vom Blitz erschlagen, auf dem Felde gefunden hatte. Sprachlos vor Schreck wichen wir zur Seite. Die Träger aber schafften den Toten in die Stube und legten ihn auf eilig zusammengeschobenen Stühlen nieder. Ehe wir uns versahen, standen auch zwei von der Wand herbeigelangte Kerzen neben der Leiche. Erschüttert traten wir den Heimweg an."

Dieser Spukfall hat mehrfach sein Eigentümliches. Verwandt dem ja besonders häufigen zweiten Gesicht einer Beerdigung, unterscheidet er sich von solchen dadurch, daß es sich hier nicht um einen künftig, unbestimmt wann, Sterbenden, sondern um einen schon Gestorbenen handelt, und das zweite Gesicht der Erfüllung sogar unmittelbar vorausgeht, und wenn wir hier zugleich das Wiedererscheinen eines Verstorbenen (wenn auch nur als Leiche) haben, so wird es unerklärlich sein, daß derselbe nicht von der gleichfalls anwesenden Ehefrau, sondern nur von einem jungen Mädchen gesehen wurde, welches ihm völlig fremd und auch nicht etwa eine Seherin war. —

Eine Anzahl von Umständen läßt übereinstimmend darauf schließen, daß die Erscheinungen des zweiten Gesichts nicht bloße, durch irgendwelche seelische Erregungen hervorgerufene Halluzinationen oder Wahnvorstellungen, sondern wirkliche von den leiblichen Sinnen des Sehers wahrnehmbare Erscheinungen sind. Diese Umstände sind folgende:

1. daß das zweite Gesicht auch von kleinen Kindern und Tieren gesehen werden kann [1]),
2. daß von ihm durchaus der Regel nach Personen überrascht werden, denen, körperlich und geistig gesund, jeder Gedanke an Mystik fernliegt und für welche die vorgesehenen Dinge einschließlich ihrer Nebenumstände gar kein besonderes Interesse haben können,
3. daß der Seher oft die Erscheinung nicht da hat, wo er sich zufällig gerade befindet, sondern sich erst an den bestimmten Ort begeben mußte, wo sie unabhängig von ihm — oft gewissermaßen wie die Generalprobe vor einer eigentlichen Vorstellung — vor sich geht, endlich

---

[1]) Nach einem bei Flammarion a. a. O. S. 145 mitgeteilten Vorfalle erschien ein zu derselben Zeit erschossener Bruder einem erst anderthalb Jahre alten Kinde. Vgl. im übrigen das Register.

Drittes Kapitel. Zweites Gesicht und Vorzeichen besonders des Todes.

4. daß mehrere Personen dieselbe Erscheinung gleichzeitig haben können. —

Auch ein Vorgehör kann es geben. So erfuhr Professor Kuhlenbeck (Dr. Ludwig), Verfasser der „Spaziergänge eines Wahrheitsuchers" zuverlässig, daß der Kolon Rottmann in Venne, als er eines Abends an einem Gehöft vorbeikam, deutlich ein Arbeiten mit Feuerspritzen, das regelmäßige Auf- und Niederdrücken des Pumpwerkes und das Zischen und Aufklatschen des Wasserstrahles hörte. Kurz darauf brannte das Gehöft völlig nieder.

Ein besonders bemerkenswerter, zuverlässig wahrer Fall wird bei Strackerjan a. a. O. II, S. 121 folgendermaßen erzählt: „In einem Hause zu Oldenburg wurde der Bruder der Frau von der Universität zurück erwartet. Da seine Reise sich etwas verzögert hatte und er des Nachts ankam, fand er alles zu Bette: er wußte aber ohne Störung in das bekannte Haus zu gelangen und legte sich ermüdet in das für ihn bereitstehende Bett. Bald erwachte er von einem starken Lärm im Hause. Es schien ihm, als ob alle Möbel aus seiner Stube zum Hause hinausgeworfen würden. Er stand auf, aber nun war alles still. Als er sich wieder zu Bette legte, begann der Lärm von neuem und stärker. Er stand nochmals auf, und wieder war alles vorbei. Als er sich zum dritten Male ins Bett gelegt hatte, erhob sich ein so heftiges Poltern und Rumoren, daß er sich nicht mehr dabei beruhigte, sondern seinen Schwager und seine Schwester weckte, und ihnen, die nichts gehört hatten, das Geschehene erzählte. Die nächste Nacht ward er wieder von einem schrecklichen Lärm geweckt, und er sah jetzt gleich, daß des Nachbars Haus in vollen Flammen stand. Nun wurden alle Sachen des Hauses hinausgeworfen. Er selbst aber kam beim Brande, als er mit retten wollte, ums Leben. — In derselben Nacht sind auf dem Klavier seiner auf dem Lande wohnenden Schwester viele Saiten gesprungen. Sie hat gesagt, nun sei wahrscheinlich einer aus ihrer Familie gestorben, denn das kündige sich immer so an. —

Aengstliche und sensitive Personen, welche in der Stille der Nacht ein leises, regelmäßiges Klopfgeräusch vernehmen, halten das, besonders, wenn es in einem Krankenzimmer geschieht, für ein Vorzeichen des Todes. Es wird der Regel nach in altem Holze von einem Bohrkäfer, Anobium pertinax, hervorgebracht, der deshalb auch die „Totenuhr" heißt, obgleich die Laute nach Brehms Tierleben „nichts weniger als den Ton einer Uhr nachahmen". Die Klopftöne können aber auch wirklich die Todesvorzeichen anderen, spukhaften Ursprungs sein. Ein Beispiel bietet der folgende von der Society for Psychical Research als hinlänglich nachgewiesen anerkannter Vorfall:

Eine Miß Bale berichtet von Thurchfarm Gorlestom in England, den 17. Sept. 1883: „Im Juni 1880 kam ich auf ein Gut als Gouvernante. Gleich am ersten Tage meines Dortseins hörte ich, als ich mich zur Nachtruhe begab, ein Geräusch gleich dem Ticken einer Uhr. Ich nahm keine besondere Notiz davon, aber es fiel mir auf, daß ich es überall, wenn ich allein war, hörte, besonders deutlich freilich nachts. Einmal veranlaßte es mich sogar, nachzuforschen in dem Gedanken, es müsse irgendwo eine Uhr in dem Raum verborgen sein. Es dauerte fort, bis ich mich schließlich ganz daran gewöhnte. Es war am 12. Juli, als ich mit einem Servierbrett voll Gläsern aus dem Eßzimmer trat; da sah ich etwas wie eine dunkle Gestalt unmittelbar vor der Tür stehen in einem dunkeln Ulsterüberzieher, wie ich meinen Bruder zuletzt gesehen hatte, und zwar mit ausgestrecktem Arm. Ich mußte mich einen Augenblick hinsetzen, um mich von dem Schrecken zu erholen, und als ich nochmals hinsah, war die Gestalt verschwunden. Ich war gleich überzeugt, daß meinem Bruder, der auf einer Seereise war, etwas zugestoßen sei. Am 23. Sept. erhielt ich die Nachricht, daß er am 12. Juli zu derselben Stunde, 20 Min. nach 6 Uhr, ertrunken sei. Seitdem habe ich das Ticken nie wieder gehört. Kurz bevor ich die Nachricht erhielt, hatte ich mich eben zu Bett gelegt, als ich ein schreckliches Krachen hörte, ähnlich wie wenn Porzellangeschirr entzweigeworfen würde, aber am anderen Morgen war nichts zerbrochen oder in Unordnung. Drei Nächte hintereinander geschah dasselbe, doch mag das nicht irgendwie mit dem Tode meines Bruders zusammenhängen. Ich habe sonst niemals eingebildete Dinge gehört oder gesehen." Zeugenaussagen sind a. a. O. noch beigefügt. Es wird auch sonst bezeugt, daß das Ticken der mahnenden Totenuhr den Menschen auch außerhalb des Hauses ins Freie verfolge. —

Je mehr die Erscheinungen des zweiten Gesichts nur symbolischer Natur sind, um so weniger unterscheiden sie sich von den bloßen Vorzeichen. Ueber dieselben bemerkt Wuttke a. a. O. Seite 224: „Die meisten der spukhaften Vorzeichen beziehen sich auf wichtige und unglückliche Begebenheiten, auf Feuersbrunst, Krankheit, Krieg und besonders auf Tod, und gewöhnlich werden sie nur von denen, die es angeht, wahrgenommen, manche nur von den besonders dazu Befähigten. Es stirbt jemand, wenn „das Leichenbrett fällt", d. h. ein unerklärliches Poltern im Hause sich hören läßt, wenn es dreimal an den Fußboden, an der Decke, an der Wanduhr oder ans Fenster klopft, wenn man ein leises Geräusch wie das Dengeln einer Sense hört oder ein Hämmern, als wenn ein Sarg zugenagelt würde, oder ein rätselhaftes Weinen, ein unerklärliches Rumpeln, Knallen, menschliche Schritte, wenn auf dem Bette, in

Drittes Kapitel. Zweites Gesicht und Vorzeichen besonders des Todes.

welchem der bald Sterbende liegt, ein Flämmchen sich zeigt, oder wenn des Nachts ein Lichtschein durchs Zimmer geht oder ein Lichtstreif an der Wand erscheint, wenn man in der Nacht auf einem Fahrwege über etwas Hohes hinwegsteigen muß, das ist ein künftiger Sarg oder Leichenwagen."

Wie schon der 594 gestorbene Gregor von Tours in seinen zehn Büchern „Geschichte der Franken" I Kapitel 5 schreibt: „Noch viele andere Zeichen trafen ein, die den Tod eines Königs oder eine Landplage zu verkünden pflegen", so spielen solche vermeintliche Vorzeichen bekanntlich schon seit der ältesten Geschichte eine hervorragende Rolle, auch wenn es sich dabei gar nicht um so außergewöhnliche Dinge wie das Erscheinen etwa eines Kometen handelte."

Wie Tod und Begräbnis am häufigsten vorspuken, so sind es auch die Tischler und Totengräber, welche hierdurch, und zwar hier ausnahmsweise auf dem Wege des Gehörs vorher erfahren, daß sie einen Sarg zu machen, ein Grab auszuwerfen haben werden. Jene hören wohl, daß Holz umgestapelt wird, Säge und Hobel zischen und die Meßschnur wie beim Ausmessen und Abreißen von Brettern anschnellt, diese die Spaten klirren und dergl.

Auch andere als die Tischler selbst können ein Vorgehör davon haben, daß ein Sarg gemacht werden soll, wenn auch diese Bedeutung des Gehörten sich dann erst später herausstellt. Zwei bestbeglaubigte Beispiele aus Westfalen, dem Lande der „Spökenkieker", entnehme ich Dr. Ludwigs „Spaziergänge eines Wahrheitssuchers." Beide hängen damit zusammen, daß dort der Bauer, dem es an Holzvorrat nicht zu mangeln pflegt, gewöhnlich bei Trauerfällen die zum Sarge nötigen Bretter dem Tischler liefert.

Da hörte nun ein Bauer in Linne eines Abends in seinem Holzschuppen ein Geräusch, als ob dort ein Brett durchgesägt werde. Als er aber in der Meinung, er werde bestohlen, sich mit einer Flinte herzuschlich, war nichts mehr zu hören, auch weder ein Mensch noch die Spur eines Sägeversuches zu sehen. Wenige Tage später war sein bis dahin völlig rüstiger Vater in einem Gehölz tot aufgefunden, und dem Tischler wurden, wie üblich, die zum Sarge nötigen Bretter in dem Schuppen angewiesen. Als derselbe in seinem Hause die Arbeit fast vollendet hatte, fehlte noch eine Leiste. Er schickte einen Gesellen zum Trauerhause, um noch ein Brett zu holen. Dieser aber nahm der Einfachheit wegen eine Säge mit und sägte in dem Schuppen gleich ein passendes Stück aus einem Brette heraus, womit dasselbe Geräusch verursacht wurde, welches man vorher am Abend als Spuk gehört hatte.

Drittes Kapitel. Zweites Gesicht und Vorzeichen besonders des Todes.

In dem zweiten Fall wachte ein durchaus aufgeklärter Landmann Namens Kreyenhagen am Bett seiner kranken Schwester, als er durch die tiefe Stille der Nacht ganz deutlich ein Geräusch hörte, als ob eine der Dielen des Bodenraumes, der sich über dem gleich vor der Krankenstube beginnenden Hausflur hinzieht und nach Landesgebrauch aus lose über die Balken gelegten Brettern besteht, losgelöst werde und so auf den Flur hinabfalle, daß sie erst mit der Kante aufstoße und dann der Länge nach zu Boden schlage. Als nun die Kranke gestorben war, wurden auch hier dem Tischler auf dem Hofe vorrätige Bretter zu dem Sarg angewiesen. Da dieselben aber nicht alle für den Zweck tauglich waren, nahm der Tischler ohne anzufragen, noch eine der Bodendielen dazu, und als diese genau so, wie er vorher gehört hatte, auf die Hausdiele fiel, mußte der Landmann schmerzlich an jenen „Vorspuk" erinnert werden.

In beiden Fällen war derselbe vor der Erfüllung anderen mitgeteilt worden.

Hier mag auch wiedergegeben werden, was L. Strackerjan, „Aberglaube und Sage" I 119 schreibt:

„Häufig ist es nur ein sehr unbedeutender Nebenumstand, der vorläuft, und wer die Vorgeschichte erlebt, weiß kaum, was er daraus machen soll, denkt vielleicht nicht einmal daran, daß er soeben einen Vorspuk erlebt hat. Erst der Eintritt des wirklichen Ereignisses belehrt ihn über die Bedeutung. Es liegt in der Natur der Sache, daß solche kleine Vorzeichen sich weniger dem Auge wahrnehmbar machen als den übrigen Sinnen . . . Auf dem Tische hat ohne alle erdenkliche Ursache eine Schere geklirrt. Nicht lange darauf gibt es im Nachbarhause eine Leiche, jene Schere wird bei Anfertigung des Leichenhemdes gebraucht und siehe da, wie sie einmal unsanft auf den Tisch gelegt wird, klirrt sie gerade so wie damals . . . Teller, Tassen, Messer und Gabel erklingen unberührt, und bald darauf ist aus freudigem oder traurigem Anlaß eine große Gesellschaft zu bewirten, bei welcher Gelegenheit das Geräusch sich wiederholt. Die Rouleaux, obwohl schon lange niedergelassen, machen ein Geräusch, als ob sie nochmals niedergelassen würden, aber doch etwas ungewöhnlich; einige Tage darauf stirbt ein Kind, und wie der Vater die Rouleaux herabläßt, ertönt das bereits einmal gehörte Geräusch. Ein Spinnrad schnurrt, und nach einiger Zeit wird die Tochter Braut, ihre Aussteuer wird auf dem Spinnrad gesponnen. Die Glocken läuten zur ungewohnten Zeit oder ein Sturmläuten erschallt aus der Ferne, während doch keine Glocke weit und breit sich gerührt hat, und in einigen Monaten gibt es im eigenen oder im Nachbardorfe einen Brand, wobei die Glocken wirklich geläutet werden. Man riecht gebrannten Kaffee oder Moschus, obwohl nichts derart im Hause ist,

Drittes Kapitel. Zweites Gesicht und Vorzeichen besonders des Todes.

aber eine Kindtaufe, ein Sterbelager läßt in kurzem denselben Geruch wirklich durch das Haus ziehen."

Offenbar beruhen die hier mitgeteilten Beispiele auf wirklich gemachten Beobachtungen. —

Symbolische Vorzeichen eines nahen Todesfalles können auch in mancherlei anderer Art vorkommen. So sah nach Eschenmayers „Archiv für den Tierischen Magnetismus" VIII, 3 der spätere Bevollmächtigte auf der Amtsstube zu Arröeskjöping auf Fünen namens Paaren einst in Rendsburg im Hause seiner Eltern eine glühende Kohle von der Größe einer kleinen Marmorkugel im Bogen daherschießen und auf die Oberfläche einer Komode nahe an der äußersten Ecke zur Rechten niederfallen, welches Gesicht er seinen anwesenden Eltern, die nichts davon wahrnahmen, sofort mitteilte. Einige Tage darauf starb sein kleiner Bruder, und dessen Sarg mußte aus Mangel an Platz gerade dahin gesetzt werden, wo die Kohle niedergefallen war. Der Genannte hat sonst nie derartige Gesichte gehabt.

Dr. Zeltner erzählt in seinem „Leben Altorfischer Gelehrten" VIII folgendes:

„Der geschätzte Dr. theol. Georg König reiste 1654 einmal mit verschiedenen Kollegen nach Lauf und speiste mit solchen bei dem dortigen Pfleger. Ueber Tisch ging nach damaligem Gebrauch ein großer Pokal herum, auf dessen Boden König einen wohl abgebildeten Totenkopf erblickte. Er vermutete nichts anderes als einen Scherz, den man in der Gesellschaft mit diesem Gemälde habe machen wollen, und ließ sich solches endlich auch merken. Allein man leugnete solches schlechterdings und ließ den Pokal aufs sorgfältigste vor seinen Augen ausspülen. Aber da ihn König wieder vor den Mund brachte, sah er den Totenkopf abermals wie vorher darin und sagte als ein wohlvorbereiteter und frommer Mann mit gesetztem Mut, er verstände nun sehr wohl, was dieses Anzeichen zu bedeuten habe; es sei eine göttliche Erinnerung, sich auf seinen nahen Tod gefaßt zu machen, welche er nicht verachten wolle. Er ist auch bald darauf selig verstorben."

Schopenhauer führt a. a. O. S. 296 aus Hor. Welby's „Signs before death" die Geschichte einer Frau Stephens an, welche wachend eine Leiche hinter ihrem Stuhle liegen sah und wenige Tage darauf starb.

Wie hier bemerkt werden mag, ist es gewiß unhaltbar, wenn Schindler, „Das magische Geistesleben" S. 167 schreibt: „Die Vorempfindung des eigenen Todes, wie sie sich bald symbolisch, bald durch Selbstsehen, bald durch Träume, bald durch Erscheinungen kundgibt, hat das am wenigsten Wunderbare ... da die in dem

56 Drittes Kapitel. Zweites Gesicht und Vorzeichen besonders des Todes.

Körper bereits vorhandene Todesursache unbestimmte Gefühle erregen kann, welche die Vision verursachen." —

Auch nach der **Zimmerischen Chronik** (III S. 131) „erfindt man us teglicher erfarung, das durch zaichen eins mentschen todt zu zeiten werdt verkündt." Zu den dort angeführten Beispielen gehört es, daß vor dem Ableben eines Edlen von Plumneck (Blumenegg) deren Wappen, welches in der Kirche des von ihnen gestifteten Klosters zu Guntersthal aufgehängt ist, herabfällt.

Ein anderer hierher gehörender Spukfall wird in der Chronik IV S. 185 mitgeteilt. Als 1478 der Domdechant Friedrich von Hinweil in Konstanz starb, hörte man in der vorhergehenden Nacht in dem verschlossenen Münster einen Lärm, etwa als ob alle Schlösser und Türen mit Gewalt aufgebrochen würden. Die Nachbarn und einige Domherren, unter ihnen Melchior von Bubenhofen, eilten bewaffnet dorthin, aber in dem Augenblick, als sie das vom Meßner geöffnete Gotteshaus betraten, verstummte der Lärm und es wurde nichts gefunden, was zu seiner Erklärung hätte dienen können. —

Andere mancherlei Vorzeichen des Todes werden in verschiedenen Quellen angegeben. So mußte der bekannte Gelehrte **Kaspar Peuser** sterben, als eine Uhr in seinem Hause, welche gar nicht aufgezogen war, lief. Wie Einhard, der Vertraute **Karls des Großen**, in dessen Lebensbeschreibung berichtet, hörte man kurz vor des Kaisers Ableben in dessen Pfalz (aula regia) zu Aachen ein auffallendes Krachen im Gebälke. Kurz vor **Gustav Adolfs** Tode gingen im Schlosse zu Stockholm alle Türschlösser von selbst auf, und in den Dominikanerklöstern zu Camora, Cordova und Salermo läutete eine Glocke von selbst, wenn ein Mönch im Sterben lag. —

Der englische Arzt **Dr. Hippert** entnimmt in seinen „Andeutungen zur Philosophie der Geistererscheinungen" einem anderen Buche folgende Spukgeschichte. „Mein werter Freund Nicolaus Smith, dessen Gattin nicht mehr lebte, war verreist gewesen, und als er bei seiner Rückkehr die Treppe hinauf in sein Zimmer ging, wurde er von einem ganz weiß gekleideten Frauenzimmer umarmt, worüber er dermaßen erschrak, daß er laut aufschrie. Er erkrankte sofort, legte sich zu Bette und starb in 8 bis 10 Tagen."

In Professor von **Eschenmayers** „Archiv für den Tierischen Magnetismus" wird Band VIII Stück 3 als Beispiel einer eigenen Art des zweiten Gesichts der folgende Vorfall mitgeteilt, bei welchem es sich freilich überhaupt nicht um etwas Geschehenes, sondern um das Vermeiden eines Unglücks infolge eines warnenden Vorzeichens handelt.

Der Schiffer Josef Steen in Arröeskjöping, welcher nie den geringsten Glauben an Ahnungen, Anzeichen und dergleichen mystische

Dinge gehabt hatte, lag einst mit seiner Galeasse bei völliger Windstille unter der Jütländischen Küste vor Anker. Es war Nachmittag und er hatte sich soeben in die Koje gelegt, als er mit einem Male ein Rufen und Poltern auf dem Verdeck hörte, wo man eilig die Segel hissen und den Anker zu lichten schien. Er eilte dahin, fand aber den wachthabenden Matrosen ruhig auf der Ankerwinde sitzen und bekam auf seine Frage, was da eben gewesen wäre, die Antwort, daß gar nichts vorgefallen wäre. Hierauf legte er sich wieder hin, sehr erstaunt, daß ihm seine Sinne oder Einbildungskraft solchen Betrug spielen konnten, dergleichen ihm sonst noch nie widerfahren war. Bald aber hörte er denselben Lärm wie das erste Mal, nur noch stärker, fuhr wieder hinaus und verwies heftig den immer noch auf der Ankerwinde sitzenden Matrosen zur Ruhe. Dieser aber versicherte hoch und teuer, daß er auch jetzt nicht das geringste Geräusch verursacht habe. Kurz darauf hört der Kapitän zum dritten Male das Schreien, Segelaufziehen und Ankerlichten in nochmal verstärktem Maße, und wie er auf dem Verdeck wieder alles ruhig und den Matrosen auf seinem Platze findet, sagt er sich, der Spuk müsse doch wohl etwas zu bedeuten haben und hier seines Bleibens nicht länger sein. Er ließ nun wirklich schleunigst die Segel aufspannen und den Anker lichten. Kaum war er nun nach zwei Stunden in einen sicheren Hafen eingelaufen, als sich ein heftiger, gerade auf die Küste wehender Sturm erhob, welcher ein an dem vorigen Ankerplatze vorher neben ihm gelegenes Schiff sehr beschädigte und ein anderes auf den Grund trieb, wo es scheiterte. Mehrere dänische Seeleute bezeichneten diese Erscheinung als eine nicht ungewöhnliche.

Mittelbar durch Viktor Scheffel ist der folgende Spukfall bekannt geworden[1]). Der ihm befreundete Rittmeister S., eine echt soldatische Natur, wurde im Siebziger Kriege einmal kommandiert, mit einigen Begleitern eine nächtliche Jagd auf Franktireurs zu machen, als deren Schlupfwinkel ein in nur oberflächlich bekanntem Gelände liegendes Gehöft vermutet wurde. Nachdem die Patrouille einen finsteren Wald passiert hatte, sah sie ein Licht hinter Glas anscheinend von einem Hause her schimmern. Gleich darauf fuhr der Rittmeister in jähem Schreck zusammen. Er starrte auf eine aus der Dunkelheit auftauchende weiße Frauengestalt, welche die Arme wie abwehrend vor ihm ausstreckte. Es war unverkennbar das Gespenst seiner Mutter, wie er sie vor drei Jahren zum letzten Mal im Totenhemde gesehen hatte. Auf seine entsetzensvolle Frage versicherten die Begleiter, von der in wenigen Sekunden wieder verschwindenden Erscheinung nichts gesehen zu haben. Erkennend, daß ihnen ein Unglück drohe, ließ S. Halt machen und stieg selbst von seinem ängst-

---

[1]) Vgl. Nataly v. Eschstruth, „Spuk" (Leipzig 1896) S. 37 ff.

lich zurückdrängenden Pferde, um vorsichtig zu Fuß weiter zu gehen. Unter seinen Sohlen bröckelten lose Steine ab und schienen in einen tiefen Abgrund hinab zu poltern. Bei einem da aufblinkenden Mondstrahl sah man unmittelbar vor sich in die gähnende Tiefe eines Steinbruches, an dessen jenseitigem Rande eine Laterne aufgehängt war. Eine von den Franktireurs gestellte Falle, an welche gleichzeitig von drüben kommende Schüsse nicht zweifeln ließen. Ohne die warnende Erscheinung wären die weiterreitenden Teilnehmer der Patrouille sicher nach wenigen Schritten in den Abgrund gestürzt.

Ein anderer Fall, wie in besonderer Weise durch Spuk eine Warnung erteilt wurde, wird in der Zimmerischen Chronik IV S. 349 erzählt. In dem Kriege des Kaisers Maximilian I. gegen Venedig hatte einmal des ersteren Obrist Graf Landow mit geladenen Gästen an der Tafel gesessen, als plötzlich der Tisch mit allen Speisen „zu Haufen gefallen. Man hat den in ainer eil wieder zugericht, und haben wider anfahen zu essen. Do ist er inen zum andern mal wider nidergefallen". Nach solcher üblen Vorbedeutung hat man das Lager alarmiert, noch eben zur rechten Zeit, um die Venediger, die zu einem geplanten heimlichen Ueberfall schon ganz nahe gewesen, wohlvorbereitet zurückschlagen zu können. „Durch solch gespenst ist der deutsch haufen gewarnet und erhalten worden."

Interessanterweise wird ja auch schon im Alten Testament die Geschichte einer übernatürlichen Erscheinung als Ankündigung eines gewaltsamen Todes zur Bestrafung eines Sakrilegs erzählt. Es heißt da im 5. Kapitel des Propheten Daniel (mit einer Kürzung des Unwesentlichen) nach Luthers Uebersetzung: „König Belsazar machte ein herrlich Mahl seinen tausend Gewaltigen und Hauptleuten. Und da er trunken war, hieß er die güldenen und silbernen Gefäße herbringen, die sein Vater Nebucadnezar aus dem Tempel zu Jerusalem weggenommen hatte, daß der König mit seinen Gewaltigen, mit seinen Weibern und Kebsweibern daraus tränken. Also wurden hergebracht die güldenen Gefäße, die aus dem Hause Gottes zu Jerusalem genommen waren, und der König und seine Gewaltigen, seine Weiber und Kebsweiber tranken daraus. Und da sie so soffen, lobeten sie die güldenen, silbernen, ehernen, eisernen, hölzernen und steinernen Götter. Eben zur selbigen Stunde gingen hervor Finger als eines Menschenhand, die schrieben gegen dem Leuchter über auf die getünchte Wand in den königlichen Saal. Und der König ward gewahr die Hand, die da schrieb. Da entfärbte sich der König, und seine Gedanken erschreckten ihn, daß ihn die Lenden schütterten und die Beine zitterten. Und der König rief überlaut, daß man die Weisen, Chaldäer und Wahrsager heraufbringen sollte. Und ließ

Drittes Kapitel. Zweites Gesicht und Vorzeichen besonders des Todes.

den Weisen zu Babel sagen: Welcher Mensch diese Schrift lieset und sagen kann, was sie bedeute, der soll mit Purpur bekleidet werden und güldene Ketten am Halse tragen und der dritte Herr sein in meinem Königreich. Da wurden alle Weisen des Königreichs heraufgebracht; aber sie konnten weder die Schrift lesen, noch die Deutung dem Könige anzeigen. Des erschrak der König Belsazar noch härter und verlor ganz seine Gestalt, und seinen Gewaltigen ward bange."

Dann wird ja in der Bibel weiter erzählt, wie auf Veranlassung der Königin Daniel, einer der Gefangenen aus Juda, der „den Geist der heiligen Götter hatte", zur Deutung der Schrift aufgefordert wurde, dem Könige seines Vaters und seinen Abfall von Jehova vorhielt und danach weiter erklärte: „Darum ist von ihm gesandt diese Hand und diese Schrift, die da verzeichnet stehet. Das ist aber die Schrift allda verzeichnet Mene mene tekel upharsin. Und sie bedeutet dies: Mene, das ist, Gott hat dein Königreich gezählet und vollendet. Tekel, das ist, man hat dich in einer Wage gewogen und zu leicht befunden. Peres, das ist, dein Königreich ist zerteilet und den Medern und Persern gegeben . . . Aber des nachts ward der Chaldäerkönig Belsazar getötet."

Uebrigens hat es spukhafte Schriften von unbekannter Hand, von den „Psychographen" unserer Spiritisten abgesehen, auch in neuerer Zeit gegeben. Nach Sch in dl e r, „Das magische Geistesleben S. 311, „wird von der Philadelphischen Gesellschaft unter Pordeage berichtet, daß, wo niemand hinkommen konnte, Bilder von unbekannter Hand gezeichnet wurden, bei einem Spuk in Sebnitz 1654 die Wand mit allerhand Figuren bemalt wurde, die, wenn man sie vertilgte, wieder erschienen, und daß eine große Zahl achtbarster Männer bezeugten, wie bei einem Herrn Fowler in verschlossenem Zimmer Pergamente sich mit Schriftproben bedeckten in verschiedenen Sprachen, welche dem Genannten selbst unbekannt waren, während eine Fälschung oder das Einverständnis dritter Personen eine Unmöglichkeit war.

An eine Spukerscheinung braucht ja nicht gedacht zu sein, wenn in dem Trauerspiele Julius Caesar Shakespeare den Cassius sagen läßt:

> „Du weißt, ich hielt am Epicurus fest
> Und seiner Lehr'; nun ändr' ich meinen Sinn
> Und glaub' an Dinge, die das Künft'ge deuten.
> Auf unserm Zug von Sardes stürzten sich
> Zwei große Adler auf das vordre Banner;
> Da saßen sie und fraßen gierig schlingend
> Aus unsrer Krieger Hand; sie gaben uns
> Hieher bis nach Philippi das Geleit;

Heut morgen sind sie auf und fort geflohn.
Statt ihrer fliegen Raben, Geier, Krähen
Uns übern Haupt und schauen herab auf uns
Als einen sichern Raub; ihr Schatten scheint
Ein Trauerhimmel, unter dem das Heer,
Bereit den Atem auszuhauchen, liegt." —

Mitunter läßt sich vor einem Ableben eine zauberhafte Musik hören. Der heilige Augustin († 430) bemerkt das allgemein. Gregor der Große († 604), der in seinem Buche „Dialogorum de vita et miraculis patrum Italicorum et de aeternitate animarum libri IV" die Wundergeschichten aus den Klöstern gesammelt hat, erzählt da (IV, 15), daß sich bei dem Tode einer Jungfrau Romula, wie er von Ohrenzeugen selbst vernommen habe, „da ihre vom Leibe gelöste Seele gen Himmel geführt wurde, immer leiser werdende Psalmenchöre sich hören ließen". Mag das trotz der angeblichen Ohrenzeugen nur eine Legende sein, — warum sollte schon diese Verstorbene so außerordentlich bevorzugt worden sein? — so sind jedenfalls manche Fälle solcher „Sterbeklänge" aus unserer Zeit völlig einwandfrei festgestellt. So der folgende, mit zugehörenden Dokumenten nach dem Werke „Phantasms of the Living" by Gurney, Myers und Podmore (London 1887), in Dr. Ludwig, „Spaziergänge eines Wahrheitsuchers", (Leipzig 1890) mitgeteilte.

Mr. und Mrs. Sewell in Albertpark Didsburg hatten im Frühjahr 1863 ein schwerkrankes Töchterchen Lilly. Am Nachmittag des 2. März hörten die Eltern und ein kleiner Sohn in dem Krankenzimmer, anscheinend von einer Ecke dort ausgehend, Klänge, etwa wie solche einer Aeolsharfe, welche bis zum vollen Schalle einer Orgel anschwollen und danach allmählich die Treppe hinunterzugehen schienen, um in der Ferne zu verhallen. Auch die zwei Stockwerke tiefer in der Küche beschäftigte Magd und eine in einem anderen Teile des Hauses befindliche Tochter hörten die Töne gleichfalls, nicht aber die darum befragte Kranke. Am nächsten Tage erklang die Musik wieder in derselben Weise und wurde nun auch in dem Krankenzimmer von einer Tante und einer Wartefrau gehört. Das gleiche fand dann wieder am 5. März statt, an welchem abends das kleine Mädchen starb. Die Zimmerecke, von welcher die Musik ihren Ausgang zu nehmen schien, wurde von keiner der Aussenmauern des Hauses gebildet. Dieses lag ganz abseits von der Straße in einem Garten, und in dem lange Jahre vor wie nachher von der Familie bewohnten Hause hat man sonst nie derartiges gehört.

Weitere Fälle von solchen „Sterbeklängen" sind a. a. O. mitgeteilt. Hierher gehört auch noch folgende Stelle aus einem Nekrolog über den Dichter Eduard Mörike von Oberst Günther zu Stuttgart (Alemannia, Bonn, 1875):

„Es war am 8. September 1874. Mörike hatte seinen 70. Geburtstag gefeiert und früh sich schlafen gelegt. Klara, seine Schwester, und Mariechen, seine Tochter, welche mit ihm das bedeutungsvolle Fest in aller Zurückgezogenheit begangen hatten, wachten beide, Klara noch tätig und sorgend. Mörike wohnte in einem der abgelegensten Teile Stuttgarts; dort verstummte bald des Tages Geräusch, noch stiller war es in der Wohnung des Dichters; man hörte das Sandkorn fallen. Plötzlich erklang ein voller Musikakkord. Wie vom Fenster herein zogen herrliche harfenähnliche Töne, sanft und lieblich verhallten sie im kleinen Zimmer. Klara horchte hoch auf und hielt Ausschau nach den freundlichen Musikanten; aber weder draußen auf der Straße, noch drinnen im Hause fand sich eine Spur von solchen. »Hast du's gehört?« fragte sie die lauschende Marie. Zugleich rief Mörike aus seinem Schlafkabinett: »Wo ist die Musik?« Die Angehörigen konnten ihm nur ihre Verwunderung ausdrücken; rätselhaft, wie sie gekommen, waren die Töne verklungen; es war doppelt still und ruhig in des Dichters Wohnung. Da sagte er: »Das bedeutet mich. Es ist mein letzter Geburtstag.« Und es war sein letzter."

In anderen gleichfalls in dem Werke „Phantasms of the Living" mitgeteilten und durch völlig einwandfreie schriftliche Zeugenaussagen beglaubigten Fällen handelte es sich um eine ebenso rätselhafte lieblichste Musik, zum Teil wie von Frauenstimmen, die erst kurze Zeit — eine halbe bis einige Stunden — nach einem Hinscheiden ertönte.

Besonders durch diesen Umstand wird es meiner Ansicht nach um so mehr unmöglich, die Sterbeklänge irgend befriedigend aus der Geisterwelt zu erklären, wie das besonders in Dr. Ludwigs „Spaziergängen eines Wahrheitsuchers" versucht wird. —

Nicht eigentlich zu dem, in diesem Buche zu behandelnden Spuk gehört das mit dem Zweiten Gesicht verwandte Gebiet der Ahnungen. Professor Dr. theol. A. Wuttke schreibt[1]) dazu:

„Es versteht sich von selbst, daß nicht alle Zukunftszeichen in das Gebiet des Aberglaubens zu verweisen sind; vor allem enthält das Gebiet der Ahnungen, obgleich für die Wissenschaft noch rätselhaft, doch nach vielfachen unzweifelhaften Erfahrungen viele sehr wichtige Tatsachen, und man hüte sich da wohl vor voreiligem Absprechen. Aber gerade jene Schicksalszeichen des Aberglaubens haben durchaus nicht das Wesen wirklicher Ahnungen, die ja die

---

[1]) „Der deutsche Volksaberglaube" (1869) S. 229.

Sache selbst deutlich dem Inhalte nach bezeichnen (?) und mit derselben in wirklicher, nur uns noch verborgener Beziehung stehen, haben durchaus nichts Innerliches, sondern bewegen sich durchweg in der Aeußerlichkeit."

Als ein typisches Beispiel solcher Ahnungen kann der folgende in Jung-Stillings „Theorie der Geisterkunde" (1832) S. 76 mitgeteilte, durchaus feststehende Vorfall bezeichnet werden. Der bekannte Mathematik-Professor Bohm zu Gießen ist eines Nachmittags in einer angenehmen Gesellschaft, als er auf einmal eine dringende innere Aufforderung empfindet, nach Hause zu gehen, welcher er ungern genug Folge leisten muß. In seinem Zimmer angekommen, empfindet er es weiter ihm unerklärlicherweise als eine Notwendigkeit, daß sein Bett von dem allein dafür passenden Platze hinweg an einen anderen, ganz unschicklichen gerückt werde. Er mußte das mit Hülfe der Magd bewerkstelligen, worauf er beruhigt zur Gesellschaft zurückkehrte. Spät zu Bett gegangen und dann ruhig eingeschlafen, wurde er um Mitternacht von einem schrecklichen Krachen und Poltern aufgeweckt, und was sah er? Daß ein Balken mit einem Teil der Zimmerdecke gerade da niedergefallen war, wo zuvor das Bett gestanden hatte.

Ein besonders eigentümlicher Fall wird in J. Charpignon, „Physiologie, médecine et métaphisique du magnétisme" (Paris 1848) nach den „Souvenirs de Mm. de Créqui" (II, 175) mitgeteilt:

„Der Prinz von Radziwill hatte eine seiner Nichten, eine Waise, adoptiert. Das von ihm in Galizien bewohnte Schloß hatte einen sehr großen Saal, welcher seine Zimmer von denen der Kinder trennte und welchen man, um von dem einen zu den andern zu gelangen, passieren mußte, wenn man nicht über den Hof gehen wollte.

„Die Nichte, Agnes, brach, erst 5 oder 6 Jahre alt, immer in ein heftiges Schreien aus, wenn man sie durch den Saal gehen ließ, indem sie dabei mit dem Ausdrucke der Angst auf ein großes, die cumäische Sybille darstellendes Gemälde hinwies, welches über der Tür hing. Man versuchte lange Zeit, dies Widerstreben, welches man für kindischen Eigensinn hielt, zu besiegen; als aber ernste Zufälle aus diesem Zwange folgten, erlaubte man ihr, den Saal nicht mehr zu betreten, und während 10 oder 12 Jahren zog das junge Mädchen vor, statt dessen, Regen, Schnee oder Kälte ungeachtet, ihren Weg über den weiten Hof oder durch die Gärten zu nehmen.

„Als sie dann Braut geworden war, fand in dem Schlosse eine große Gesellschaft statt. Am Abend begaben sich die Teilnehmer

Drittes Kapitel. Zweites Gesicht und Vorzeichen besonders des Todes.

zum Zweck eines lustigen Spieles in den großen Saal, in welchem auch der Hochzeitsball stattfinden sollte. Angeregt durch die sie umgebende Jugend, zögerte Agnes nicht, mitzugehen. Kaum aber hatte sie die Türschwelle betreten, als sie, ihre Angst bekennend, zurückwich. Alle lachten über ihr kindisches Wesen und man schloß die Tür hinter ihr. Das arme Mädchen wollte widerstehen; wie es aber an dem einen Türflügel rüttelte, fiel das darüberhängende große Gemälde herab, zerschmetterte ihm mit einer Ecke des massiven Rahmens die Gehirnschale und tötete es so auf der Stelle". —

Könnte ja nun das Bild sehr wohl dem Kinde als solchem unheimlich gewesen sein, ohne daß dieses irgendwie ahnte, daß es ihm noch einmal Verderben bringen möge, so ließ die krankhafte Angst bei den erwachsenen Menschen doch solche natürliche Erklärung nicht zu, während die Vorahnung auf so lange Jahre hinaus, an sich wohl ohne Seitenstück, zugleich besonders zeigt, wie wenig es haltbar ist, wenn Schopenhauer („Versuch über Geistersehen" S. 274) jede bange „Ahnung" für eine Folge eines „theorematischen" Traumes erklärt, von welchem nur eine unbestimmte Erinnerung übrig geblieben sei. —

Nur bedingt gehören in das Kapitel vom „zweiten Gesicht" die Fälle, in welchen den Beteiligten durch eine Erscheinung Zukünftiges vorhergesagt wird.

Die bekannte Vision des Brutus vor der Schlacht bei Philippi 42 v. Chr. erzählt Plutarch („Cäsar", Kapitel 96) folgendermaßen:

„Brutus bereitete sich vor, mit seinem ganzen Heere aufzubrechen. In einer sehr finsteren Nacht, in welcher sein Zelt durch eine kleine Lampe nur sehr schwach erleuchtet, und seine ganze Armee in Schweigen und Schlaf versunken war, wälzte er in tiefem Nachdenken in seinem Haupte tausend verschiedene Gedanken, als er plötzlich meinte, jemand in sein Zelt eintreten zu hören. Er blickte gegen die Oeffnung und sah eine schreckliche Gestalt von fremdartigem und gräßlichem Aeußeren, welche sich ihm näherte und bei seinem Bette stehen blieb, ohne ein Wort zu sagen.

Er fragte sie mit fester Stimme: „Wer bist du? Bist du ein Mensch oder ein Gott? Was hast du in meinem Zelte zu tun und was willst du?" Das Phantom antwortete: „Brutus, ich bin dein böser Geist, und du wirst mich bald in der Ebene von Philippi wiedersehen." „Nun wohl", erwiderte Brutus ohne Erregung, „wir werden uns da wiedersehen." Als das Gespenst darnach verschwunden war, rief Brutus seine Diener, welche erklärten, daß sie nichts gehört oder gesehen hätten.

Nach Anbruch des Tages erzählte er Cassius seine Vision. Dieser, ein Anhänger der Lehre des Epikur, erwiderte, daß die Sinne täuschten und die Einbildung tausend fremdartige und schreckliche Phantome erzeugte. „Zudem," fügte er hinzu, „regt Euer von Arbeit erschöpfter Körper auch Eure Einbildung auf, verfeinert und verwirrt dieselbe. Es ist nicht glaubhaft, daß es Dämonen oder Genien gebe, und wenn das schon, wäre es lächerlich zu glauben, daß sie menschliche Gestalt und Stimme annehmen." Bekanntlich wurde die Schlacht von Brutus und Cassius verloren. —

Zu den besonders durch Shakespeares Trauerspiel „Macbeth" bekanntesten spukhaften Erscheinungen dieser Art gehört die der drei „Hexen" auf einer schottischen Heide. Der dichterischen Bearbeitung liegt die Erzählung in des Hector Boethius 1575 in Paris erschienener „Scotorum historia" zu Grunde, wo sie im 12. Bande (in am Schlusse abgekürzter Uebersetzung) folgendermaßen lautet: „Nicht lange nachher begab sich ein neues und merkwürdiges Ereignis, welches die Ruhe des Reiches störte, denn als Maccabäus und dann Banquho nach Forres (wo der König sich aufhielt) reisten und auf dem Wege des Vergnügens wegen durch Feld und Wald streiften, erschienen ihnen auf dem Felde plötzlich drei Weiber in ungewöhnlicher Gestalt und Kleidung, welche sich ihnen näherten. Als sie dieselben verwundert betrachteten, sagte die erste: „Heil dir, Maccabäus, Than von Glammis!" (welche Würde er kurz vorher durch das Ableben seines Vaters Synel erhalten hatte). Die zweite sagte: „Heil dir, Than von Caldar!" die dritte aber sagte: „Heil dir, Maccabäus, einst Schottlands König!" — Darauf Banquho: „Ihr, wer ihr auch sein mögt, scheint mir wenig gewogen, da ihr diesem, außer den höchsten Würden auch das Reich bringt, mir aber nichts." — Darauf erwiderte die erste: „Wir verkünden dir weit größere Dinge als diesem; denn er wird zwar regieren, aber mit unglücklichem Ende und wird keinen seiner Nachkommen als König hinterlassen. Du aber wirst zwar nicht regieren, aber von dir wird eine lange Reihe von Enkeln entspringen, Schottlands Reich zu beherrschen." Hiernach verschwanden sie schnell ihrem Blick.

„Dem Maccabäus und dem Banquho schien dies eitel, und im Scherz begrüßte letzterer jenen als König, Maccabäus den Banquho wiederum als Stammvater vieler Könige. Aber nach dem Erfolge legte man es im Volke später dahin aus, daß es Parzen oder weissagende, mit teuflischer Kunst begabte Nymphen gewesen seien, als man sah, daß, was sie gesagt, sich wirklich zugetragen; denn kurz nachher wurde Forres, der Than von Caldar, vom Gericht wegen Majestätsverbrechen zum Tode verurteilt, und Land und Würde aus königlicher Gnade dem Maccabäus gegeben. — Als sie aber beim

Drittes Kapitel. Zweites Gesicht und Vorzeichen besonders des Todes.

Mahle fröhlich scherzten und miteinander lachten, sagte Banquho: „Jetzt, Maccabäus, hast du erlangt, was zwei jener Schwestern verkündeten, dir bleibt übrig, zu vollenden, was die dritte geweissagt hat." Als Maccabäus die Sache bei sich überlegte, begann er mit Ernst an das Reich zu denken, aber die Gelegenheit und die, wie er glaubte, von den höheren Mächten bestimmte Zeit waren zu erwarten. Und nicht lange darauf wurde ihm gleichsam vom Könige Duncan eine Gelegenheit geboten. Dieser hatte nämlich einem seiner Söhne, Malcolm, Cumberland geschenkt, gleichsam zum Zeichen, daß derselbe sogleich nach ihm die Regierung erhalten werde. Dieses empfand Maccabäus übel, indem er glaubte, daß der König sein Geschick aufzuhalten unternehme (denn nach alter Gewohnheit hatte, wenn der künftige Beherrscher des Reiches wegen Minderjährigkeit zur Regierung nicht fähig war, der nächste Verwandte, der sich durch Klugheit auszeichnete, die Verwaltung des Reiches), und vermeinend, eine gerechte Ursache zum Haß zu haben, begann er Rat zu halten, wie er sich des Reiches bemächtige. Sein Zutrauen wurde vermehrt durch das, was jene Göttinnen (wie er glaubte) ihm verheißen hatten. Auch trieb seine Frau, nach dem Königstitel begierig und über den Verzug ungeduldig, den schon im eigenen Gemüt durch die vom König ihm zugefügte Beleidigung erhitzten Mann mit den bittersten Worten an, eine so herrliche und rühmliche Sache bei höheren Weissagungen und glücklichen Zeichen zu unternehmen. Er teilte also sein Vorhaben den nächsten Freunden mit, und als diese alles versprochen hatten, ermordete er den König zu Envernes und dem Haufen der durch Geld gewonnenen Begleiter vertrauend, machte er sich selbst zum König."

Die auf Banquhos Nachkommen bezügliche Prophezeiung fand mit den 1370 auf den schottischen Thron gekommenen Stuarts ihre späte Erfüllung.

Der Jenenser Professor Dr. Kieser, welcher im „Archiv für den tierischen Magnetismus" Band VIII (Leipzig 1820) die Erzählung behandelt, sieht darin „ein Ferngesicht Macbeths und Banquhos von gleicher Art wie es bei den schottischen Sehern im second sight erscheint" und hier noch besonders „in dem Innern der handelnden Personen entstanden". „Beide", bemerkt er S. 41 dazu, „mächtige Häuptlinge Schottlands und besonders Macbeth ruhm- und herrschsüchtig, strebten nach der Krone, und auf der Reise zum Königssitze in tiefem Gefühle verloren, steigert sich das Gefühlsleben plötzlich bis zum somnambulen Fernsehen in die Zukunft und . . . legt das Resultat seiner Tätigkeit den selbstgestalteten Bildern der drei zu allen Zeiten gefürchteten weissagenden Weibern in den Mund."

Hier ist jedoch zu gunsten solcher Erklärung der Darstellung des Boethius Gewalt angetan, indem nach derselben (auch von Kieser wörtlich mitgeteilten) die beiden „des Vergnügens wegen" durch Feld und Wald herumstreiften und Macbeth allein erst später dazu kam, „nach der Krone zu streben".

Meiner Ansicht nach haben wir es hier aber auch überhaupt keineswegs — wie Kieser ohne weiteres annimmt — mit einer irgend hinlänglich beglaubigten Spukerscheinung, sondern, und zumal bei der Mitwirkung von Macbeths Gemahlin, mit einer hübschen Volkssage zu tun.

Viertes Kapitel.

Spukorte.

Während wir uns bisher nur mit solchen Arten von Spuk beschäftigt haben, bei welchen die Oertlichkeit gar keine oder doch kaum eine Rolle spielt, ist es etwas ganz Gewöhnliches, daß mit dem Worte „Spuk" vielmehr nur der Begriff „eines Ortes, an welchem es nicht geheuer ist", verbunden wird.

Nach Schopenhauer „Versuch über Geistersehen", S. 301, sind „fast alle die Fälle, wo Geister stets an derselben Stelle erscheinen und der Spuk an eine bestimmte Lokalität gebunden ist, an Kirchen, Kirchhöfe, Schlachtfelder, Mordstätten, Hochgerichte und jene deshalb in Verruf gekommenen Häuser, die niemand bewohnen will, dadurch zu erklären, daß sich Ueberreste von Leichen in der Nähe befinden." Den bekannten Beispielen nach läßt sich das jedoch bei Häusern nicht wohl behaupten.

Einer der ältesten solcher Fälle ist in einem Briefe Plinius des Jüngeren († vor 114) der Nachwelt aufbewahrt. Wie man da, c. VII, epist. 27, liest, gab es in Athen ein Haus, in welchem ein Geist, der Ketten mit sich schleppte, umging. Entschlossen, das Gespenst zur Ruhe zu bringen, mietete der Philosoph Athenodoros das Haus. Bei Anbruch der Nacht ließ er sich da ein Bett aufschlagen, ein Licht, seine Pinsel und Gemälde bringen und schickte dann seine Sklaven fort. Der erste Teil der Nacht verlief in völliger Stille, aber dann ließ sich das Klirren der Ketten hören. Ohne die Augen zu heben und den Pinsel wegzulegen, setzte er seine Studien nur mit vermehrtem Eifer fort. Der Lärm wurde stärker und kam näher, bis er zur Tür des Zimmers gekommen zu sein schien. Athenodoros blickte nun auf und sah das Gespenst, wie man es ihm beschrieben hatte. Es blieb vor ihm stehen und machte mit einem Finger Zeichen. Er bat es, etwas zu warten und wandte sich wieder zu seiner Beschäftigung; aber das Phantom schüttelte wieder seine Ketten und fuhr fort, ihm Zeichen zu geben. Athenodoros erhob sich jetzt und ergriff das Licht, um ihm zu folgen. Das Gespenst ging langsam, wie durch seine Ketten behindert, bis in den Hof des Hauses, wo es plötzlich verschwand. Der Philosoph bezeichnete die Stelle mit Gras und Blättern. Am folgenden Tage zeigte er der Obrigkeit den Vorfall an und riet, an dem Orte nachgraben zu lassen. Sein Rat wurde befolgt, und man fand da das Skelett eines in Ketten geschlossenen Mannes. Die Knochen wurden öffentlich verbrannt und der Geist ging seitdem im Hause nicht mehr um.

Schopenhauer bemerkt a. a. O. hierzu: „Die Geschichte ist schon deshalb merkwürdig, weil sie so ganz denselben Charakter trägt wie unzählige aus der neueren Zeit."

Ebenso findet man aus mancherlei Orten von alters her Spukhäuser erwähnt. So wurde 1259 das als solches verrufene Palais de Vauvert in Paris von den sich nicht fürchtenden Kapuzinern in Besitz genommen. In Rom standen im 15. Jahrhundert der darin hausenden bösen Geister wegen eine Anzahl von Häusern leer, wie um dieselbe Zeit in Bologna ein Haus nahe bei Santa Maria maggiore.

Wie zu allen Zeiten Häuser, in welchen es spukte, etwas Unbestrittenes waren, ergibt sich u. a. auch daraus, daß im Jahre 1703 ein Leipziger Rechtsgelehrter, Karl Friedrich Romanus, in seiner Doktordisputation die Frage prüfte, ob wegen Gespenster in einer Wohnung der Mietsvertrag aufgehoben werden könne.

In der Zimmerischen Chronik[1]), nach welcher (IV, 215) bekannt ist, „das ain ort mehr weder das ander von den gespenstern wurd infestiert", werden aus dem Ende des Mittelalters eine Anzahl von Beispielen solcher Spukorte mitgeteilt, von welchen hier folgende wiedergegeben werden mögen.

Es war danach in den Schlössern der Grafen von Zimmern selbst im besondern Maße nicht geheuer. So ging in ihrem Wohnhause in Speyer um 1500 ein Gespenst um wie ein Mann ohne Kopf, auch wohl in feuriger Gestalt. Der Verfasser der Chronik bezeugt (III, S. 445), daß da auch mehrmals die Tür seiner Kammer auf und wieder zugegangen sei, ohne daß etwas zu sehen gewesen wäre. Auch machte das Gespenst da „ein großen Lärman".

In dem Zimmerischen Schlosse zu Mößkirch hörte man unter anderm wohl das vor der Gesindestube aufgehängte Pferdegeschirr laut herabfallen. Wenn man dann aber zusah, war nichts dergleichen geschehen.

---
[1]) Vergl. S. 20.

Ebenso hat in dem Schlosse zu Seedorf „das gespenst den Dienstleuten, weibs und mannspersonen, sovil widerdrieß angethon und erschreckt, das es ein übermass gewesen und niemands gern darin gedienet". Als das Schloß dann baufällig und unbewohnt gewesen, hat man die Stuben des nachts erleuchtet gesehen und die nächsten Nachbarn haben „ein groß gerumpel" darin gehört. Der Verfasser der Chronik hat (IV, S. 133) auch vorher mehrfach darin übernachtet und „vil seltzames ding gehört". So als ob lauter Geißen im Hause und auf der Treppe umhersprängen und in dem im Erdgeschoß befindlichen Pferdestalle die Pferde einander bissen und schlugen, auch frei im Hofe umherliefen. Er weckte deshalb einmal seinen Diener, Enderle Scheffer, einen „unverzagten man", der sich eilends anzog und mit seinem Schwert und einem Licht zu dem Stall ging, den aber verschlossen und die Pferde ruhig auf der Streu schlafend fand. Als er zurückkam, „sahe er kaim mentschen gleich", wollte aber nicht sagen, was er erlebt habe. Der Graf drang auch nicht weiter darauf, „dann er in ander weg und mermals erfahren, was solchs gespenst und teufelswerk vermag, so man zu unzeiten darvon reden thuet". Vieles anderes, was ihm dort begegnet, erklärt der Chronist verschweigen zu wollen.

In dem Schlosse zu Ringingen auf der Alb spukte der verstorbene Letzte des Geschlechtes der Schmeller derartig, daß seine Hinterbliebenen dasselbe verlassen und nach Rothenburg ziehen mußten. Einmal beschlossen im Wirtshause junge Männer, zur Erforschung der Sache eine Nacht in dem nun unbewohnten Schlosse zu verbringen. Mit einem Vorrat an Speise, Trank und Lichtern haben sie sich dann vor der Nacht ins Schloß begeben. Weil es sehr kalt gewesen, haben sie da ein Zimmer tüchtig geheizt und nach einem ganz fröhlichen Nachtessen ruhig geschlafen. Wie sie um Mitternacht erwachten, ist es inzwischen ganz kalt in dem Zimmer geworden, doch hat keiner von ihnen gewagt, das Feuer in dem (nach alter Art von außen zu heizendem Ofen) zu schüren. Da hat man ein Gespenst deutlich die Treppe heraufkommen und das Feuer schüren gehört, worauf es in der Stube alsbald so überheiß geworden ist, daß die Männer, um nicht zu ersticken, die Köpfe zum Fenster hinausstecken mußten. Darauf ist das Gespenst in Gestalt eines ihnen unbekannten Mannes in der wohlverriegelt gewesenen Tür erschienen und hat gefragt, ob es ihnen jetzt warm genug sei, ist aber, als es von den zu Tode erschrockenen Leuten keine Antwort erhalten, wieder hinausgegangen, ohne ihnen weiter Uebles zuzufügen.

Als eine ihm in seiner Jugendzeit bekannt gewordene wahrhafte Spukgeschichte fügt der Verfasser der Chronik hinzu, daß in einem der Gespenster wegen unbewohnten Schlosse zwischen Orleans und Paris auch einmal kecke Gesellen für die Nacht ihr Quartier aufgeschlagen haben. Da hat ein in den wohl verschlossenen Saal gekommenes Gespenst mit dazu mitgebrachtem Geschirr über dem Kaminfeuer Frösche gebacken und die Eindringlinge gezwungen, sie zu essen, wonach jene am dritten Tage gestorben sind.

Im zweiten Bande S. 284 heißt es dann, „es hat sich hernach beschaint (gezeigt), wie graf Hanns von Sonnenberg gestorben, das es ain ungehewrs wesen im ganzen schloß zu Wolfegk worden und ain gespens niemands ruhe gelassen; man sahe in helles tags umbgen, bei der nacht aber große unruhe anrichten thet, derhalben sein dochterman, Herr Jerg truchsäß von Waltpurch, verursacht, das er den gaist ließ beschweren und ußerm schloß verbannen, wie man noch heutigs tags zu Wolfegk ob allen thuren geschribne zedel findt angeleimt, die der ursach halb aldo gelassen worden [1]). Als nun das gespens dermaßen user schloß verbannet, do kam es naher in ain pfaffenhaus, vorm schloß an der kurchen gelegen [2]); do hat es wunder getriben. Es haben die prister manichmal, da sie umb mittnacht oder dergleichen ufgestanden, in der kuchen ain sieden, praten und kochen gesehen mit vil leuten, auch gesehen leut in der stuben essen und trinken, auch gebaren, als ob sie nur gar frölich weren mit großem bracht. Solch wesen hat das gespenst so lang und so vil getriben, das zu letzt die priester nit mer darin wonen und daraus gewichen sein in die propstei, da sie dann noch wonen. Das ungehewr haus ist öde bliben stehen. Hernach über vil zeit ganz bawfellig worden und abbrechen lassen; ist diser zeit ein lerer blatz. Hernach ist nichts ungehewers mer gesehen oder gehert worden."

Nach Band 4, S. 186, der Chronik hat es in einem am Burggraben zu Zell gelegenen Hause auch am hellen Tag in der Weise gespukt, daß Stühle, Bänke und anderes „über ain haufen geworfen", und ein Geschrei sich dort hat hören lassen, so daß die Wächter und Nachbarn herzugelaufen sind. Man hat eifrig der Ursache nachgeforscht, aber vergebens, indem auch, wenn man unten im Hause gesucht hat, der Spuk sich oben hat hören lassen und umgekehrt. „Der gaist hat auch den mägten die schlüssel ab der gurtel hinweg gerissen und dergleichen gugelfuren (Possen) getriben und damit nimands im haus ruho gelasen".

---

[1]) Ein wohl besonderer Fall. Die Juden trugen bei sich mit den Geboten des Moses beschriebene Zettel als Amulette zum Fernhalten böser Geister.

[2]) Anscheinend hat der Verfasser der Chronik die beiden verschiedenartigen Spukfälle mit Unrecht mit einander in Verbindung gebracht.

Viertes Kapitel. Spukorte.

Ein Seitenstück dazu, welches ausnahmsweise in einem neuerbauten Hause spielt, wird in der Zimmerischen Chronik, IV, S. 263, mitgeteilt. Der Spuk, welchen der Verfasser der Chronik auch hier mehrfach selbst wahrgenommen zu haben versichert, hat besonders vor dem Gemach des Erbauers, eines Grafen Werner Gottfried von Zimmern, und in dem Saale sein Wesen getrieben. Wie er „auch ander leuten vil unruh gemacht", ist, als der Graf an einem Sommerabend spät seiner Gewohnheit nach auf dem Saale spazieren ging und betete, „der Geist" einmal auf ihn zugekommen und hat ihn „gewaltig wieder in sein Gemach getrieben". Der Graf hat, ohne etwas zu sehen, die Schritte ganz deutlich gehört, und wie der Geist nahe bei ihm gewesen ist, hat jener noch das Gefühl gehabt, „als ob er ihn gegen dem angesicht gegriffen". Drei Tage vor dem Ableben des Grafen hat sein Vetter Froben Christof am Vormittag von dessen Gemach aus das Gespenst in den Saal gehen gesehen, und zwar als eine lange Gestalt in schwarzem fliegendem Kleide und mit einem schwarzen Hute. Auch auf seiner noch wohlerhaltenen Burg Wildenstein an der Donau ist dem Grafen Gottfried „vil seltzams dings von gaistern und andern begegnet".

Auch die vor allen Burgen berühmte Wartburg wird als ein Spukort zu bezeichnen sein. Es mag hier auf die im fünften Kapitel näher angegebenen Erlebnisse Martin Luthers während seiner dortigen Zuflucht verwiesen werden, und wenn seitdem sonst da nichts von Spuk bekannt geworden sein sollte, so hat doch vor Jahrzehnten der Kommandant der Burg, Oberstleutnant von Arnswaldt, da mehrfach solchen erlebt. Unter anderem folgendes.

In der großherzoglichen Wohnung hing ein altes Oelbild einer Dame, von welcher mancherlei Besonderes überliefert war. In einer Nacht nun wachte der Kommandant über dem Gefühl auf, als ob eine eiskalte schwere Hand sich auf die seine lege. Aufs äußerste erschrocken, sah er in dem hell erleuchteten Zimmer das lebende Original des Bildnisses neben seinem Bette schweben. Wie er danach griff, faßte er jedoch in die leere Luft. Nun führte er mit dem stets am Kopfende des Bettes stehenden Degen einen Hieb gegen die Erscheinung, sie gleichsam mitten durchspaltend, während mit einem stöhnenden Schmerzenslaute, welchen auch ein Diener in seinem daneben liegenden Schlafzimmer hörte, das Phantom verschwand. Fast unfaßlicherweise sah man am anderen Morgen das Gemälde wie durch einen scharfen Säbelhieb von oben bis unten durchschnitten.

Eines anderen Nachts wurde der Kommandant mit der Meldung geweckt, daß gehörtem Rumoren zufolge in die wertvolle in der Dirnitz untergebrachte Waffensammlung eingebrochen sein müsse.

Herr von Arnswaldt begab sich mit bewaffneter Begleitung in den wie sonst verschlossenen Rüstsaal, fand denselben jedoch menschenleer, und eine zweite noch größere Ueberraschung war die, daß das Roß, welches sonst die angebliche Rüstung Kunz von Kaufängens trug, reiterlos stand, während diese Rüstung auf einem Fensterbrett saß. Auf einen Anruf durch den Kommandanten bewegte sie wie in drohender Abwehr einen Arm und fiel dann, in alle Einzelteile aufgelöst, zu Boden, worauf die Männer entsetzt davon eilten. Am anderen Morgen war in der Halle nichts gegen sonst Besonderes mehr zu bemerken. –

Einen interessanten Beitrag zur Geisterlehre bietet ein mir vorliegendes eigenes 1653 in Genf veröffentlichtes, der Berner Regierung gewidmetes Buch, in welchem der reformierte Pastor F. Perreaud über das spukhafte Treiben eines „Dämons" besonderer Art in seinem Hause zu Macon (Dep. Saône-et-Loire) im wesentlichen folgendes berichtet:

Am 9. Sept. 1612 teilte dem von einer Reise zurückgekommenen Verfasser seine Frau mit, sie sowie ein in demselben Zimmer schlafendes Stubenmädchen seien in einer Nacht darüber erwacht, daß die Bettvorhänge auseinandergezogen wurden, und in der folgenden Nacht seien beiden, als sie sich eben niedergelegt, die Bettdecken fortgezogen worden. Während der nächsten Nacht hörte dann der Geistliche in der Küche verschiedenartiges Geräusch und Lärm, ohne jedoch, als er wiederholt mit dem ihm leuchtenden Mädchen nachsuchte, eine Erklärung dafür finden zu können. Er teilte das Vorgefallene mehreren angesehenen Bewohnern von Macon mit, welche ihm darnach des Abends bis Mitternacht oder länger Gesellschaft zu leisten pflegten. Aber erst am Abend des 20. November ließ sich der Dämon wieder hören, und zwar jetzt in der Weise, daß er in Gegenwart der Versammelten nahe bei ihnen pfiff, aus den Psalmen sang, gebräuchliche Gebete hersagte und mancherlei sprach, besonders von Dingen aus der Familie des Pastors, die sonst nur Nächstbeteiligte wissen konnten. Auch erinnerte er die Anwesenden mehrfach an sonst nicht bekannten Spuk, der ihnen anderwärts begegnet war, und als dessen Urheber er sich bezeichnete, sagte auch Zukünftiges vorher und dergleichen mehr. Mancherlei Einzelheiten von allen diesen sind in dem Buche des Perreaud mitgeteilt.

Der Geist, welcher von den Anwesenden nur spärliche abweisende Antworten erhielt, kam in den folgenden Nächten wieder, sang dann auch laszive Lieder und ahmte in gelungener Weise die Stimmen anderer nach. Als man einmal wieder vergebens im Hause nach einer sichtbaren Spur von ihm nachgesucht hatte, erbot er sich, auch in einer menschlichen oder tierischen Gestalt, welche man wolle, zu erscheinen, aber freilich ebenso vergebens als er anbot, einem der Anwesenden den Ort im Hause zu zeigen, wo ein Schatz von 6000 Talern versteckt sei.

Einmal später erklärte er, er sei nicht der bisher in dem Hause Erschienene, sondern müsse nur seinen nach Chambery verreisten Herrn vertreten, und in der Tat wurde später festgestellt, daß zu derselben Zeit ein angeblich aus Macon gekommener Geist in Chambery im Hause des sehr angesehenen Präsidenten Farre seinen Spuk getrieben hatte.

Am Ende des November erklärte der Geist, er könne dem Pfarrer und den Seinen nichts anhaben, da sie zuviel beteten und den Namen Gottes im Munde führten, und er sprach seitdem nicht mehr.

Außerdem ist in dem Buche des Perreaud noch mancherlei Spuk angegeben, der sich zu dieser Zeit in seinem Hause ereignete. So kam er einmal mit einem Freunde in das Zimmer, in welchem der Geist besonders sein Wesen trieb. Sie fanden da alle Bestandteile eines Bettes auf dem Fußboden umhergestreut und ließen in ihrer Gegenwart durch ein Dienstmädchen das Bett wieder in Ordnung bringen, aber während sie noch in dem Zimmer hin und hergingen, lagen die Bettstücke plötzlich wieder wie vorher auf dem Fußboden. In seinem Studierzimmer fand er ebenso öfter seine Bücher und eine Sanduhr auf dem Boden liegen, ohne daß letztere zerbrochen gewesen wäre. Irgendwohin gelegte Gegenstände verschwanden und lagen, nachdem man sie lange gesucht, plötzlich wieder offen auf derselben Stelle.

Wenn es sich hier und bei anderem in dem Buche angegebenen Spuk nur mehr um Schabernackstreiche handelte, wie sie ähnlich gleichzeitig auch in anderen Häusern der Stadt ausgeübt wurden, so war das Treiben des Geistes in den letzten zehn oder zwölf Tagen, während er sich in dem Perreaudschen Hause spüren ließ, um so schlimmer, indem er da vom Morgen bis zum Abend in alle Räume eine Menge Steine warf, die zum Teil mehr als zwei bis drei Pfund wogen. Und als einmal um die Mittagszeit der königl. Notar Tornuz in dem Hause war, warf der Geist ihm einen Stein an die Füße. Der Genannte warf den Stein, der ganz warm war, nach hinten aus dem Hause, aber er wurde sofort wieder in dasselbe zurückgeworfen.

Als nun am 12. Dezember der Dämon endgültig aus dem Hause schied, sahen Nachbarn eine große Viper, deren in der Gegend sehr selten vorkommen, aus demselben kriechen, und sie zweifelten nicht daran, daß diese der bisher in dem Hause spukende Geist gewesen sei.

Perreaud führt in seinem Buche auch Umstände an, welche seiner Meinung nach zur Erklärung des Spukes gerade in seinem

Hause dienen konnten. So sei da ein früherer Besitzer desselben von seiner eigenen Frau ermordet worden, und obgleich Perreaud das Haus durch Richterspruch erhalten, sei doch die Frau, welche es an ihn verlor, eines Tages darüber getroffen worden, daß sie vor einem Kamin den Teufel anrief, er möge sie an dem Käufer und den Seinigen rächen. Endlich sei ihm auch das Stubenmädchen als Hexe verdächtig.

Zu den der Schrift angehängten Aktenstücken gehört auch eine „Approbation", in welcher die Pastoren und Aeltesten der reformierten Kirche der Provinz Burgund dem Verfasser das beste Zeugnis ausstellen mit dem Hinzufügen, daß, wenn es Gott gefallen habe, ihm viele und ganz außerordentliche Prüfungen zu senden, er ihm zugleich eine hinlänglich feste Gesundheit und Ruhe des Geistes verliehen habe, um solche Prüfungen bestehen zu können. Jedenfalls war Perreaud auch nicht abergläubischer als zu jener Zeit der Hexenprozesse fast jedermann; in einer als lange Einleitung seiner Darstellung vorausgeschickten „Demonologie" warnt er vielmehr vor zu großer Leichtgläubigkeit und vor absichtlichem Betrug. Gewiß kann man aber auch dem nicht zustimmen, wenn Professor Karl Meyer in seinem „Aberglauben des Mittelalters" (Basel 1884) S. 360 die Ansicht äußert, daß auch in diesem Falle „ein Betrug im Spiele gewesen sein könnte", und zwar, wie er meint, um dem neuen Besitzer das Haus im Interesse der früheren Eigentümerin zu verleiden. Nur Einiges von dem Spuk könnte ja etwa von dem Dienstmädchen, — welches übrigens selbst in mehrfacher Weise vexiert worden sein sollte — ausgeübt worden sein.

In Jung-Stillings „Theorie der Geisterkunde", S. 254 ff., wird ein sehr eingehender und offenbar ganz zuverlässiger Bericht über einen in einem Stadthause, früherem Kloster, eine Reihe von Jahren hindurch notorisch getriebenen Spuk mitgeteilt. Derselbe bestand darin, daß ein gespenstischer Mönch sich öfter sehen ließ, hauptsächlich aber schlürfende Schritte und ein schreckliches Stöhnen und Seufzen, unterbrochen von lautem Knallen, als ob eine schwere Last auf den Fußboden geworfen wurde, gehört wurde.

Auch in dem Buche des Sanitätsrats Schindler, „Das magische Geistesleben" (1857 S. 308) wird aus neuerer Zeit eine Anzahl von Häusern als nachweislichen Spukorten angegeben, woraus hier folgendes mitgeteilt werden mag:

„Sehr unverdächtige Zeugen, der Hofrat Hahn aus Oehringen, der Husaren-Cornet Kern, der bayerische Rittmeister von Cornell, der Leutnant von Magerle und der Hütteninspektor Knetsch zu Koschentin sahen alle im Schlosse des Herzogs von Ujest zu Slawentzitz (Rbz. Oppeln) Messer, Gabeln, Mützen, Pantoffeln, Vorlegeschlösser, Trichter, Lichtscheren, Seife, Servietten, kurz alle beweglichen Gegenstände im Zimmer herumfliegen, ja Gegenstände, von denen sie gewiß wußten, daß sie sie in einem andern Zimmer gelassen hatten. Unter anderem wurde dann dem Hofrat Hahn eine Bleikugel an die Brust und ein zusammengepreßtes Stück »Tabaksblei« an den Kopf geworfen; ehe er es noch aufheben konnte, flog es schon wieder an seinen Kopf, und das Spiel wiederholte sich dreimal."

Im Hause des Professors Schuppert in Gießen wurden nach diesem Messer und Gabeln geworfen, die in den Kleidern stecken blieben, ohne ihn zu verwunden. Ein alter Degen flog aus einem Kasten nach seiner Frau und verletzte sie unbedeutend, und wie der Professor die Klinge wieder einschließen will, wird sie ihm aus der Hand gerissen und „maxima cum vehementia" in den Kasten geworfen, so daß sie in dem Holz stecken bleibt. Neben allerlei anderem Spuk wurden ihm auch Fenster samt dem Blei durch hindurch fliegende bis 10 Pfd. schwere Steine zertrümmert und ihm wie seiner Frau „der Hals mit Stricken zusammengezogen, so daß nur fremde Hilfe sie vor dem Erwürgen schützen konnte".

Der genannte Sanitätsrat Schindler hat selbst den jahrelangen Spuk in dem Hause eines Webers Wünsch in Klein-Stockicht bei Greiffenberg beobachten können. Es wurde da das Garn verwirrt, Kleider und Schuhe zerrissen, die Kühe im Stall losgebunden und durch Stricke verknotet, eiserne Spillen verschwanden während des Spulens, Messer während des Essens, die Teller aus dem Topfbrette und Kleider aus Räumen, die mit absichtlich geändertem Schlosse versperrt waren. Oft wurde die Stube unerklärlich erleuchtet und brannte es in einem verschlossenen Schranke, sowie einzelne Treppenstufen, bis endlich das ganze Haus niederbrannte. Es wird a. a. O. hinzugefügt: „Ich brauche nicht zu bemerken, daß alle erdenkliche Mittel versucht wurden, einen physikalischen Zusammenhang nachzuweisen, jedoch vergeblich."

Daily Expreß berichtete 1903 von einem Spukhause zu Rackes Farm (Yorkshire). Zu den Streichen des spukenden Geistes gehörte es da u. a., daß der Hausherr beim Aufwachen seine Kleider vermißte, die dann beim Nachsuchen in fest verschlossenen Zimmern umhergestreut gefunden wurden.

Nach der Zeitschrift „Die übersinnliche Welt", Jahrgang 1908, S. 392, berichteten damals amerikanische Zeitungen von einem Spuk im Hause der angesehenen Familie Hemsteadt in New-London, wo in Gegenwart vieler Zeugen mannigfache Gegenstände bewegt wurden, und desgleichen Londoner Zeitungen von einem Landhause unweit London, in welchem ebenso u. a. mehrfach vier Klingelzüge gleichzeitig heftig in Bewegung gesetzt wurden.

Viertes Kapitel. Spukorte.

Von einem ähnlichen Spukort aus allerjüngster Zeit berichtet die „Wiesbadener Zeitung" vom 29. Juli v. J. folgendes ihr „von ernsthafter und vertrauenswürdiger Seite in Stuttgart" Mitgeteiltes:

„Ein rätselhaftes Phänomen bildet zurzeit das Tagesgespräch in ganz Württemberg, der sogenannte »Spuk von Großerlach«, einem Dorfe von etwa 300 Einwohnern im württembergischen Oberamt Backnang, unweit Stuttgart. Das Spukhaus ist ein vermutlich aus dem Jahre 1740 stammendes kleineres Bauernhaus, nebst Stallung. Besitzerin ist die 35 Jahre alte Witwe Rosine Kleinknecht, geb. Notdurft, deren Mann, der Postbote, am 2. Nov. 1915 im Westen bei Becamy fiel. Die Witwe bewohnte das Haus mit ihren drei Kindern, Mädchen im Alter von 3 bis 11 Jahren, und ihrem Neffen im Alter von 14 Jahren, der ihr für den abwesenden Mann bei Besorgung des Viehes half."

„Am 30. April — an einem Sonntag — begann der Spuk und zwar im Stall morgens nach 7 Uhr. Nach dem Melken und Füttern war der Stall geschlossen worden, als ein Kalb brüllte, und man beim Nachsehen fand, daß es losgebunden war. Alles Vieh war sehr aufgeregt, schlug mit den Hinterbeinen aus und schwitzte, wie wenn es mit Wasser begossen wäre. Frau Kleinknecht band das Kalb fest und schloß den Stall. Doch sofort brüllte das Kalb wieder, und als sie nachsah, waren zwei Stück Vieh losgebunden. Die Sache war rätselhaft, da niemand, auch der Knabe nicht, im Stall gewesen war. Die Frau holte einen Nachbarn, der dann mit ihr den geheimnisvollen Vorgang des Losbindens der Kette genau beobachtete. Trotzdem man die Tiere mit Ketten und Stricken festband und fünf Knoten machte, wurden sie sofort wieder losgebunden. Dabei konnte man stets genau die Bewegungen der Kette beobachten, welche dann stets zu einem Klumpen geballt auf dem Boden lag. Aber die unsichtbare Erscheinung suchte auch das Vieh zu strangulieren, indem es die Halskette so lange einwärts drehte, bis sich diese zu einem dichten Knäuel verknotete und das Vieh zu ersticken drohte. Diese Vorgänge wiederholten sich am 1. und 2. Mai. An letzterem Tage begann der Spuk in der Wohnung. In der Küche krachte und polterte es von abends 9 bis morgens 3 Uhr. Das Kind sah einen schwarzen Geißbock am Bette der Mutter. Die anderen sahen diesen nicht. Vom 3. bis 5. Mai ließ der Spuk nach und ruhte vom 6. bis 13. völlig. Dann aber ging es derart los, daß Menschenaufläufe entstanden. Es begann abends 5 Uhr damit, daß ein Holzscheit auf dem Herd zu tanzen begann. Ein Bauer vom Nachbardorf warf das Scheit zum Fenster hinaus, es kehrte aber blitzschnell zurück, ohne daß man sah, wie. Das wiederholte sich öfters. Das Stück spazierte vom Hausgang auf den Speicher und zurück, auch ein Holzstumpfen flog später in der Küche herum. Abends stürzten 5 Milchhäfen vom Schaft herunter, zerbrachen und entleerten ihren Inhalt. Vom 15. Mai ab gingen die Erscheinungen in Haus und Stall nebeneinander her, das Vieh wurde nun auch geschlagen, alle Milchgeschirre, Mostkrüge, Teller, Pfannen, Schmalzhäfen, Wassereimer usw. sprangen von ihren Plätzen, flogen auf den Boden, ja sogar zur Haustüre hinaus. Sie wurden auch nach Personen geworfen; ein Bauer, der mit einer Peitsche dem Spuk zu Leibe ging, wurde übel zugerichtet, Geschirre mit Essen, die auf dem Tisch oder der Komode standen, flogen in die Höhe und fielen dann zur Erde. Ein schwerer Hackklotz wurde umgeworfen. Man sah die vollen Geschirre zuerst schweben, ohne daß ein Tropfen verschüttet wurde. Eines Tages kam der Kinderwagen von der Bühne die Treppe heruntergesaust. Dies wiederholte sich, als man ihn wieder hinaufbrachte. Als ein Augenzeuge einen schwebenden Mostkrug packte und wieder auf den Tisch stellte, flog ihm nachher ein Milchhafen an den Kopf. Ein Wassereimer humpelte auf dem Boden zur Tür hinaus. Dem Amtsdiener Sch. wurde die Kappe von hinten vom Kopf geschlagen, ohne daß jemand dort stand. Schließlich hoben sich alle Türen aus den Angeln und stürzten zu Boden. Nachdem der Frau Kleinknecht auch die Betten zerrissen, die Bettfedern herausgeleert und das Bett 10 cm hoch vom Boden gehoben wurde, auch Verletzungen von Personen durch umherfliegende Gegenstände vorkamen, wurde das verhexte Haus, in welchem alles ein Chaos war, am 15. Mai verlassen und geschlossen."

„Soweit die Tatsachen, die zunächst vom Schultheiß, Lehrer, Amtsdiener, dann vom Bezirksbeamten und vielen Zeugen gesehen wurden und an denen nicht zu rütteln ist. Ein menschlicher Täter kann nicht in Frage kommen; anfangs hatte man den 14jährigen Neffen im Verdacht, Streiche zu spielen, doch schon da sich diese auch in seiner Abwesenheit abspielten, so mußte man den Verdacht aufgeben."

Für die Wahrheit des hier Angegebenen spricht indirekt auch der besonders unanzweifelhafte und genau festgestellte verwandte Fall eines Spukhauses, der unter dem Titel „Darstellung selbsterlebter mystischer Erscheinungen" von dem Advokaten und früheren Nationalrat M. Joller 1863 (Zürich bei Hanke) veröffentlicht worden ist.

Der Schauplatz der Erlebnisse war das noch nicht alte Geburts- und Wohnhaus des Verfassers im sonnigen Stansertale, von einer zahlreichen Familie bewohnt, in deren Schoße Aberglaube und Gespensterfurcht nie eine Stätte gefunden hatten. Erst als es trotz der sorgfältigsten Nachforschungen ausgeschlossen erschien, daß die in wohl unerhört mannigfaltiger Weise sich mehrenden Erscheinungen

„natürlich erklärbare" sein möchten, lag es dem als freisinnig bekannten Hausherrn daran, entgegen den zu seinem Nachteil im Publikum mit argen Entstellungen verbreiteten Behauptungen die Tatsachen „mit aller Gewissenhaftigkeit rein und wahr so darzustellen, wie er selbst, seine Hausgenossen und eine Menge von Zeugen sie wahrgenommen hatten", und wie er sie auf Grund ständiger bis auf die Minuten genauer Tagebuchaufzeichnungen in kurzer Fassung auf 65 Seiten der genannten Schrift wiedergeben konnte. Es mag daraus in folgendem einiges Bemerkenswerteres mitgeteilt werden.

Während in anderen hier von mir angegebenen Fällen von Spukhäusern in solchen nur je ein Gespenst sein Wesen zu treiben schien, ein solches auch wohl gar nicht sichtbar geworden war, schien in dem Jollerschen Hause eine ganze Gesellschaft von solchen sich eingenistet zu haben. Spuk aller Art trat an den verschiedenen Punkten desselben so gleichzeitig oder schnell aufeinander folgend auf, daß, wie der Verfasser bemerkt, wenn man dabei eine fraudulose Tätigkeit von Menschen annehmen wollte, von allem anderen abgesehen, es dazu schon des Zusammenwirkens von wenigstens vier bis fünf Personen bedurft hätte. Wie hier ungewöhnlicherweise der Spuk meistens am hellen Tage stattfand, so pflegten auch dann, wenn überhaupt, die verschiedenen Gestalten zu erscheinen, durch welche bald der eine, bald der andere Bewohner aufs heftigste erschreckt wurden. So sah man wohl ein weißes Gebild einem winkenden Händchen ähnlich, andere unförmliche weißliche Gestalten, ein Etwas wie ein dreizöpfiges graues Tüchlein durch das Zimmer schwebend, außen vor den Fenstern das Schattenbild wie von einer Menge zappelnder Hände hin und herzuckend, nach einem gewaltsamen Schlage gegen eine Tür einen braunen Armknochen von derselben zurückfahren und dergleichen mehr.

Von mannigfaltiger Art war auch der Spuk, welcher in dem Hause gehört wurde. Besonders handelte es sich da und schon jahrelang bevor die anderen Arten von Spuk auftraten, um ein verschiedenartiges Klopfen. So bewegte sich einmal in einem Zimmer, in welchem fast die ganze Familie versammelt war, bei verschlossenen Türen und Fenstern und brennendem Licht das Klopfen quer durch den Raum und stieß zuletzt so heftig gegen eine Bettstelle, daß diese stark erbebte. Ein andermal kam ein durchsichtiges Wölklein zum Küchenfenster hereingeschwebt und bewegte sich gegen die Tür, wo es dann heftig anklopfte, und öfter waren Schläge gegen den Fußboden so stark, daß ein Tisch von diesem aufsprang und darauf liegende Gegenstände abzuwerfen drohte. In verschiedenen menschenleeren Räumen des Hauses hörte man, ohne daß etwas zu

Viertes Kapitel. Spukorte.

sehen gewesen wäre, aufs deutlichste häusliche Verrichtungen ausführen. So Holz spalten, mit einem Strauchbesen fegen, eine Wanduhr aufziehen, das Schnurren eines Spinnrades und dergleichen mehr. Etwas Besonderes ist es, daß einmal in einer Kammer ganz unverkennbar Geld zählen gehört wurde und es sich danach ergab, daß genau zu derselben Zeit der in Luzern abwesende Hausherr dort eine größere Summe Silbergeld einzuzählen gehabt hatte. Oefter hörte man im Saale und auf der Treppe ein tief erschütterndes Schluchzen, einmal da ein dreimaliges ächzendes Rufen „Erbarmt Euch meiner", ein andermal auf dem Saale einen klagenden Gesang zu eintöniger Saitenbegleitung, in der Küche ein Tönen, als wenn mit einem metallenen Instrumente an Gläser und Gefäße geschlagen wurde. Auch die Namen der Kinder wurden gerufen. An der Wand ließ sich ein starkes Kratzen und auf dem Gange davor ein Umhertapfen wie von einem schweren Hunde hören.

Die in Spukhäusern nicht selten beobachtete Eigenbewegung lebloser Gegenstände spielte auch hier eine hervorragende Rolle. So sah man mehrfach Sessel sich von selbst eine Strecke weit von der Stelle bewegen und sich dann umlegen oder auch mit Geknalle umwerfen. Auch Stühle kamen, während sie besetzt waren, in Bewegung. Einmal vormittags hatten der Advokat mit seiner Frau eben ein oberes Zimmer verlassen, als sie in demselben ein Geräusch hörten, als ob mehrere Personen da auf Socken herumtanzten. Als sie die Tür alsbald wieder öffneten, war da nichts zu hören und nichts Besonderes zu sehen, als daß ein schwerer Tisch, der eben in der Mitte gestanden hatte, der Länge nach das unterste zu oberst gegen die Tür gekehrt lag, ebenso zwei Stühle und ein Tabouret. Gleichzeitig flogen dann bei Windstille kleine frisch abgerissene Zweige durch ein halb geöffnetes Fenster herein. Steine flogen, nicht erkennbar woher, durch die Luft. Türen und Fenster standen wiederholt, obgleich verriegelt, gleich darauf wieder offen. Ein Rütteln an starker Tür war so gewaltsam, daß sie aus den Angeln gerissen wurde und wieder mit größter Vehemenz zuschlug. Der Hausherr war einmal Augenzeuge von dem sonderbarsten, allen Gesetzen der Physik spottenden Herumhüpfen eines Apfels durch das Haus, auch nachdem er inzwischen aus diesem hinausgeworfen worden war, sowie von dem Bewerfen des Dienstmädchens mit Birnen, die in seinem Haarnetz stecken blieben. Ein altes Pferdegeschirr und eine Kette, welche sonst in einer verschlossenen Remise, bezw. an einer anderen Stelle aufbewahrt gewesen waren, fand man in ein nach innen weites Ofenrohr so hineingepreßt, daß sie nur mit größter Mühe wieder herausgebracht werden konnten. Ueberhaupt fand man auch in verschlossen und menschenleer gewesenen

Räumen vieles in sinnloser Weise verändert und von unterst zu oberst gekehrt, seltsamerweise nicht anders als wie etwa Studenten aus Ulk in der Wohnung eines abwesenden Genossen einen „Budenzauber" herstellen. „Es schien, als hätte da ein Satyr gehaust."

Ein Geschehnis besonderer Art war es, daß, als einmal das Dienstmädchen auf dem Herde Wasser in einem Kessel kochte, sich in dem Rauchfang eine zuckerhutförmige Gestalt mit unzähligen blauen Flämmchen herniedersenkte, während alsbald ein bedeutendes Quantum Wasser den Herd übergoß und das Herdfeuer auslöschte.

Auch nicht genug, daß die Bewohner des Spukhauses öfter wegen des vorstehend zum Teil angegebenen Gesehenen und Gehörten öfter aus demselben flohen, wurden sie auch durch unerklärliche, bei Spuk ja im ganzen seltene körperliche Berührungen[1]) in Angst und Schrecken versetzt. Der eine fühlte deutlich eine Berührung durch ein warmes Kinderhändchen, ein anderer solche wie von einer kalten am Kopf umhertastenden Totenhand oder wie von Tierkrallen, sich im Haar gekraut oder wie von einem Blasebalg angeblasen, sich etwas schwer auf das Bett legen, an der Decke ziehen und so weiter.

Da der Spuk im Jollerschen Hause zum guten Teile auch mit einem in weiterer Umgebung hörbaren Lärm verbunden war, konnte es um so weniger fehlen, daß er mit der Zeit viele Zeugen anzog, und zu ihnen gehörten auch in der Schrift namentlich aufgeführte angesehenste, zuständigste und in keiner Weise voreingenommene Persönlichkeiten. Auf Antrag des Hausherrn nahm sich dann aber auch die Kantonsregierung amtlich der Sache an, indem man zunächst eine mit aller Vollmacht versehene Untersuchungskommission, bestehend aus dem Landesstatthalter Zelger, dem Landammann Würsch und dem Polizeidirektor Jann ernannte. Da ja aber auch die Tätigkeit dieser in bezug auf eine natürliche Erklärung eine völlig ergebnislose bleiben mußte, blieb dem Advokaten nichts übrig, als im Herbst 1863 das Haus als unbewohnbar geworden zu verlassen und sich einen anderen Wohnsitz zu wählen, wo jedenfalls bis zur Veröffentlichung seiner Schrift die Familie keinen Spuk mehr erlebt hat.

Uebrigens bemerkt Joller am Schluß seiner Schrift, ein hochangesehener Freund habe ihm mitgeteilt, daß auch „ihm ebensolche unerklärbare Phänomene begegnet seien, die aber minder tumultuos im engen Kreise Vertrauter gebannt blieben". —

Auch in der Burg Abenberg unweit Roth in Mittelfranken spukt es. Wie mir vor einigen Jahren der damalige, jetzt jung gestorbene Bewohner, Leutnant a. D. Eduard Schott, an Ort und Stelle mitteilte, hatte

---

[1]) Vgl. S. 77.

in dem großen aus dem 15. Jahrhundert stammenden Palas die Erscheinung eines besonders gekleideten fremden Mannes in Gegenwart seiner Mutter stillschweigend das Wohnzimmer durchquert, um an der Fensterwand zu verschwinden, war ein andermal in einem Gange an dem Erzähler selbst vorüber gekommen und hatte auch diesem, als er von einem Ausfluge zurückkehrte, durch das Guckloch des Burgtores entgegengeblickt. Zumal auch die Burg stets verschlossen gehalten wurde, war eine natürliche Erklärung ausgeschlossen. Niemand wußte, woher der Spuk gekommen und wo er geblieben sein möge. Mein Gewährsmann hätte um so weniger Anlaß gehabt, die Burg ohne Grund als einen Spukort in üblen Ruf zu bringen, als er sich um einen Verkauf derselben bemühte. —

Ein höherer Offizier, der sich viel in Schottland aufgehalten hatte, teilte mir mit, daß es da kaum ein altes Schoß gebe, in welchem es nicht spukte.

Ein Oberlandesgerichtsrat erzählte mir aus dem Kreise seiner Familie folgendes:

In einem seinen Verwandten gehörenden alten Schlößchen liebten die Kinder, in einem Gange lärmende Spiele zu treiben, was ihnen jedoch verboten worden war. Als sie trotzdem einmal wieder dasselbe taten, erhielten sie derbe Ohrfeigen, während doch sonst kein Mensch in der Nähe war. —

In meiner Jugendzeit war es in der Gegend meiner Heimat notorisch, daß es in dem Pfarrhause zu Clatzow bei dem nahen Treptow a. d. T. in arger Weise spuke. Drei in unserer Familie bekannte glaubwürdige Herren, der Musiklehrer V., der Klavierstimmer F. und der spätere Gymnasiallehrer M. hatten es ihrer zuverlässigen Angabe nach einmal unternommen, dem Spuke zu Leibe zu gehen, und sie ließen sich deshalb in einem dafür besonders berüchtigten Zimmer für eine Nacht einquartieren. Als dann um Mitternacht in wachsender Stärke ein Lärmen mit Sägen, Kettengeklirre und dergleichen sich hören ließ, schlug M. mit einem Rapier gegen die Wand, doch erfolgte alsbald ein so gewaltiger Gegenschlag, daß das Haus erzitterte und der Pastor namens Klein voll Schrecken mit Licht kam, um seinen geängstigten Gästen für den Rest der Nacht ein anderes Quartier anzuweisen. Uebrigens wollte man wissen, ein altes Gemeindemitglied habe den Pastor vergebens gewarnt gehabt, einen Baum seines Gartens, in welchen ein Gespenst gebannt worden sei, umhauen zu lassen. —

Meinen rechtskundigen Vorgänger im Bürgermeisteramt, einen ernsten und zuverlässigen Herrn, hörte ich folgenden Fall erzählen. Er war unlängst mit seiner Frau und einem Kinde über Nacht auf dem Lande zu Besuch gewesen. Am anderen Morgen mußte er den

Viertes Kapitel. Spukorte.

Wirten auf Befragen gestehen, daß sie eine unruhige Nacht gehabt hätten, weil die Bettstelle des bei ihnen schlafenden Kindes in seltsamer Weise hin und her bewegt worden sei. Es wurde ihm dann mit Bedauern erklärt, es sei das ein alter Spuk in dem Zimmer, dessentwegen da auch die Bettstellen besonders am Fußboden befestigt seien, und nur bei der erst eben hineingestellten Kinderbettstelle sei das unterblieben. —

Zu den Spukorten gehörte auch, wie weithin bekannt, das Herrenhaus der Mecklenburg-Schweriner Domäne Rossewitz, ein großer und vornehmer Barockbau, dessen leerstehende obere Stockwerke dem Verfallen nahe sind. Man sieht da öfter Räume erleuchtet, und wenn das geschieht, da einen Mann in der alten Landständeuniform mit rotem Rock und dreieckigem Hut umhergehen. Der Küster des Ortes wollte ihn einmal näher sehen, bekam aber, als er die Tür aufmachte, einen derben Schlag in den Nacken, ebenso erging es auch einem Gendarm. Oefter zeigt sich da auch eine Frau am Fenster. So sah sie einmal auch der damalige Statthalter Wendhusen, und auf seine Mitteilung hin fanden sich viele Leute vor dem Schlosse ein. Die Gutsherrin, eine beherzte Witwe, stieg hinauf, konnte aber nichts sehen. Als sie dann die unten stehenden Leute fragte, ob das Gespenst noch da sei, wurde ihr zur Antwort, es sähe ja neben ihr aus dem Fenster. Nach drei Verbeugungen verschwand es. — An der Stelle des Baues stand, wie noch der Rest eines Ringgrabens zeigt, vor Zeiten eine Burg. Später gehörte das Gut 300 Jahre lang bis zum eingetretenen Vermögensverfalle den von Vieregge[1]).

Einen ebenso sicher nicht anzuzweifelnden als besonders bemerkenswerten Spukfall teilt Graf von Schack in seiner Selbstbiographie „Ein halbes Jahrhundert" (Band 1, S. 31) mit. Es heißt da: „Von einem sehr gebildeten jungen Manne hörte ich, seine Schwestern erzählten viel von dem Geisterspuk in ihrem alten unfern von der Burg Rodenstein gelegenen Schlosse, der ihnen den Aufenthalt daselbst verleidet habe. Der Bruder pflegte sie deshalb zu verspotten. Um so überraschender war es mir somit, als er mir einmal unter vier Augen sagte, er tue dies nur, um die Aufregung der Schwestern zu beruhigen, habe aber selbst in dem Schlosse unerklärliche Dinge erlebt, z. B. das Schallen von Tritten in seinem eigenen Zimmer vernommen, während doch niemand zugegen gewesen sei. Wenn er durch die Gänge und Säle hingeschritten, seien sämtliche Türen vor ihm aufgerissen und danach wieder zugeschlagen worden, und er habe deutlich die Fußtritte eines vor ihm Hinwegeilenden vernommen, ohne daß es ihm jemals gelungen sei, den Hergang zu ermitteln." —

---

[1]) K. Bartsch, „Sagen etc. aus Mecklenburg" (1879) I 332; Fr. Schlie, „Kunst- und Geschichtsdenkmäler" (1896) I 465.

Viertes Kapitel. Spukorte.

In manchen Schlössern soll ein Schloß- und Schutzgeist in Gestalt eines zwerghaften Koboldes spuken. So in dem großen Residenzschlosse zu Schwerin ein solcher mit Namen Petermännchen, dessen (nicht alte) Bildsäule auch in einer Nische des Schloßhofes steht. Als 1628 Wallenstein als Herzog von Mecklenburg in dem Schlosse Quartier genommen hatte, soll der Zwerg in demselben fortwährenden Lärm gemacht und den Eindringling so geplagt haben, daß dieser in das Schloß zu Güstrow übersiedelte. Ebenso vexierte er 1806 den da eingezogenen französischen General Lavalle so sehr, daß dieser das „mauvais Château" eiligst wieder verließ. Im Schweriner Staatsarchiv befindet sich eine „Nachricht" aus 1747, wie es der sel. „Daniel Gardemin gewesener Cammer-Laquay bey des hochseeligen Herrn Herzogs Friedrich Wilhelm hochfürstlicher Durchlaucht gar ofte an seine Frau, die jetzige Witwe Castellanin Gardeminen hieselbst erzehlet". Seine Erscheinung wird beschrieben: „Ess wëre nemblich solche positur nur gantz Klein gewest, älterlich, mit Runtzeln, aber nicht fürchterlich von Angesichte, einen etwas langen, weißen, spitzen, fast biss auf die Brust hangenden Bahrt, kurtze, graue, krause Haare, ein Calotgen auf dem Kopfe und ein Krägelgen umb den Halss, einen langen biss auf die Füße hangenden schwartzen Rock mit ganz engen Ermeln, forne eines guten Finger breits mit weiß aufgeschlagen, etwas große und forne breite Schue anhabend." Weiter heißt es, daß besagter Gardemin „einsmahls des Abends mit der Abschenke aussem Keller kommen und dieses postürgen immer kurtz und langsam vor ihm hergegangen. Weil ihm nun eben was wiederliches arriviret, daß der Kopf nicht recht gestanden, hette er aus Unmuth gesagt: ›Du Kröte, gehe aus dem Wege, oder ich nehme die Flasche und schlage dich auf den Kopf, du sollt diess oder das werden!‹ Worauf er eine solche derbe Ohrfeige zum recompens bekommen, daß er über eine halbe Stunde ohne empfindung gelegen, biss ihn andere gefunden, mit Essig bestrichen und so weg gebracht, da sein Kopf den einige Tage darauf nochmahl so dicke wie ordinair gewest. Weil ihm nun mit raison were bedeutet, nicht so mit diesem Ehrbaren Mängen umbzugehen, hatte er auch nachhero mehr respect gebrauchet, und soviel alss nur immer möglich seine Gesellschaft evitiret und ihm aus dem Wege gegangen. Einstmahls, wie er seinen Durchl. Herrn des Abends späte über die Galerie geleuchtet, hat höchst derselbe gesaget ›Daniel mich werden die Haare am Kopf kriechend und mich schaudert so.‹ ›Ja, Gnädigster Herr,‹ were seine Antwort gewest, ›sehen Sie nicht, was wir vor Gesellschaft bei uns haben?‹ Worauf dieselbe ihm Schweigen heißen und gesaget, sie sehen nichts." Verschiedene andere Geschichten von dem Spuk, den das Petermännchen verübt haben soll, werden in K. Bartsch,

„Sagen etc. aus Mecklenburg" mitgeteilt. Es erscheint nicht immer in der beschriebenen Kleidung, vielfach wird dieselbe auch anders angegeben, so z. B. wenn es Krieg geben sollte, ginge es rot einher, und wenn dem Fürstenhause ein Todesfall drohe, grau gekleidet usw. Noch vor dem vor einigen Jahren stattgehabten großen Schloßbrande soll es laut klagend durch die Gänge geirrt sein. — Noch weitere Geschichten weiß Nataly von Eschstruth, welche längere Zeit in Schwerin gelebt hat, in ihrem Buch „Spuk" von dem Petermännchen zu erzählen.

Von Horst wird („Deuteroskopie" II 87) als „der berühmteste aller deutschen und böhmischen Kobolde" ein Heinzelmann oder Lüring bezeichnet, der vor mehr als zwei Jahrhunderten vier Jahre lang auf dem Schlosse Hudemühlen im Lüneburgischen, meistens ohne sichtbar zu werden, sein Wesen trieb. Ein Pfarrer Feldmann berichtet in seiner ausführlichen Geschichte des Schlosses als Augen- und Ohrenzeuge darüber und nennt außerdem viele angesehene Personen jener Zeit, welche dabei eine mehr oder weniger wichtige Rolle gespielt haben. Bei Tisch mußte sogar jedes Mal auch für ihn gedeckt werden. —

Nach einem in der Zeitschrift „Zeit im Bild" (Nr. 15 von 1916) mitgeteilten Aufsatze einer früheren Hofdame der Kaiserin, Gräfin Vera Branitzkaya, soll es in den meisten der russischen Kaiserpaläste spuken und besonders der bekanntlich sehr zum Aberglauben neigende Zar darunter leiden. So wird folgende Mitteilung eines Vorfalles im Winterpalast ihm selbst in den Mund gelegt:

„Ich las sehr spät am Abend in den Zeitungen in meinem Arbeitszimmer, als ich plötzlich eine gedämpfte Stimme zu hören glaubte und ein schweres, lautes Atmen im Nebenzimmer. Den Tag über halten sich dort mein Sekretär und die Pagen auf, aber des Nachts steht da ein Posten. Ich sprang auf und öffnete hastig die Tür. Und was ich da sah, ließ vor Entsetzen fast mein Blut erstarren. In der Mitte des schwach erleuchteten Raumes stand ein offener Sarg, und in ihm lag mein verstorbener Vater, genau, wie ich ihn das letzte Mal in der Kathedrale St. Peter und St. Paul gesehen hatte. Auf dem Sarg und den Fußboden um ihn herum lagen schwere Kränze, und am Kopfende stand ein hoher Kandelaber, auf dem ein Wachslicht brannte. Aber der Körper befand sich in einer halb sitzenden Stellung, und die geschlossenen Augen, in dem blauen verzerrten Gesicht, waren dem Haufen Kränze zugewandt. Ein scharfer, entsetzlicher Geruch wie aus einer Gruft erfüllte den Raum. Ich starrte wie hypnotisiert auf diese furchtbare Szene und sah ganz deutlich, wie sich der Körper auf und nieder bewegte, während eine dumpfe hohle Stimme von irgendwo hinter mir herkam. Ich drehte

Viertes Kapitel. Spukorte. 85

mich um und bemerkte die zu Tode erschrockene Schildwache mit dem Gewehr in der Hand. Ein Stöhnen entrang sich seiner Brust; das war alles, wessen er noch fähig war. Ich stand und wußte nicht, was ich tun sollte. Dann plötzlich war mir, als wenn sich der Körper im Sarg bewegte, als wenn er aus ihm heraussteigen wollte. „Stich ihn sofort nieder!" befahl ich. Der Posten gehorchte. Aber bevor noch das Bajonett den Körper berührt hatte, war er verschwunden und mit ihm der Sarg und die Kränze, der Geruch und der Kandelaber, als wenn alles nur ein Spuk gewesen wäre. Der Posten taumelte zurück und fiel zu Boden — tot! Ich vermochte mich kaum in mein Arbeitszimmer zurückzuschleppen, wo ich erschöpft in einen Sessel sank. Erst nach mehreren Minuten war ich fähig, nach einem Diener zu klingeln. Der Arzt erklärte, daß der Soldat an dem Schreck gestorben sei, aber was die Erscheinung bedeutete, konnte mir keiner sagen."

„Der Zar, heißt es weiter in dem angeführten Aufsatze, glaubt fest, eines Nachts das lebensgroße Bild seines Urgroßvaters Nikolaus I. gesehen zu haben, wie es aus seinem Rahmen heraustrat. Er rief den Posten und befahl ihm, das wandelnde Bild niederzustechen. Der Soldat tat es, und noch heute ist ein Loch in dem Gemälde zu sehen[1]."

Besonders in den Räumen, die der ermordete Alexander II. im Winterpalast bewohnt hat, soll es dermaßen spuken, daß der entthronte Zar es niemals wagen würde, sie zu betreten. Die Wachen behaupten, daß aus denselben oft klagende und stöhnende Laute gehört und in ihnen selbst schreckliche durch die Luft schwebende Phantome und grinsende Fratzen an den Wänden gesehen werden. Von anderwärts gehörten gespenstischen Lauten sind auf Befehl des Zaren Grammophonaufnahmen gemacht worden. Auch die Zarin hat sich dazu bekehren müssen, an die Echtheit des Spukes zu glauben, wenngleich es nach Ansicht der Verfasserin unseres Aufsatzes nicht als ausgeschlossen erscheint, daß derselbe wenigstens zum Teil aus egoistischen Zwecken künstlich in Szene gesetzt wurde.

Ein bekannter Spukort in Rußland ist auch das von Pilgern viel besuchte Kloster Solowezk auf einer gleichnamigen Insel des Weißen Meeres. Von einem da hausenden Gespenst sind zahlreiche Sagen im Schwange. —

Zu den bekannten Spukorten gehört auch, was von der alten Wasserburg Boberöhrsdorf in Schlesien erhalten ist, besonders ein mächtiger Wohnturm aus fast schwärzlichem Gestein mit wenigen

---

[1] Vgl. die Erzählung von der Wartburg. S. 71.

Fenstern. Man hat[1]) besonders im Advent darin Feuerschein bemerkt[2]) und am Tage schlürfende Schritte vernommen, im verschlossenen Seitenflügel eines Morgens eine hohe, schwere Standuhr zertrümmert vorgefunden und öfter bei versperrtem Tor auf dem Hofe Wagenrollen und Peitschenknallen gehört, während kein Fuhrwerk zu entdecken war.

Aehnlich wie hier teilt in K. Bartsch, „Sagen etc. aus Mecklenburg" (Wien 1879) I S. 187, Dolberg, Pastor in Ribnitz, mit: „Auf dem Hofe zu Lüssow bei Güstrow läßt sich zuzeiten ein Geräusch hören, als wenn ein Wagen den Steindamm, der in der Mitte des Hofes ist, hergefahren komme, und dann vor dem Hause still halte. Ich erinnere mich dessen aus meinen Kinderjahren, daß die Hausbewohner herbeieilten, den vermeintlichen Besuch zu empfangen." Auch in der Zeitschrift „Die übersinnliche Welt", Jahrgang 1908, S. 27, wird ein gleiches erzählt.

Nach Angabe des Arztes und Philosophen Cardanus (gest. 1576) besaß in Parma die sehr angesehene Familie der Torels ein Schloß, in dessen einem Kamin ein Geist in Gestalt einer häßlichen alten Frau jedesmal erschien, wenn ein Todesfall in der Familie bevorstand, und zwar dies seit eine alte sehr reiche Dame, welche dort wohnte, von ihrem habgierigen Neffen ermordet und zerstückelt in die Kloaken geworfen worden war. (Von Cardanus meint man übrigens, daß er eines freiwilligen Hungertodes gestorben sei, um nicht sein von ihr vorhergesagtes Todesjahr zu überleben.) —

Besonders in den an Burgruinen geknüpften Sagen spielt häufig eine weißgekleidete weibliche Person als verzauberte Jungfrau, Schatzhüterin und dergl. eine Rolle. Außerdem soll in einer Anzahl von Schlössern „Die weiße Frau" als ein besonderes Gespenst umgehen, dessen Erscheinung einen Todesfall in der Familie der Besitzer anzukündigen pflegt.

Hauptsächlich ist das von dem Berliner und anderen Hohenzollern-Schlössern, wie Plassenberg, Bayreuth und Ansbach, bekannt. So soll sie 1598 acht Tage vor dem Tode des Kurfürsten Johann Georg, dann 1619 23 Tage vor dem Johann Siegismunds, 1688 vor dem Ableben des Großen Kurfürsten gesehen worden sein[3]). Die Kurfürstin Luise Henriette sah sie 1667 kurz vor ihrem Tode an ihrem

---

[1]) Schaetzke, „Schlesische Burgen" (1912, S. 75).

[2]) Wenn es sich dabei um eine Spiegelung des Mondscheins oder Abendrotes in den Fenstern handeln sollte, werden die Umwohner solche zu oft gesehen haben, um dadurch irre geführt zu werden.

[3]) Nach Merians gleichzeitigem „Theatrum Europäum" Band V soll die weiße Frau im Berliner Schlosse in den Jahren 1652 und -53 häufig gesehen worden sein.

Schreibtisch sitzen, und ebenso sollen sie die Könige Friedrich I. und Friedrich Wilhelm II. selbst gesehen haben. König Friedrich Wilhelm I. ließ freilich zweimal das Gespenst verhaften, wobei es sich denn als ein Küchenjunge und als ein Soldat entpuppte, und ebenso unecht oder doch ein anderes Gespenst als die friedliche Ahnfrau mag die weiße Frau gewesen sein, welche 1554 in der Plassenburg „auf Treppen und an Türen mit Poltern und Kettengerassel tobte, mehrere Hoffräulein und fürstliche Diener mißhandelte und sogar den Koch und Fourier des Markgrafen erwürgte, so daß dieser das kurz vorher bezogene Schloß wieder verließ".

Im Bayreuther Schlosse sah der Markgraf Erdmann Philipp von Brandenburg die weiße Frau 1677 am Tage vor seinem tödlichen Sturz mit einem Pferd auf seinem Leibstuhl sitzen. 1806 und später beunruhigte sie da — wie es dasselbe von dem „Petermännchen" des Schweriner Schlosses heißt — einquartierte französische Generale. 1809 sollen um Mitternacht die durch sein Geschrei geweckten Diener den General d'Espagne unter seinem umgestürzten Bette liegend gefunden haben, wie denn der damalige Intendant der fürstlichen Schlösser, Graf Münster, aufs bestimmteste versicherte, dem Gespenst wiederholt da begegnet zu sein. In dem vormals markgräflich brandenburgischen Schlosse zu Ansbach soll es zuletzt noch 1866 vor dem Kriege drei Mädchen in Schrecken gesetzt haben.

Zu dem Geist, der so keine Ruhe im Grabe findet, hat die Sage eine verwitwete Gräfin Agnes von Orlamünde gemacht, welche ihre beiden Kinder als vermeintliche Hindernisse ihrer Vermählung mit Albrecht dem Schönen, Burggrafen von Nürnberg, ermordet hatte. Es hat jedoch nachgewiesenermaßen überhaupt nie eine Gräfin von Orlamünde gegeben, auf welche dies Anwendung finden könnte.

Als fürstliche Schlösser, in welchen die weiße Frau spuke, werden außerdem noch die zu Cleve, Darmstadt, Altenburg, Karlsruhe, lippesche Fürstenschlösser etc. genannt. Das letztgenannte betreffend teilt Jung-Stilling in seiner „Theorie der Geisterkunde" S. 269 u. a. folgendes „Zeugnis von einem christlich gesinnten, grundgelehrten Mann mit, der am Hofe ein ansehnliches Amt bekleidete und dem Schwärmerei und Aberglauben ebenso fern lag als Trug oder eine Unwahrheit". Derselbe ging an einem späten Abend durch einen Gang des Schlosses, als ihm die weiße Frau entgegen kam. Er glaubte anfänglich, es sei ein Frauenzimmer aus dem Schlosse, das ihm Angst machen wollte, und wollte die Gestalt ergreifen, als sie vor seinen Augen verschwand. Er hatte die Falten ihres Kleides genau und dadurch ihr Gesicht bemerken können, von welchem ein schwaches Licht hervorschimmerte.

Wohl am weitesten bekannt ist jedoch die weiße Frau von Neuhaus, einem großartigen meistenteils ausgebrannten Schlosse der Grafen Czernin unweit der Südgrenze Böhmens. Sie soll da bis in die neuere Zeit besonders in einem „Hechelzimmer" gespukt und auch öfter am hellen Mittag aus einem unbewohnten Schloßturme herausgeguckt haben. Als einmal eine hohe Frau ihre Kammerjungfrau fragte, wieviel die Uhr sei, trat die weiße Frau hinter einer spanischen Wand hervor mit den Worten: „Zehn Uhr, ihr Liebden". Jene wurde vor Schrecken krank und starb bald darauf. Andere an das Gespenst geknüpfte Sagen beziehen sich besonders auf eine alte Wohltätigkeitsstiftung des „süßen Breies". Hier hat der böhmische Geschichtsschreiber Baldin (gestorben 1688), wie er sich selbst rühmt, zuerst den vermeintlichen Nachweis geführt, daß die der Erscheinung zugrundeliegende geschichtliche Person eine Perchta (Berta) von Rosenberg sei, welche 1449 den Johann von Lichtenstein heiratete und nach unglücklicher Ehe 1476 auf Krumau starb[1]). Es hat damit aber ebensowenig auf sich als mit der Gräfin von Orlamünde, indem von jener Berta, welche sogar das Schloß Neuhaus gebaut haben soll, nicht einmal nachzuweisen ist, daß sie dasselbe überhaupt jemals gesehen habe. Auch eine da in einer Ahnengalerie sich findende weiß, jedoch in der Tracht des 16. Jahrhunderts, gekleidete Frau wird, natürlich willkürlich, für Berta von Rosenberg ausgegeben, und noch weniger hat es Sinn, wenn dieselbe neben der Gräfin von Orlamünde für die weiße Frau des Berliner Schlosses gehalten wird, wo sie u. a. 1628 sogar einen lateinischen Spruch gesagt haben soll[2]).

Uebrigens liegt es ja auch auf der Hand, daß es besonders leicht sein muß, im Dunkeln an einem unschwer zugänglichen Orte die weiße Frau zu spielen. —

Zu den angeblichen Spukorten pflegen auch die zu gehören, an welchen Schätze verborgen sein sollen. Besonders wird das ja von vielen Burgruinen gemeint, und zahlreiche Spuksagen aller Art, die aber kaum mehr als eben Sagen sein werden, stehen damit in Verbindung.

[1]) Bekanntlich werden die „weißen Frauen" (weiß = die alte Farbe der Trauer) mit der germanischen Göttin Berchta in Beziehung gebracht, die u. a. auch als Todesgöttin galt, und es ist daher ein eigenes Zusammentreffen, daß Baldin bezüglich der Neuhauser Erscheinung auch auf eine Perchta verfallen ist.
[2]) Jung-Stilling, der a. a. O. S. 268 1f. die weiße Frau überhaupt für „die wichtigste, merkwürdigste und geheimnisvollste Erscheinung" erklärt, nimmt dies alles für bare Münze. Näheres über Neuhaus s. meine „Oesterreichische Burgen" Band VI (1908).

Viertes Kapitel. Spukorte.

Nicht so ablehnend stellt sich Schopenhauer hierzu. Er meint, wie überhaupt mit einem Verstorbenen in naher Berührung gewesene Dinge objektiven Anlaß zu Visionen geben können, so könnte zu solchen „möglicherweise sogar lukrativ ausfallenden" auch ein vom Verstorbenen vergrabener und stets ängstlich bewachter Schatz führen, an welchen noch seine letzten Gedanken sich hefteten. Die alten „Ritter" werden überhaupt selten in der Lage gewesen sein, Schätze verstecken zu können, und später, etwa im Dreißigjährigen Kriege, wird man solche nicht umständlich gerade dahin gebracht haben, wo sie mit Vorliebe gesucht zu werden pflegten. Auch in der Zimmerischen Chronik wird Band IV S. 215 bemerkt, daß „es doch selten mit den schetzen geräth und ist auch eine grose sorg und gefahr dabei". —

Zu den Burgruinen als Spukorten zählt man unter zahlreichen anderen das südlich unweit des Städtchens Diez am Aartale gelegene Ardeck. Wie mehrfach bei der Ruine Rodenstein (s. im achten Kapitel) ist auch hier u. a. in einem „auf entstandenes Gerücht einer nächtlichen Begebenheit" von Amts wegen aufgenommenen Protokoll niedergelegt, welches Abenteuer ein Diezer Bürger Anton Seipel da am Dienstag vor Weihnachten 1750 erlebt hat. Einer gespenstischen Kutsche in die wiedererstandene Burg folgend, hat er da unter anderem Spuk einem Gastmahle beigewohnt, an welchem vier Kapuziner teilnahmen. Unterwegs nach Hause hatte ihn, gleichsam um ihn zurückzuhalten, „etwas" ins Gesicht gegriffen, wovon hernach noch die Fingermale zu sehen waren und war er danach sterbenskrank geworden. Am Schlusse der Vernehmung versichert der Zeuge, dies alles sei ihm als einem Manne, der sich niemals gefürchtet und alle Stunden der Nacht durchwandert habe, so gewiß begegnet, daß er es jederzeit mit einem körperlichen Eide zu Gott beteuern könne. Auch soll er seine Aussage auf dem Sterbebett wiederholt haben. Nach Dr. Genth, „Der Kurort Schwalbach" (Wiesbaden 1864) „erhebt sich zur Adventzeit die Burg aus ihren Trümmern, und ein Wagen, dem bisweilen Flammen entsprühen, fährt mit wildem Getöse von da nach Limburg und holt die Gäste des Burgherrn zum Geistergelage ab[1]." —

Wie auf Seite 67 bemerkt worden ist, gibt es auch im Freien liegende Spukorte. So gab es einen bekannten bei dem Rittergute Roggenhagen in Mecklenburg-Strelitz, dem Wohnsitze meiner mütterlichen Großeltern, einen kleinen mit Gestrüpp bewachsenen Sumpf, „das Totenbruch", wo in Urväterzeiten die in einer Schlacht Gefallenen begraben worden sein sollten. Unter anderm hatten in meiner Jugendzeit zwei eines Abends dort vorübergehende Dienst-

---

[1] Alois Henninger, „Das Herzogtum Nassau" (Darmstadt 1857) S. 617.

mädchen von da ab ein neben ihnen herschwebendes Gespenst ohne Kopf bis an das Dorf begleitet, wo es verschwunden war, wonach die ausgestandene Angst beide sehr krank gemacht hatte. Ferner erschien ein, wie man meinte, gewiß auch aus dem Totenbruche stammendes Gespenst mehrmals einem auf dem Hofe dienenden Reitknechte abends in der gefüllten Leutestube, aber nur ihm sichtbar, und bestellte ihn nach einer bestimmten Stelle in einem nahen Walde, den „Brandenburger Busch", worauf er dann wie toll dahin ritt, ohne daß man weiteres erfahren hätte. Auch er wurde darnach krank und ganz tiefsinnig. Seit jener Zeit hat man, wie es heißt, von dem Spuk nichts mehr vernommen. —

Ein zu den Spukorten gehörendes Schlachtfeld (s. S. 67) ist unter andern dasjenige von Jena, und nach Nataly von Eschstruths Buch „Spuk" S. 138 ff. gehört zu den Gewährsmännern dafür kein geringerer als Goethe. So hat derselbe als Einzelfall einem Bekannten erzählt, daß, verbürgt durch fünf glaubwürdige Augenzeugen, einmal um Mitternacht ein französischer Bagagewagen bespannt mit vier klapperdürren schwarzen Pferden und besetzt mit Soldaten, anstatt der Köpfe mit Totenschädeln unter den Käppis, lautlos das Brachfeld überquert ist, um danach alsbald zu verschwinden.

Eine andere den Jenensern hinlänglich bekannte, auch dem Altmeister selbst einmal im Dunkeln auf dem Schlachtfelde begegnete spukhafte Erscheinung war ein als Schildwacht hin und her marschierender Napoleonischer Gardist, auf welchen auch ohne Erfolg geschossen wurde. —

Nach manchen glaubhaften Spukgeschichten ist es auch besonders in gewissen Gehölzen nicht geheuer. Davon noch einige Beispiele:

Der mir verwandte Herr Hermann Mercker, vormals Rittergutsbesitzer auf Altrehse bei Neubrandenburg teilte mir auf Anfrage durchaus zuverlässig mit:

„Ueber den vielbehaupteten Spuk an der Alt- und Neurehser Grenze habe ich Sicheres nicht in Erfahrung bringen können, jedoch kann ich das Vorhandensein eines Spukortes, nicht eben weit von da gelegen, selbst bezeugen. Es ist in dem Walde bei Neuendorf auf einer Anhöhe eine Einsenkung, deren Mitte von einem kleinen Teiche, schwarz und einsam, eingenommen wird. Als ich einmal zur Zeit des Johannistermines in der Nacht auf dem Heimwege von Neubrandenburg, wo ich Geldgeschäfte zu erledigen hatte, da vorüberritt, ließ sich plötzlich von dem Teiche her ein entsetzliches Geschrei und Gewimmer hören, als wenn etwa der Teufel eine arme Seele beim Kragen hätte. Leider konnte ich der Sache nicht nachforschen, da mein altes Reitpferd wie toll den Berg hinabstürzte und erst auf dem Neurehser Felde schaumbedeckt wieder

Viertes Kapitel. Spukorte.

zu beruhigen war. Als ich dann zwei Nächte später denselben Ritt machen mußte, kam ich nur auf die halbe Höhe, da hier bei dem ersten Ton der gleichen Art der sonst ruhige „Fuchs" mit mir seitab durch eine Haselhecke brach, um dann in wahrhaft halsbrecherischer Fahrt querfeldein zu rasen. Ein drittes Mal kam ich dann nur bis an den Fuß der Anhöhe, indem ich da abgestiegen war, um das Pferd zu Fuß hinüberzuleiten, dasselbe sich aber so heftig zurückbäumte, daß ich nur auf einem weiten Umwege nach Hause kommen konnte. Ob da das Tier auch etwas Gespenstisches gesehen haben mag (vgl. das 9. Kapitel), kann ich nicht wissen. Mir klangen die gräßlichen Töne, denen ich auch als erfahrener Jäger nichts vergleichen konnte, noch lange im Ohre, und habe ich auch kaum jemals im Vertrauen davon gesprochen. Später hörte ich von dem Maurer Kroll in Neuendorf, daß der Spukort als solcher jedermann bekannt sei und, wie ich selbst seitdem den gefährlichen nächtlichen Ritt nicht wieder versucht habe, auch kein Dörfler mehr im Dunkeln da vorüber gehe. Man kennt auch eine Sage vom Teufel, der da einem fluchenden Fuhrmanne den Hals umgedreht haben soll." —

In einem Aufsatze „Erinnerungen, Gesichte, Geschichten" erzählt Ernst Moritz Arndt[1]) folgendes: „1809 bei meiner heimlichen Heimkehr aus Schweden kam ich in abendlicher Zeit in dem Städtchen Neuwarp am Achterwater an, wo ich auf dem Markte Getümmel und Gelärm von Menschen und ein Hin- und Herlaufen mit Lichtern erblickte. Als ich dann im Wirtshause bei meinem Abendessen saß, sammelte sich Gesellschaft in der Gaststube, und bald begannen allerlei wunderliche und abenteuerliche Geister- und Gespenstergeschichten erzählt zu werden. Ich fragte einen Oberförster, wie die Herren in so früher ungespenstischer Abendstunde auf solche Mitternachtsgespräche kämen, und er erwiderte: »Haben Sie denn nichts von der graulichen Begebenheit gehört, welche hier vor ein paar Stunden vorgefallen ist? von der Spukgeschichte mit dem toten Knecht?« Als ich »nein« sagte, fuhr er ungefähr also fort: »Heute früh mußte der Knecht eines hiesigen Kaufmannes seine zwei Pferde vorspannen und einige Franzosen nach Uekermünde fahren. Er kommt in der Abenddämmerung zurück, oder vielmehr die Pferde fahren den Wagen vor das Haus des Kaufmannes; der Knecht aber liegt ohne Zügel in der Hand wie sterbend im Wagen und kann auf Befragen nur die Worte hervorstottern: »Es hat mich am Kreuze im Walde etwas Böses gerührt.« Man spannt die Pferde aus und trägt den Menschen ins Haus, der in einer halben Stunde wirklich eine Leiche ist. Der Herr soll aber wissen, eine halbe

---

[1]) Schriften, 3. Teil.

Stunde von der Stadt steht am Wege im Walde ein Kreuz an einer Stelle, wo vor langer Zeit ein Mörder hingerichtet worden ist; da hat es schon manchen geschlagen."
Obgleich Arndt die Erzählung „Schlag des Bösen" überschrieben hat, fügt er ihr die Bemerkung hinzu: „Und ich frage nun: woran starb dieser Mensch? vielleicht an dem Zweige eines Baumes oder Strauches, welcher den in der Dämmerung durch den Wald Fahrenden zufällig berührt hatte?" Es wird nicht erst der Begründung bedürfen, daß und weshalb dieser Versuch einer „natürlichen" Erklärung unhaltbar sein muß. —

Nach K. Bartsch, „Sagen etc. aus Mecklenburg", I, ist nahe bei Rostocker Wulfshagen im Walde ein Pfosten aufgerichtet zum Andenken daran, daß da ein Mädchen namens Grete Adrian aus jenem Dorfe am 5. Mai 1826 ermordet worden ist. Seitdem spukt es in der Gegend. Sowohl bei Abend- und Nachtzeit als selbst am hellen Tage sind da Fuhrwerke, Reiter und Fußgänger durch Stimmen und Getöse erschreckt, irregeführt und die Pferde scheu geworden. Ein Mann, der an einem dunklen Abend an dem Pfosten vorbei ging, fühlte sich plötzlich beklemmt. In den Bäumen erhob sich ein Getöse und Knattern, als ob die Zweige zerbrochen und das Laub heruntergeschlagen würde. Der Mann hätte es für ein schlimmes Regen- oder Hagelwetter gehalten, doch war kein Tropfen oder Korn zu spüren, und wie er dann aus dem Walde ins Freie kam, war da Windstille und klare Luft. Ein anderer Fußgänger hörte da einmal des Abends einen Wagen unmittelbar vor sich herfahren, ohne daß, obgleich es nicht ganz finster war, etwas davon zu sehen gewesen wäre.

Nach einer wohl wahrhaften Erzählung[1]) hörte man in den Tannenkämpen bei Kloppenburg, Herzogtum Oldenburg, öfter abends unerklärliche Rufe. Einmal passierte das auch einem Unterförster und seinem Sohne, welche ausgegangen waren, um dort übernachtende Spreen zu fangen. Die dringliche Warnung des forteilenden Vaters in den Wind schlagend, erwartete der Sohn die erkennbar näherkommende Stimme, und als sie dicht bei ihm war, schoß er sein Gewehr in der Richtung ab. Der Alte hörte ein Geschrei, der Junge kam gelaufen, und als er den Vater erreicht hatte, fiel er besinnungslos nieder. Mit vieler Mühe nach Hause gebracht, starb er noch in der Nacht, ohne daß er hätte angeben können, was ihm da begegnet war. —

Spukgeschichten handeln häufig davon, daß es nur üble Folgen hat, wenn man sich durch Schießen oder Schlagen gespenstischer

---

[1]) Strackerjan a. a. O. I 227.

Viertes Kapitel. Spukorte.

Erscheinungen besonders auch von Tieren zu erwehren versucht oder auch nur sie verspottet.

In der Zimmerischen Chronik wird Band IV, Seite 216, erzählt: Im Jahre 1518, als eine schlimme Pest in Deutschland wütete, ist auf dem Schlosse Eberstein der Koch namens Marcel eines Nachts aufgestanden und hat gegen Gerspach zu aus dem Fenster gesehen. Da hat er im Mondschein von dem Wachtelbronnen her, bei welchem es schon immer spukte, viele männliche und weibliche Personen tanzend zum Schloß hinaufziehen sehen, wo sie beim Viehhofe verschwunden sind. Diejenigen unter den Tanzenden, welche der Koch erkannt hat, sind in demselben Jahre der Seuche erlegen, so auch der Koch selbst, welcher unter ihnen war. —

Welcher Deutsche, wie man fast sagen kann, hätte nicht schon, kaum den Kinderschuhen entwachsen, aus unserem unsterblichen „Freischütz" die „Wolfsschlucht" als fürchterlichen Spukort kennen gelernt?

Von einem Kirchhofe als Spukort handelt auch eine Erzählung in der genannten Chronik, IV, Seite 216. Um 1300 war in Basel ein Dompropst namens Diether von Speckbach, der unter anderen Pfründen auf dem Lande eine Pfarre mit einem am Kirchhofe gelegenen Wohnhause hatte. Als er in einer Sommernacht vor Hitze nicht schlafen konnte, öffnete er um Mitternacht ein Fenster seiner Schlafkammer und sah nun auf dem davor liegenden Friedhofe viele Tote mit Fackeln und Lichtern hin und wieder tanzen und wandeln. Auch „mit ganz dussemer (leiser) heiserer Stimme" singen. Die, welche er von den Toten erkannte, waren eines gewaltsamen Todes gestorben, und meinte der Dompropst die Wunden an ihrem Leibe sehen zu können. Der Chronist bemerkt dazu, daß solche Totentänze, wie man glaublich in Schriften finde, öfter wahrgenommen worden seien.

Bekanntlich schildert auch Goethe in seiner so betitelten Ballade den Tanz der auferstandenen Gerippe auf einem Kirchhofe:

> Da regt sich ein Grab und ein anderes dann;
> Sie kommen hervor, ein Weib da, ein Mann,
> In weißen und schleppenden Hemden.
> Das reckt nun, es will sich ergötzen sogleich,
> Die Knöchel zur Runde, zum Kranze.
> So arm und so jung und so alt und so reich . . .
> Nun hebt sich der Schenkel, nun wackelt das Bein,
> Gebärden da gibt es vertrackte.
> Dann klipperts und klapperts mitunter hinein,
> Als schlüg man die Hölzlein zum Takte.

Eine treffliche musikalische Illustration dazu hat ja Saint-Saëns in seinem „Totentanz" geliefert. —

Viertes Kapitel. Spukorte.

Von einem Spuk bei einem Kirchhof handelt auch der hier S. 11 mitgeteilte Vorfall. — Auch die wilde Jagd (achtes Kapitel) pflegt besonders an bestimmten Oertlichkeiten wahrgenommen zu werden. — Von einem anderen Spukort im Freien berichtet u. a. dieselbe Chronik, IV, S. 209, folgendes: „uf und allernechst dem pruckle zu Igelswies do ist es viel jar ganz ungehewer gewesen, wie das viel gueter, ehrlicher leut haben erkundiget und erfaren, als namlich anno 1562. Do wollten der Messner von Crumbach und sein schweher von Memmingen eins abendts gen Crumbach gehen; die hetten sich aber verspatet. Wie aber der Messner über das Pruckle geen will, dann sein schweher schon hinüber, so kompt etwas unsichtbares an in und zeucht im mit gewalt an den rock, daß wer (Waffe) und anders. Er hat danach bekent, er hab sich nit weren künden und sei im nicht anders zu muet gewest, als ob man ine henken wöllen. Jedoch hat er den allmechtigen also angerueft, das in lestlich solich gespenst auch verlasen muesen. Der guet mann ist da verirret, hat nit gewist, wo er gewesen, ist die ganz nacht bis gegen tag im veldt und umb Mösskirch umher gangen, das er schier nicht umb sich selbs gewist oder was er thue." —

Wie wir hier schon an einem Beispiel gesehen haben, besteht eine eigentümliche Art von Spuk, welche überhaupt nur im Freien sich ereignen kann, darin, daß der davon Betroffene selbst in ihm sonst genau bekannter Gegend durch einen unerklärlichen Zwang irre geführt wird.

Ein bezeugter Fall der Art wird in der Zimmerischen Chronik II S. 214 wie folgt erzählt:

„Ich hab mermals von ainem erbarn priester zu Mösskirch, ist noch kaplon daselbs uf S. Cathrinen pfrundt, genannt der Hans Spindler, gehört, wie er vor jharen ain student zu Tibingen gewesen und ainsmals von Mösskirch wiederumb hinab geen Tubingen geraiset, hab er sich zu Burlendingen verspätiget, des willens dieselbig nacht noch geen Salmendingen zu raisen. Wie er nun uf den weg kommen, den er gleichwol hiervor vilmals geprauchet, ist im in ebenem veldt wunderbarlich zu muet worden, dann ine nit anders bedeucht, als ob er in und durch ain grossen waldt muesse wandlen, unangesehen, daß er sich wol gekennt und gewist, daß er im veldt und selbigs orts kain holz oder wildtnus sein, derhalben, wie es herbstzeiten gegen abents hab er sich darob etwas entsetzt, jedoch ist er fortgangen zum andern und zum dritten mal umbkert. Letztlich ist in ain solche forcht ankommen, das im alle har gegen berg gangen und im den huet ufgehebt. Also hat er doch beizeiten gar wiederkert und vermaint, wider zurück gegen Burlendingen zu gehn. Do

Viertes Kapitel. Spukorte.

ist er recht und für sich gangen, ist dieselbig nacht geen Salmendingen kommen, und wie er ins wurzhaus eingedretten, hat er ain dodten gleicher denn aim lebendigen geseen. Hinfuro hat er sich gehuetet, der enden sich uf den weg so spat zu lassen. Man sagt, es sei daselbst uf der Alb oft gar ungehewer. Gott waist die ursach, warumb es beschieht." —

Nach L. Strackerjan, „Aberglaube und Sagen im Herzogtum Oldenburg" I 237 gibt es in den Marschen mehrere „Spukhämme", auf welchen man sich des nachts aller Sorgfalt ungeachtet verirrt, und von welchen man nicht wieder wegfinden kann. Der genannte Verfasser erzählt a. a. O., wie er mit seinem Bruder, beide als Jünglinge, welche nicht an diesen Spuk glaubten, einmal die Wahrheit der Behauptung an sich selbst erleben mußten.

Ein ebensowenig anzuzweifelnder Fall spukhaften Irreführens wird hier aus Ludwig Richters „Lebenserinnerungen" mitgeteilt.

Im übrigen mag freilich ein Irregehen etwa auf verschlungenen Waldwegen öfter auch nur vermeintlich nicht mit rechten Dingen zugegangen sein.

Zum Spuk, wenn ja auch einer ganz besonderen Art desselben ist es auch zu rechnen, wenn gewaltsam und zumal unschuldig vergossenes Blut sich nicht wieder austilgen läßt. Daß es sich dabei wenigstens nicht immer um bloße Sagen handelt, ergibt sich aus einem in der Zimmerischen Chronik, I, S. 329, angegebenen Falle. Ein Graf zu Heiligenberg, einem schönen Schlosse nördlich des Bodensees, hat seine als ihm untreu verleumdete Gemahlin, während sie in der dortigen Felixkapelle betete, ermordet, und ihr am Betstuhl und der Wand verspritztes Blut hat sich nicht wieder austilgen lassen, obgleich der spätere Eigentümer des Schlosses, Graf Friedrich von Fürstenberg ebenso, wie dann sein Sohn, Graf Joachim, die Stelle wiederholt haben „verweissen" lassen. Wie der Verfasser der Chronik selbst „das vil mit fleis beschowet hat, haftete kein weisse darauf".

An derselben Stelle der Chronik werden dann noch ähnliche Fälle aus dem Schlosse zu Gaisspitzen und einem Stüblein auf dem Hohenasberg angeführt. Nach S. 333 daselbst ist auf einer Treppe des Schlosses Kirchberg von einem Vatermorde herrührendes Blut „etlich hundert jar" bis ungefähr um 1440 unaustilgbar zu sehen gewesen.

Man würde etwa annehmen dürfen, daß die Geister der Gemordeten so dafür sorgten, daß das Andenken an die Untat nicht erlösche.

Fünftes Kapitel.

Andauernde Verfolgung einzelner durch Spuk.

Ohne Zweifel erlebt ja nur ein fast verschwindend geringer Bruchteil der Menschen jemals irgendwelchen Spuk, und soweit das überhaupt geschieht, handelt es sich dann durchaus der Regel nach nur um ganz vereinzelte Fälle. Im Gegensatz dazu ist es aber auch von jeher vorgekommen, daß einzelne Menschen Monate und selbst Jahre hindurch von Spukerscheinungen aller Art[1]) verfolgt wurden.

So wird in der Zimmerischen Chronik (II S. 223) erzählt, wie ein „hoffärtiger" Kaplan namens Hans Molitoris, der in sich gegangen und in das Karthäuserkloster zu Gutenstein bei Urach eingetreten war, viele Jahre lang vom bösen Geist so geplagt und angefochten wurde, daß er weder Tag noch Nacht vor Gespenstern Ruhe hatte.

Der italienische Dichter Silvio Pellico, welcher, des Carbonarismus verdächtig, 1822—30 in dem Staatsgefängnisse des Spielberges zu Brünn gefangen saß, hat in seinem Buche „Le mie prigioni" (Paris 1833) die spukhaften Anfechtungen, welche er in seiner Zelle erlitt, folgendermaßen beschrieben:

„Während dieser schrecklichen Nächte steigerte sich meine Einbildung soweit, daß ich, obgleich wachend, in meinem Gefängnis bald Seufzer, bald unterdrücktes Lachen zu hören meinte. Als Kind hatte ich nie an Zauberei und Geister geglaubt. Jetzt aber verursachten diese Seufzer und dies Lachen mir Furcht. Ich wußte mir dies nicht zu erklären, und ich mußte mich fragen, ob ich nicht das Spielzeug irgendwelcher geheimnisvoller und böser Mächte sei. Oefter nahm ich mit zitternder Hand das Licht und sah nach, ob sich nicht jemand unter meinem Bett versteckt habe, um sich mit

---

[1]) Die „Seher" kommen daher hier nicht in Betracht.

Fünftes Kapitel. Verfolgung einzelner durch Spuk.

mir einen Spaß zu machen. ... Wenn ich an meinem Tische saß, schien es mir bald, daß man mich am Rocke ziehe, bald, daß eine unsichtbare Hand mein Buch, welches ich an die Erde fallen sah, gestoßen habe, bald auch, daß einer von hinten in mein Licht geblasen habe, um es auszulöschen. Dann sprang ich auf, blickte um mich und ging mißtrauisch umher und fragte mich selbst, ob ich ein Verrückter oder bei gesunden Sinnen sei. Jeden Morgen hörten die Phantome auf, und während der Dauer des Tageslichts fand ich mich gegen diese Schrecken so gesichert, daß es mir unmöglich schien, von ihnen noch wieder heimgesucht zu werden. Aber bei Sonnenuntergang fing ich wieder an zu erschauern, und jede Nacht brachte wieder die vorigen außerordentlichen Visionen. Diese nächtlichen Erscheinungen, welche ich des Tages dumme Einbildungen nannte, wurden am Abend schreckliche Wirklichkeiten."

Man hat diese spukhaften Wahrnehmungen wohl der lange dauernden Einzelhaft Pellicos zugeschrieben. Dem steht jedoch entgegen, daß, wie in der Fachliteratur hinlänglich festgestellt worden ist, Seelenstörungen in dieser nicht mehr vorkommen als in der gemeinschaftlichen. —

Zu den bedeutenden Personen, welche unter Spukerscheinungen zu leiden hatten, gehört auch Martin Luther [1]), besonders während seines Aufenthaltes auf der Wartburg. Dort war seiner Angabe nach oft der Lärm so stark, „als wirf man ein Schock Fässer die Stiegen herab", und als ihn einmal der Freiherr von Perlepsch besuchte, so als ob tausend Teufel in der Stube wären. Er sah Gespenster an und angeblich selbst in seinem Bette, und auf geheimnisvolle Weise wurden ihm Haselnüsse aus einem Sack geworfen. Bekanntlich durchaus an einen persönlichen Satan glaubend, schrieb Luther ohne weiteres diesem allen Spuk zu, wie er denn auch mit ihm körperlich zu ringen und zu mitternächtlicher Stunde über die Messe zu disputieren glaubte.

Auch mit dem Dichter Lenau trieb der Spuk sein Spiel. Darüber schrieb der mit ihm befreundete Justinus Kerner 1850 an dessen Biographen Scharz [2]):

„Wie locker und leicht beweglich sein Nervengeist war — was bei den Somnambulen z. B. zum zweiten Gesicht, zum Sichselbstsehen, zum Heraustreten aus sich die Veranlassung gibt, und was auch bei Goethe und vorzüglich bei Lord Byron der Fall war, — beweist folgendes Ereignis: Wir saßen einmal beim Nachtisch, er, ich und meine Gattin, als er auf einmal im Gespräch verstummte, und als wir auf ihn blickten, saß er starr und leichenblaß auf dem Stuhle,

---
[1]) Siehe darüber Brierre de Boismont, „Hallucinations" S. 496 ff.
[2]) Scharz, „Leben Lenaus" (Stuttgart 1855) I S. 190.

im anderen Zimmer aber, in dem sich kein Mensch befand, fingen Gläser und Tassen, die dort auf dem Tisch standen, auf einmal klingende Töne zu geben an, als würde von jemanden auf sie geschlagen. Wir riefen: »Nimbsch, was ist dies?« Da fuhr er plötzlich zusammen und erwachte wie aus magnetischem Schlaf, und als wir ihm von jenen Tönen im anderen Zimmer während seiner Erstarrung erzählten, sagte er: »Das ist mir schon öfter begegnet; meine Seele ist dann wie außer sich.« Reinbeck behauptete fest, Nimbsch sei einmal im Gange seines Hauses auf ihn zugekommen zu einer Zeit, wo sich derselbe gar nicht in Stuttgart befunden habe."

In dem Buche „Aus E. T. A. Hoffmanns Leben und Nachlaß" von Hitzig (Berlin 1823) heißt es S. 311: „Doppelgänger, Schauergestalten aller Art, wenn er sie schrieb, sah er wirklich um sich, und deshalb, wenn er in der Nacht arbeitete, weckte er die schon schlafende Frau, die willig das Bett verließ, sich ankleidete, mit dem Strickstrumpf an seinen Schreibtisch setzte und ihm Gesellschaft leistete, bis er fertig war."

Von dem Arzt Friedrich Wilhelm Weber, dem Dichter des Epos „Dreizehn Linden", schreibt sein Biograph Schwering, daß zu einer Zeit, während welcher er auch von dem zweiten Gesicht heimgesucht wurde, „eine übermächtige Naturgewalt des Vorstellungsvermögens ihn zugleich beglückte und peinigte, Gestalten vor seinem inneren Auge auftauchten und ihm in körperlicher Fülle, in beängstigender Nähe, wo er ging und stand, in den Weg traten."

Auch in Jean Pauls Leben spielte der Spuk eine Rolle. Er erwähnt in seiner unvollendet gebliebenen Selbstbiographie seine noch immer bestehende Gespensterfurcht, die von dem Vater, einem Geistlichen, genährt worden war. „Er verschonte", heißt es da, „uns nicht mit einer Erzählung von allen Geistererscheinungen und Geisterspielen, wovon er gehört, ja selbst einige erfahren zu haben glaubte," und so sah auch der Dichter selbst oft wachend Wahnmenschen neben sich, einmal am Nachthimmel eine große Morgen- oder Feuerröte und ein andermal bei der Rückkehr von einer Dienstreise einen fremden Mädchenkopf aus seinem Fenster herausschauen.

Dem berühmten Pfarrer Oberlin im elsässischen Steintale, der durchaus an fortdauernde Beziehungen der Toten zu den Lebenden glaubte, erschien (nach der Biographie von Bodemann, 3. Auflage, S. 213) seine gestorbene Gattin 9 Jahre hindurch fast täglich, sowohl im Träumen als auch im Wachen, beriet sich mit ihm über seine wichtigen Unternehmungen, warnte ihn wie ein Schutzengel vor allerlei Unglück, sagte ihm manches Zukünftige voraus und gab ihm über die Dinge im Jenseits Aufschlüsse. Er sprach oft und gern hierüber und auf eine so ruhige und einfache Weise, daß

Fünftes Kapitel. Verfolgung einzelner durch Spuk.

auch Ungläubige nicht leicht zu widersprechen wagten. An diesem Verkehr dürften freilich die Erscheinungen im Traum den wesentlichsten Anteil gehabt haben. —

Besonders durch Justinus Kerner ist ja der Fall der somnambulen „Seherin von Prevorst" bekannt geworden, welche lange Zeit von einem auch von anderen in verschiedener Weise gesehenen und gehörten Geiste verfolgt wurde.

Zu einem wahrhaft tragischen Geschick hat sich dann das eines vom Spuk Verfolgten gestaltet, welches zuerst Walter Scott in dem ersten seiner „Briefe über Dämonologie und Hexerei" nach den Angaben des dabei beteiligt gewesenen Arztes ausführlich mitgeteilt hat:

Ein Herr, welcher im Justizdienst ein verantwortliches Amt bekleidete und sich dabei durch Verstand und Zuverlässigkeit auszeichnete, zeigte seit längerer Zeit eine besonders trübe Stimmung, welche weder durch ein etwa Besorgnis erregendes Unwohlsein noch den ihm Nahestehenden durch irgend einen sonstigen, ihnen bekannten Umstand erklärlich war. Doch litt er augenscheinlich unter einem Druck, über dessen Ursache sich zu äußern er sich scheute. Auf dringendes Zureden eines ihm befreundeten Arztes entschloß er sich endlich, diesem zu eröffnen, daß er von Erscheinungen verfolgt werde, über welche er sich folgendermaßen näher ausließ: „Meine Visionen", sagte er „begannen vor zwei oder drei Jahren, als ich mich von Zeit zu Zeit durch die Gegenwart einer großen Katze geplagt sah welche kam und verschwand. Ich konnte nicht sagen, wie, bis schließlich sich mir die Wahrheit aufdrängte, daß es sich nicht um eine wirkliche Hauskatze, sondern um eine durch eine Störung meiner Sinnesorgane hervorgerufene Vision handle. Ich bin ein Freund von Katzen und ertrug mit soviel Gleichmut die Gegenwart meiner eingebildeten Gesellschaft, daß sie mir fast gleichgültig geworden war, als nach Ablauf weniger Monate an ihre Stelle eine bedeutendere Erscheinung trat. Dies war keine andere als die Gestalt eines Zeremonienmeisters (gentlemanusher), gekleidet, als wenn er dem Vizekönig von Irland, einem Kirchenfürsten oder irgend einem anderen hohen Fürsten aufwarten wollte. Diese Person in Hoftracht mit Haarbeutel und Degen, tambourierter Weste, den Hut unter dem Arm, glitt neben mir hin und ob in meinem eigenen oder in einem anderen Hause, stieg er vor mir die Treppe hinauf, als ob er mich anmelden wollte. Zuzeiten schien er sich auch unter die Gesellschaft zu mischen, obgleich es mir klar war, daß niemand seine Gegenwart merkte und ich allein Zeuge der eingebildeten Ehren war, welche diese Phantasieerscheinung mir zu beweisen beflissen war. Diese Laune meiner Einbildung machte auch keinen großen Eindruck auf mich, obgleich ich mich über die Wirkung beunruhigte, die sie auf meinen Verstand haben könnte. Aber sie hatte auch nur ihre Zeit. Nach wenigen Monaten sah ich die Erscheinung des Zeremonienmeisters nicht mehr, aber ihr war eine entsetzlich anzusehende und den Geist quälende gefolgt, das Bild des Todes selbst — die Erscheinung eines Skeletts. Allein oder in Gesellschaft verläßt sie mich niemals. Ich sage mir vergebens hundertmal, daß es keine Wirklichkeit, sondern nur ein Ergebnis meiner erregten Einbildung und gestörten Sehorgane ist. Die Wissenschaft, die Philosophie und selbst die Religion haben für solche Krankheit kein Heilmittel, und ich fühle zu gewiß, daß ich an diesem grausamen Elend sterben werde, obgleich ich in keiner Weise an die Wirklichkeit der vor meine Augen gestellten Erscheinung glaube." „Und in welchem Teil des Zimmers", fragte der Arzt, „glauben Sie jetzt die Erscheinung zu sehen?" „Augenblicklich am Fußende meines Bettes; wenn die Vorhänge ein wenig offen geblieben sind," antwortete der Kranke, „kommt es mir vor, als ob das Skelett zwischen Ihnen und ihm stehe und den leeren Raum ausfülle." „Sie sagen selbst, Sie sind sich der Täuschung bewußt," sagte sein Freund. „Haben Sie Entschlossenheit genug, sich von der Täuschung zu überzeugen, können Sie den Mut fassen, aufzustehen und sich an die Stelle zu stellen, die Ihnen schon besetzt scheint, um sich von ihrer Einbildung zu überzeugen?" Der arme Mann seufzte und schüttelte verneinend den Kopf. „Nun", sagte der Doktor, „wir wollen es auf andere Weise versuchen." Darauf stellte er sich selbst zwischen die zwei halbzugezogenen Vorhänge und fragte, ob der Kranke das Gespenst noch jetzt sehe? „Nicht so wie sonst," erwiderte der Patient, „weil Ihre Person zwischen ihm und mir ist, aber ich sehe es über Ihre Schulter schauen." Der Arzt erschrak trotz seiner Philosophie nicht wenig, als ihm mit solcher Bestimmtheit gesagt wurde, daß das Gespenst so nahe bei ihm sei. Er versuchte noch manche Heilmittel, jedoch alle vergebens. Der Kranke litt an zunehmender Entkräftung und starb infolge der Angst, in welcher er die letzte Zeit seines Lebens zugebracht hatte. —

Die Meinung, daß zu einer Geistersteherei im weiteren Wortsinn eine irgendwie krankhafte körperliche oder geistige Prädisposition notwendig sei, wird besonders schlagend durch den Fall des Feldmarschalls von Steinmetz widerlegt. Wohl bei keinem Menschen konnte jemals weniger an Halluzination gedacht werden als bei diesem, dem, jedes Interesses für Mystik bar, ein rauhes Soldatenhandwerk einen Ideenkreis angewiesen hatte, der sich auf der Basis nüchternster Verstandestätigkeit und rastloser praktischer Wirksamkeit bewegte, bei einem Manne, der als Vorgesetzter wegen seiner Strenge gefürchtet war und dem als Feldherrn ein rücksichtsloses Opfern seiner Leute vor-

Fünftes Kapitel. Verfolgung einzelner durch Spuk.

geworfen wurde. Und doch ist derselbe im reifen Mannesalter in einem sonst kaum erhörten Maße von Spukerscheinungen verfolgt worden. Als Kommandant von Magdeburg verlor er 1854 in seinem 58. Lebensjahre am Typhus sein drittes und letztes Kind, die 16 jährige Selma, welche ein besonders inniges Verhältnis mit ihren Eltern verbunden hatte. Etwa 14 Tage nach der Beerdigung, während welcher Zeit bei dem General ein besonderer Druck auf den Schädel und in den Augen wieder völliger Gesundheit mit gutem Schlaf und Appetit gewichen war, sah er zuerst, wenn er die Augen mit der Hand verdeckte, den Kopf der Verstorbenen, sich bewegend, wie völlig lebend, und dasselbe geschah ihm dann auch, wenn er bei hellem Tageslicht auf deren buntgehäkelte Schlummerdecke blickte. Bald verstärkten und vervielfältigten sich diese täglichen Erscheinungen. Alles, worauf der General seine Blicke richtete, besonders im Halbdunkel und des Abends bei Licht, nahm die Gestalt der Entschlafenen an. Wenn er eine Stelle an der Wand fixierte, begann sie hin und her zu wanken, und von ihr löste sich ein Nebelbild, das bald nach dieser, bald nach jener Richtung hin schwebte, oft aber auch seinem Kinde gar nicht mehr ähnlich war. Oft auch entstieg der Erde ein Dampf, der nach einiger Zeit zu ihrer Gestalt wurde. Gegen Abend steigerten sich die Geistererscheinungen. Saß er mit seiner Gemahlin, welche nie etwas von solchen spürte, im erleuchteten Zimmer und blickte in eine dunkle Nebenstube, so sah er wohl aus dieser Gestalten ins Helle hereintreten und oft darunter sein zuletzt verstorbenes Kind. Setzte er sich des Abends in der dunklen Wohnstube auf das Sofa und legte seinen Kopf auf die Armlehne, auf welcher die schon erwähnte Schlummerdecke lag, so sah er die Tochter in ganzer Gestalt im Nachtkleide als Nebelgestalt vom Fußboden empor auf sich zu schweben und seine Füße umfassen, wovon er selbst eine gewisse Wärme verspürte. Zu ihr fanden sich dann wohl noch zwei kleinere Nebelgestalten, die ebenfalls zu seinen Füßen sich niederließen, und der General gefiel sich in dem Gedanken, in den drei Gestalten seine entschlafenen Kinder zu erblicken. Sie schienen sich durch Zeichen mit den Händen miteinander zu verständigen, umzogen den General mit Schleiern und nahmen solche wieder fort, während noch andere weiße und graue Gestalten durch das dunkle Zimmer zogen und sich in der Nacht selbst auf sein Deckbett legten, so daß er eine Berührung seiner Haare zu verspüren meinte. Auch an phantastischen Landschaften als Hintergrund fehlte es nicht.

Besonders bemerkenswert ist nun noch, daß die starken Nerven des Generals diesen fortwährenden Spuk mit voller Ruhe ertrugen, ja daß sie, soweit seine geliebte Tochter dabei im Spiele war, sogar etwas Wohltuendes für ihn hatten. Aber auch sonst beobachtete er

Fünftes Kapitel. Verfolgung einzelner durch Spuk.

die Erscheinungen und zugleich sich selbst während derselben mit kritischer Kälte, hatte stets ruhigen Puls und Schlaf und konnte mit ihm Nächststehenden völlig unbefangen darüber sprechen.

Wie wenig es sich hier etwa um Halluzination infolge eines krankhaften körperlichen Zustandes handelte, ergibt sich daraus, daß, als Steinmetz 1855 von einer heftigen Grippe mit starkem Fieber befallen wurde, die Visionen gerade während dieser Krankheit gar nicht, wohl aber wieder nach deren Beendigung sich bemerkbar machten.

Nur einmal hat eine Erscheinung den General aus seiner gewohnten Ruhe gebracht. In demselben Jahre in der Morgendämmerung des 11. April rückte aus der Gestaltenwelt ein Phantom dicht vor den schon Erwachten hin und sprach langsam und ganz deutlich vernehmbar die Worte: „Beim — schwöre, noch zwei Vierteljahre, so bist du tot." Steinmetz sagte überrascht nur ein „So"? und wie darauf das Gebilde verschwunden war, stand er sogleich auf und schrieb das Gehörte in seine Schreibtafel. Nur des zwischen „Beim" und „schwöre" fehlenden Wortes konnte er sich nicht mehr erinnern. Er war sich seiner in völlig wachem Zustande gemachten Wahrnehmung so sicher, daß er an dem betreffenden ominösen Tage sogar vorsichtigerweise ohne seinen gewohnten Spazierritt im Hause blieb, aber — und das ist jedenfalls in Beihalt sonstiger verwandter Todesprophezeiungen unerklärlich — solche bestätigte sich diesmal ja nicht, indem Steinmetz danach noch ein hohes Alter erreichte.

Erst in den letzten Jahren desselben, welche er in ruhigem Genusse seines wohlerworbenen Feldherrnruhmes hinbrachte, hat der Spuk mehr aufgehört, ihn zu verfolgen. Noch ausführlichere Angaben über diesen als hier hat, auf die zuverlässigsten Quellen gestützt, A. E. Brachvogel in einer noch zu des Generals Lebzeiten erschienenen Biographie[1]) gemacht. —

Von König Karl XII. ist es bekannt, daß er, als er schon ein berühmter Heerführer war, sich scheute, allein in einem dunklen Zimmer zu sein, und es ist anzunehmen, daß eigene Erlebnisse diese Gespensterfurcht in ihm wach erhielten.

Auch der alte Haudegen Blücher glaubte an das Eingreifen einer Geisterwelt und hatte namentlich in kranken Tagen Erscheinungen, die ihm bevorstehende Ereignisse ankündigten[2]). An seinem Todestage teilte er dem ihn besuchenden König mit, eine Erscheinung seiner ganzen Familie habe ihm sein bevorstehendes Ableben angekündigt[3]). —

---

[1]) „Die Männer der neuen deutschen Zeit" (Hannover 1874) III. Band.
[2]) W. von Unger, „Blücher" (Berlin 1908) II. S. 353.
[3]) Weihnachtsnummer 1890 der „Review of Reviews" S. 102.

Fünftes Kapitel. Verfolgung einzelner durch Spuk.

Ein älterer Fall als der des Feldmarschalls von Steinmetz ist der in gewissem Maße berühmt gewordene des bekannten Schriftstellers und Buchhändlers Christoph Friedrich Nicolai, welcher einen Bericht über dieses sein Erlebnis der Berliner Akademie vorgelesen und den Vortrag noch durch besonderen Abdruck verbreitet hat. Er lautet im wesentlichen wie folgt:

„Während der letzten 10 Monate des Jahres 1790 hatte ich Sorgen und Kümmernisse gehabt, welche mir sehr nahe gegangen waren. Der Doktor Selle, welcher mich zweimal jährlich zur Ader ließ, hatte für gut gehalten, das diesmal nur einmal zu tun. Am 24. Februar 1791 erblickte ich nach einem lebhaften Aerger plötzlich in zehn Schritten Entfernung einen Toten. Ich fragte meine Frau, ob sie ihn nicht auch sehe. Die Frage regte sie sehr auf, und sie beeilte sich, nach einem Arzt zu schicken. Die Erscheinung dauerte 8 Minuten. Um 4 Uhr nachmittags wiederholte sie sich, während ich allein war. Von dem Vorfalle gequält, begab ich mich in das Zimmer meiner Frau, und die Erscheinung folgte mir dahin. Um 6 Uhr sah ich verschiedene Gestalten, welche mit der ersten nichts gemein hatten. Nachdem die erste Erregung vorüber war, betrachtete ich die Phantome, indem ich sie für das nahm, was sie wirklich waren, für die Folgen einer Unpäßlichkeit. Von dieser Idee durchdrungen, beobachtete ich sie mit größter Sorgfalt, indem ich nach einer Gedankenverkettung suchte, infolge deren diese Gestalten sich meiner Einbildung zeigten, konnte jedoch keinerlei Zusammenhang derselben mit meinen Beschäftigungen, Gedanken und Arbeiten finden. Am folgenden Tage verschwand der Tote, aber er wurde durch eine große Anzahl anderer Gestalten, zum Teil meiner Freunde, meistens aber fremder ersetzt. Personen meines intimsten Umganges waren nicht unter ihnen, sondern fast ausschließlich mehr oder weniger fern wohnende . . .

„Diese Erscheinungen waren ebenso klar und bestimmt, wenn ich in Gesellschaft, als wenn ich allein war, am Tage wie während der Nacht, auf der Straße wie in meinem Hause. Wenn ich die Augen schloß, verschwanden sie mitunter, aber wenn ich sie öffnete, waren sie sofort wieder da. Im allgemeinen schienen sich die Gestalten, welche beiden Geschlechtern angehörten, sehr wenig um einander zu kümmern, sondern bewegten sich in einer geschäftigen Art und Weise wie auf einem Markt, zeitweise hätte man jedoch auch meinen können, daß sie miteinander Geschäfte machten. Wiederholt sah ich auch Leute zu Pferd, Hunde und Vögel. Sie hatten in allem nichts Besonderes, nur daß sie etwas blasser als in natürlichem Zustande erschienen.

„Etwa vier Wochen später vermehrte sich die Zahl der Erscheinungen. Ich begann sie sprechen zu hören. Manchmal unterhielten sie sich miteinander, der Regel nach richteten sie aber das Wort an mich. Ihre Rede war kurz und im ganzen angenehm. Oefter hielt ich sie für zärtliche und gefühlvolle Freunde, welche meine Kümmernisse zu mildern suchten.

„Obgleich ich zu dieser Zeit geistig und körperlich ziemlich wohl war und die Erscheinungen mir so vertraut geworden waren, daß sie mich gar nicht mehr beunruhigten, suchte ich mich doch ihrer durch geeignete Heilmittel zu entledigen. Es wurde beschlossen, daß mir Blutegel angesetzt wurden, was auch am 20. April um 11 Uhr vormittags geschah. Der Chirurg war mit mir allein, als während der Operation mein Zimmer sich mit menschlichen Gestalten aller Art füllte. Diese Erscheinung setzte sich ohne Unterbrechung bis $^1/_2$5 Uhr fort, zu welcher Zeit meine Verdauung begann. Ich bemerkte da, daß die Bewegungen der Phantome langsamer wurden, bald darauf fingen sie an zu verblassen. Die Bewegungen wurden sehr gering, während die Formen so bestimmt waren wie zuvor. Allmählich wurden sie aber nebelhafter und schienen in der Luft zu zerfließen, während einige Teile noch eine erhebliche Zeitlang sichtbar blieben. Etwa um 8 Uhr war das Zimmer von seinen phantastischen Besuchern ganz geleert. Nach dieser Zeit habe ich zwei- oder dreimal geglaubt, daß die Visionen sich wieder zeigen wollten, aber es war nicht der Fall."

Schopenhauer, „Versuch über Geistersehen" S. 294, Brierre de Boismont, „Hallucinations" S. 51, und W. Scott, „Letter I On demonology and witchcraft", tragen kein Bedenken, mit Nicolai selbst diese acht Wochen lang dauernden spukhaften Erscheinungen aller Art als bloße Halluzination infolge der erlebten Kümmernisse und Aufregungen aufzufassen und ihr Wiederaufhören dem einmaligen Ansetzen von Blutegeln zuzuschreiben. Was jedoch zunächst das erstere betrifft, meine ich, daß vielmehr alle Umstände dagegen sprechen. Nicolai freilich, der sich in seinen kritischen Schriften durch geistlose Nüchternheit geradezu berüchtigt gemacht hatte, wird an Spuk nicht geglaubt und daher nur diese Erklärung für möglich gehalten haben. Es ist nicht bekannt, daß er um die angegebene Zeit Besonderes erlebt hätte, und seine damalige Gemütsbewegung wird daher nur mit den heftigen literarischen Fehden, in welche er verstrickt war, zusammenhängen. Da nun ja aber Anlässe zu viel schwererer Gemütserregung sozusagen alltäglich vorkommen — man denke nur an einen schmerzlichen Todesfall — so müßten, wenn diese gewöhnlich Halluzinationen zur Folge hätten, solche nach Art der von Nicolai erlebten Erscheinungen ja etwas durchaus Gewöhnliches sein; mir ist jedoch nicht ein Fall solcher Folgen bekannt geworden. Dagegen, daß das Erlebnis Nicolais diesen Anlaß gehabt habe, spricht ferner,

Fünftes Kapitel. Verfolgung einzelner durch Spuk. 105

daß seiner ausdrücklichen Angabe nach zwischen den Erscheinungen und seinen Beschäftigungen und Gedanken gar kein Zusammenhang zu finden war, sowie noch dagegen, daß es sich überhaupt nur um Halluzinationen gehandelt habe, die von ihm gemachte Erfahrung, daß seine andauernde kaltblütige und genaue Betrachtung der Erscheinungen auf dieselben gar keinen Einfluß gehabt haben. Wie nun seine Gemütserregung, so bezeichnet Nicolai außerdem mit ausdrücklichen Worten auch seine körperliche Indisposition als einen Anlaß zu den Erscheinungen, und auf dies sowie die vermeintliche Wirkung des Ansetzens von Blutegeln wird von den Forschern, welche über diesen Fall geschrieben haben [1]), ohne weiteres akzeptiert. Auch dies aber geschieht offenbar um so mehr ohne Grund, als Nicolai ja an anderer Stelle seines Berichtes selbst sich als damals ziemlich gesund bezeichnet. Insbesondere hat er gewiß nicht an Blutandrang gelitten, da er nach dem um jene Zeit bei den Aerzten beliebten Unfug jährlich wiederholt zur Ader gelassen wurde. Um so weniger wird man das neun Stunden nach einer neuen Blutabzapfung erfolgte Verschwinden der Erscheinungen miteinander in Verbindung bringen dürfen [2]). Noch sei bemerkt, daß die Reiter, Hunde und Vögel, soweit es sich dabei nicht überhaupt um einen Irrtum handeln mag, gewiß nur „auf der Straße" gesehen worden waren. —

In Horsts „Deuteroskopie" heißt es II S. 237: Pfarrer Stützing zu Kleinau in der alten Mark berichtet uns in der Abhandlung: „Kann ein vernünftiger Mann Geister- oder Gespenstererscheinungen glauben?" über „seltsame Wirkungen der Gewalt eines unsichtbaren Wesens" folgendes:

In meinen Studentenjahren 1737 und 1738 habe ich zu Greiz im Voigtlande einen wackeren Mann persönlich kennen gelernt, welcher daselbst das Amt eines Schlössers verwaltete und lahm war. Er war vorher Hofmeister einiger junger Grafen von Reuß gewesen, welche er denn auch zuweilen nach einem anderen gräflichen Schlosse, wenn ich nicht irre, nach Köstritz, zu führen oder zu begleiten hatte. Bei dem dortigen Aufenthalte pflegten nun die jungen Grafen in Gesellschaft ihres Hofmeisters zum öftern nach der Mahlzeit einen Spaziergang in dem Hofe zu machen. Als sich einst bei einem solchen die Eleven von ihrem Hofmeister entfernt hatten, wurde dieser wie von einer unsichtbaren Macht verleitet und mit aller Gewalt immer abseits weggeführt, dergestalt, daß er seiner selbst kaum noch soviel mächtig war, um mit angestrengtester Gegenbewegung den

---
[1]) Zu ihnen gehört außer den schon genannten noch Schindler, „Das magische Geistesleben" und Flammarion, „L'Inconnu".
[2]) Zu den nach S. 100 in einem gleichen Falle vergebens versuchten Heilmitteln dürfte doch auch sicher eine Blutentziehung gehört haben.

Rückzug zu nehmen. Dieses ihm sehr bedenklichen und widrigen Zufalls künftig überhoben zu sein, weigerte er sich, dergleichen Spaziergang fernerhin mitzumachen. Es wurde ihm aber als eine Pflicht auferlegt, sich dem durchaus nicht zu entziehen, weil man begierig war, durch diese Probe zu erfahren, ob sich der Fall etwa öfter ereignen würde. Der Versuch wurde demnach angestellt und der Erfolg war derselbe. Nun hütete er sich vor solchen Spaziergängen desto sorgfältiger, blieb auch sonst nicht gern allein, sondern suchte immer soviel wie möglich in Gesellschaft mit einem oder dem anderen Menschen zu sein. Eines Tages aber, als er ganz allein über einen Saal des Schlosses geht, wird er von einer unsichtbaren Gewalt plötzlich zum Stillstehen gezwungen. Es wird ihm darauf von einer gleichfalls unsichtbaren und unbemerkbaren Hand ein hölzerner Nagel durch den einen Fuß geschlagen, und zwar mit solchem Nachdrucke, daß er dadurch an dem Fußboden fest angeheftet wird und so lange unbeweglich da stehen bleiben muß, bis ihm auf sein Rufen und Schreien Hilfe widerfahren und er mit vieler Mühe erlöst werden kann. Der arme Hofmeister ist seit der Zeit immer lahm geblieben. Uebrigens ist er nach dem Zeugnis aller Leute, welche ich dort gesprochen habe, und wovon gewiß noch viele leben werden, jederzeit für einen vernünftigen, geschickten, frommen und rechtschaffenen Mann bekannt, und um seiner Treue und gemeinnützigen Dienste willen der gräflich reußischen Herrschaft besonders lieb und wert gewesen.

Was a. a. O. hier zur Erklärung der Vorfälle „etwa durch magnetische oder andere geheime Künste oder Wirkungen schwarzer Magie" hinzubemerkt wird, kann hier füglich fortgelassen werden.

Nach Horsts „Deuteroskopie" I 54 sind in Schottland unter den weiblichen Gespenstern Nonnen nicht selten. Auch gibt es eine Art von grauen alten Weibern, welche auf diejenigen, welchen sie erscheinen, eine magisch-magnetische Anziehungskraft ausüben.

David Hunter, ein naher Verwandter des Bischofs von Doon und Cannoer, wurde lange Zeit hindurch von der Erscheinung eines solchen Weibes verfolgt, dem er infolge eines geheimnisvollen Briefes nachgehen mußte. Es mochte ihm erscheinen, wann und wo es wollte, selbst wenn er neben seiner Frau im Bette lag. Da diese ihn dann nicht im Bette zurückzuhalten vermochte, so pflegte sie auch unmittelbar hinter ihm herzugehen, bis es Tag wurde, obgleich sie ihrerseits den Geist nicht sah. Sein kleiner Hund dagegen war mit der Erscheinung so wohl bekannt, daß er derselben wie sein Herr ebenfalls instinktartig nachging. Wenn ein Baum in ihrem Wege stand, so sah man sie stets durch denselben hindurchgehen. (Vgl. I. Kap. S. 20.)

Sechstes Kapitel.

Erscheinen Sterbender und Verstorbener.

Wie der Spuk sich weitaus meistens irgendwie an das Sterben des Menschen anknüpft, haben wir solchen mancherlei entweder als Vorzeichen des bevorstehenden Ablebens oder als gleichzeitige Anzeige eines Todesfalles und dann noch — besonders häufig — als das Erscheinen Verstorbener. Man bezeichnet das letztere auch als „Nachspuk", den Erscheinenden als „Wiedergänger".

Schopenhauer bemerkt hierzu („Versuch über Geistersehen" S. 31): „Die Ableugnung der Möglichkeit einer eigentlichen Erscheinung auch noch nach dem Tode, also gewissermaßen der wirklichen persönlichen Gegenwart eines bereits Gestorbenen kann auf nichts anderem beruhen als auf der Ueberzeugung, daß der Tod die absolute Vernichtung des Menschen sei; es wäre denn, daß sie sich auf den protestantischen Kirchenglauben stützte, nach welchem Geister darum nicht erscheinen können, weil sie, gemäß dem während der wenigen Jahre des irdischen Lebens gehegten Glauben oder Unglauben, entweder den Himmel mit seinen ewigen Freuden oder der Hölle mit ihrer ewigen Qual gleich nach dem Tode auf immer zugefallen seien, aus beiden aber nicht zu uns herauskönnen; daher dem protestantischen Glauben gemäß alle dergleichen Erscheinungen von Teufeln oder von Engeln, nicht aber von Menschengeistern herrühren. Die katholische Kirche hingegen, welche schon im 6. Jahrhundert, namentlich durch Gregor den Großen, jenes absurde und empörende Dogma sehr einsichtsvoll durch das zwischen jene desperate Alternative eingeschobene Purgatorium verbessert hatte, läßt die Erscheinung der in diesem vorläufig wohnenden Geister und ausnahmsweise auch anderer zu. Die Protestanten sahen durch obiges Dilemma sich sogar genötigt, die Existenz des Teufels auf alle Weise festzuhalten, bloß weil sie zur Erklärung der nicht abzuleugnenden Geistererscheinungen seiner durchaus nicht entraten konnten . . . So lange die vorhin bezeichnete Ueberzeugung fehlt, ist nicht abzusehen, warum ein Wesen, das noch irgendwo existiert, nicht auch sollte irgendwo sich manifestieren und auf ein anderes, wenngleich in einem anderen Zustande befindliches, einwirken können."

Es scheint mir hierbei jedoch übersehen worden zu sein, daß nach der katholischen Auffassung vom Fegfeuer durchaus nicht anzunehmen wäre, daß die darin Schmachtenden beliebig aus demselben Ausflüge unter die Lebenden machen könnten. Ohne Seitenstück dürfte es da sein, wenn in der Zimmerischen Chronik von einem Wiedergänger erzählt wird, „er habe angezeigt, daß er verloren und große Marter und Pein erleiden müßt". Ueberhaupt sind ja für alle diejenigen, welche die kirchliche Anschauung der Katholiken vom Fegfeuer nicht kennen, noch mit den orthodoxen Protestanten an einen Teufel glauben, diese Erklärungsversuche natürlich von vornherein ohne Bedeutung.

Nach Jung-Stilling („Theorie der Geisterkunde" S. 168) „beweisen alle wahren Erscheinungen abgeschiedener Menschenseelen apodiktisch, daß es ein Totenreich, den Hades, gibt", und er weiß sogar, daß dieser „in unserer Atmosphäre ist, in den Erdkörper hinabgeht bis da, wo die Hölle anfängt, und dann hinaufsteigt bis da, wo im freien Aether der Aufenthalt der Seligen beginnt".

Aehnlich lehrte der „viel mit Geistern verkehrende" schwedische Religionsstifter Swedenborg in seiner Schrift „De mundo spirituum et de Statu hominis post mortem", S. 521: „Die Geisterwelt ist weder der Himmel noch die Hölle, sondern ein Ort zwischen beiden; denn dort gelangt der Mensch zuerst nach seinem Tode an, und hernach wird er nach einer gewissen Zeit, je nachdem sein Leben beschaffen war, entweder in den Himmel aufgenommen oder in die Hölle gestürzt" [1]).

---

[1]) Bekannt ist der Brief Kants von 1758 (?) zugunsten Swedenborgs. Im übrigen bezeichnet der Philosoph in seinem Aufsatze „Träume eines Geistersehers" als seinen Standpunkt diesen: „Die Unwissenheit macht auch, daß ich mich nicht unterstehe, so gänzlich alle Wahrheit an den mancherlei Geistererzählungen abzuleugnen, doch mit dem gewöhnlichen, obgleich wunderlichen Vorbehalt, eine jede einzelne derselben in Zweifel zu ziehen, allen zusammen genommen aber einigen Glauben beizumessen. Dem Leser bleibt das Urteil frei; was mich aber anlangt, so ist zum wenigsten der Ausschlag auf die Seite der Gründe des zweiten Hauptstücks (der »Träume«) bei mir groß genug, mich bei Anhörung der mancherlei befremdlichen Erzählungen dieser Art ernsthaft und unentschieden zu verhalten." Wohl zu berücksichtigen ist, daß Kant dies vor anderthalb Jahrhunderten schrieb, und es ist danach als sicher anzunehmen, daß er sich mehr als nur

Sechstes Kapitel. Erscheinen Sterbender und Verstorbener.

Beliebt war vor Zeiten auch die Erklärung spukhafter Erscheinungen als Erzeugnisse der sogenannten „Astralgeister". Der Vollständigkeit halber mag hier auch noch angegeben werden, was darüber in Ersch und Grubers Encyklopädie Bd. 6 v. 1821 aus einem Buche „Of the Nature and Substance of Devils and Spirits" angeführt wird. Es heißt da: „Viele Gelehrte haben sich bemüht, die Natur der Astralgeister zu bestimmen. Einige sagen, es machten dieselben einen Teil der gefallenen Engel aus; andere behaupten, es wären abgeschiedene Seelen; noch andere versichern, sie befänden sich als Geister von einer mittleren Natur zwischen Himmel, Erde und Hölle, regierten in einem dritten, von beiden abgesonderten Reiche und hätten für ewig kein anderes Gericht oder Urteil zu erwarten. Meiner Meinung nach aber haben diese Art Geister ihren Ursprung von den Sternen, weswegen sie auch Astralgeister genannt werden. Die Fortdauer derselben betreffend, so hat diese verschiedene Grade, einige leben hundert, andere vielleicht mehrere tausend Jahre. Ihre Nahrung ist das Gas der Luft sowie das des Wassers. Ihre Wohnplätze sind nicht immer dieselben; sie halten sich hauptsächlich in den Sternen, im Feuer, in den Wolken, der Luft, bisweilen aber auch auf hohen Bergen, in den Wäldern, in alten zerfallenen Schlössern etc. auf... Es ist nicht allein möglich, sondern auch wirklich und gewiß, daß die abgeschiedenen Seelen, besonders wenn der Verstorbene mit Mißvergnügen aus dem irdischen Leben gegangen ist, als Astralgeister wieder zurückkehren und den Lebendigen mancherlei Schrecken und Unruhe verursachen, um eine bequeme Gelegenheit abzuwarten, zur ersehnten Ruhe zu kommen ...Wenn der Körper gänzlich durch die Verwesung aufgelöst und die natürliche Feuchtigkeit (radical moisture) davon völlig verraucht ist, so können dergleichen Astralgeister nie wiederkommen, sondern werden nach kürzerer oder längerer Zeit in ihr erstes Wesen oder Astrum aufgelöst, in das sie übergehen oder gleichsam zurückfallen"[1]).

Solche Phantasien wie auch die Jung-Stillings vom „Hades" sind ja nur möglich gewesen, weil bei der hervorragend interessanten Frage, wo denn die (und zumal die öfter) spukenden Geister

---

„ernsthaft und unentschieden verhalten" haben würde, wenn man damals schon die sorgfältigen Prüfungen der Spukfälle wie zu unserer Zeit gekannt hätte.

[1]) Auch bei den heutigen Spiritisten spielen wohl die „Astralgeister" eine Hauptrolle sowohl als die im Sterben von dem danach zerfallenden materiellen Körper getrennten und selbständig fortexistierenden Wesen, welche von den Medien zitiert werden können, als auch als die Begleiter der Doppelgänger. Vgl. H. Ohlhaver, „Die Toten leben" (Hamburg 1916) S. 104, 116.

Sechstes Kapitel. Erscheinen Sterbender und Verstorbener.

in der Zwischenzeit weilen mögen, da sie uns nicht wahrnehmbar werden, es sich auch um ein Rätsel handelt, für dessen Lösung ja jeder Anhaltspunkt fehlt. —

Wie die in diesem Buche mitgeteilten Spukfälle zeigen, tritt ein menschliches Gespenst, besonders das eines Wiedergängers, in ganz verschiedener Weise und gewissermaßen verschiedenem Grade der Entwicklung auf, so als ein von den Augen gar nicht, sondern nur dem Gehör wahrnehmbares, dann als ein bloßer eisiger Luftzug[1]), weiter als ein Nebelstreifen oder ein Schattenbild, als ein nur zur oberen Hälfte sichtbares Phantom, als solches ohne Kopf, bis endlich zur vollen, etwa mit leiblichen Kräften und dem Sprachvermögen ausgestatteten Körperlichkeit. Meines Wissens hat noch niemand den ja auch sicher aussichtslosen Versuch unternommen, solche Verschiedenheit erklären oder begründen zu wollen. —

Begreiflicherweise hat der Volksglaube auch nach den Anlässen gesucht, welche das Wiedererscheinen Verstorbener erklären sollen.

Hierzu gehören zunächst bei Lebzeiten begangene üble Handlungen, deren Bewußtsein den Toten angeblich keine Ruhe im Grabe finden läßt.

Besonders in älterer Zeit war diese Auffassung lebendig, wie folgende Beispiele aus der Zimmerischen Chronik zeigen.

Von einem Schmeller, dem letzten seines Geschlechts, wird da (II, S. 207 ff.) als „ain wunderbarliche und furwar einer Tragedien vergleichende historia" berichtet: Nachdem derselbe, der bei Lebzeiten seine Untertanen auf unverantwortliche Weise bedrückt hatte, in seinem Schlosse zu Ringingen auf der Alb mit Hinterlassung seiner Gattin und dreier Töchter gestorben war, hat er sich am hellen Tage zu Fuß und zu Pferde im Freien gezeigt, des Nachts aber im Schloße seine Hinterbliebenen und alles Gesinde „heftig geplagt, dabei ihnen angezeigt, womit im zu helfen", ohne daß jedoch seinem Begehren willfahrt worden wäre, indem die Witwe sich zu der von ihr verlangten Schadloshaltung der Untertanen nicht entschließen konnte. Zu den Plagen, mit welchen er seine Hinterbliebenen verfolgte, hat auch die gehört, daß er „zu zeiten, da es gleich im Sommer am allerwermsten, weib und kindt in ain stuben beschlossen und darnach in der grössten hitz der sonnen also eingewärmt, das sie schier ersticken wollen". Als einmal ein Kriegs-

---

[1]) Es kommt selbst vor, daß man nur die deutliche, herzbeklemmende Empfindung der Anwesenheit eines Wesens in einem Raume hat, ohne daß von jenem sonst etwas zu spüren wäre. So wird in Flammarions „L'Inconnu" ein Fall erzählt, in welchem sich auf solche Weise das gleichzeitige Ableben eines nahen Verwandten ankündigt.

Sechstes Kapitel. Erscheinen Sterbender und Verstorbener. 111

mann aus Killer nach mehrjähriger Abwesenheit zurückkehrte, ist ihm in dem zwischen diesem Dorfe und Ringingen gelegenen Walde der Schmeller zu Roß begegnet, hat ihn auf dessen Gruß nur mit Mühe überzeugt, daß er tot sei, ihm sein Leid geklagt und um des Kriegsmannes Fürsprache bei seiner Witwe gebeten. „Dabei verwarnet er in, wann er von ime schaiden, sollt er nit hinder sich sehen, dann so das von im übertretten, wurd seins Lebens nit mehr viel sein. Wie sie nun von ainandern schieden und jeder sein weg nam, war der kriegsman ain gar kurzen weg von im kommen, da erhub sich ain solch praßlen (Geprassel) und grausams wesen hinder ime, als ob berg und thal alles zusammenbreche. Nichts destoweniger gieng der kriegsman sein weg schnell davon, dann im nit vast gehewr bei solchen ceremonien, und wie er geen Killer kompt, ward er von seinen freunden und verwandten nit gekennt, dann er war an har und bart allerdings weiß geworden". Wie dann auch der Bericht des Kriegsmannes bei der Witwe nichts genützt, hat sie das Gespenst noch mehr geplagt, bis die geängstigte Frau ihm alles versprochen, was er begehrt hatte. Wie man ihm außer Erfüllung dieses Versprechens auch „in der kirchen allerlei nachgethan, ist er von inen abgewichen und hat man in hinfüro weder gesehen noch gehört".

Nach demselben Bande II, S. 215 der Chronik „hat der grave Wolf von Fürstenberg bei seinen lebzeiten den grossen weier zu Toneschingen machen lassen, sagt man, es sein ohne nachteil deren umbliegenden fluren und dörfer nit beschehen ; denen hat man waiden, grundt und boden, dergleichen den privatpersonen eker und wisen genommen und gleichwol keine widerlegung (Ersatz) gethon darfur ... Wie der gestarb und man ine aufthat, do hat sein herz ain gestalt, wie ain weseme rueben. Kürzlich darnach do ist graf Wolf sampt ainem amptman und andern, die auch gestorben gewest und ime, dem graven, zu sollichem weir geholfen, offenlich, so tag, so nachts gesehen worden uf und an dem weir hin änd her reiten und wandlen, in aller gestalt, wie er das bei seinen lebzeiten ist gewon gewesen. Man hat auch zum oftermal ain solichs ungehewrs, ungestims wesen und grewlich geschrai uf und bei dem weir gehört, das sich die nachpurn und anstosser zu gewohnlichen zeiten nachts in ihren heusern enthalten (geblieben) und nit leuchtlichen zum weir gangen sein. Sollich gespenst hat etliche jahr geweret, ist aber doch etlichen mit almuesen und anderm vertriben und abgestellt worden".

Sakrilegische Uebeltäter sollten auch wohl schon bei Lebzeiten in spukhafter Weise ihre Strafe finden. So weiß Gregor der Große (vgl. S. 20 Anm.) u. a. zu erzählen, daß zu seiner Zeit in der Pro-

112 Sechstes Kapitel. Erscheinen Sterbender und Verstorbener.

vinz Valeria jemand den Priestern einer Kirche einen Hammel gestohlen hatte. Als er aber mit demselben an dem Grabe eines kürzlich verstorbenen Geistlichen vorübereilen wollte, fühlte er sich von einer unsichtbaren Macht festgehalten, und er mußte die ganze Nacht hindurch mit seiner Beute stehen bleiben, bis er nach reumütigem Bekennen des Diebstahls von den Priestern durch Beten befreit wurde.

Um eine andere Uebeltat handelt es sich in dem folgenden aus D. A. L. Richter, Konrektor zu Dessau, „Betrachtungen über den animalischen Magnetismus" (Leipzig 1817) S. 108 entnommenen Vorfall.

„Ein Professor in Königsberg bekleidet nach Beendigung der Universitätsjahre zuerst eine Pfarrstelle auf dem Lande. Er wählt hier das freundliche Studierzimmer seines Vorgängers auch zu seiner Wohnung und schläft darin so gut, daß er erst bei hellem Tage (es war im Sommer) erwacht. Vollkommen munter erblickt er sich gegenüber vor einem Tische einen alten Mann in seiner Hauskleidung und zwei Knaben zu seinen Seiten. Der Mann blättert in einem Buche und blickt von Zeit zu Zeit die Kinder mit einem äußerst traurigen und melancholischen Gesicht an. Nach einigen Minuten nimmt er die Knaben bei der Hand, geht mit ihnen durch die Stube nach dem Ofen, und hinter diesem verschwindet die Erscheinung. Der junge Mann, der nichts weniger als Mystiker, vielmehr in seinen Grundsätzen auch später noch Rationalist ist, kleidet sich an und geht in die Kirche, wo er an diesem Tage predigen will. An den Wänden der Kirche sind die Brustbilder seiner Vorgänger aufgehängt. Er besieht diese und erblickt in dem letzten, dem Bilde des vorigen Predigers, die auffallendste Aehnlichkeit mit dem ihm erschienenen Manne, das Melancholische im Gesicht ausgenommen. Da jetzt eben der Küster hereinkommt, so erkundigt er sich bei diesem nach demselben und hört ihn als einen braven und von allen geliebten Mann rühmen, der aber zuletzt schwermütig geworden und an den Folgen dieser Gemütskrankheit gestorben sei. Nach seinem Tode hätten sich allerlei Gerüchte von ihm verbreitet; er habe eine geheime Liebschaft gepflogen, und die zwei Knaben, welche er in den letzten Jahren bei sich gehabt, wären eigentlich die Frucht dieser Liebe gewesen. Sie wären nachher verschwunden, so daß niemand wußte, wo sie hingekommen, und er seitdem schwermütig geworden. Der junge Prediger äußert nichts von seiner Erscheinung gegen den Küster, umsomehr, da dieser jene Gerüchte für bloße Verleumdung hält. Er selbst hält das gehabte Gesicht für eine Täuschung der Phantasie, wohnt und schläft fortdauernd in jenem Zimmer und wird nichts Besonderes wieder ge-

Sechstes Kapitel. Erscheinen Sterbender und Verstorbener. 113

wahr. Als aber bei anbrechendem Winter der Ofen abgebrochen wird, findet man darunter in einer Vertiefung zwei Gerippe von Kindern"[1]). Um ein böses Gewissen dürfte es sich auch bei einem von d'Aubigné in seiner „Histoire universelle" I 2. S. 12 erzählten Vorfalle handeln. Als 1574 Heinrich IV. sich nebst der Königin Katharina von Medici unseligen Angedenkens zu Avignon befand, waren am 23. Dezember abends in ihrer Umgebung u. a. die Hofdamen de Rets, de Lignerales und de Sauves, welche die Königin dann in ihr Schlafgemach geleiteten. Kaum hatte diese sich niedergelegt, als sie laut schreiend die Hand vors Gesicht hielt und den Umstehenden zurief, sie möchten ihr zu Hülfe kommen, denn der Kardinal von Lothringen (welcher eben damals tödlich krank darnieder lag) stände zu Füßen ihres Bettes, wolle näher kommen und strecke die Hände nach ihr aus. Sie schrie öfter in der größten Angst: „Monsieur le Cardinal, je n'ai que faire de vous!" (Ich habe nichts mit Ihnen zu schaffen). Der König wurde sofort von diesem Vorfall unterrichtet und schickte einen seiner Edelleute in die Wohnung des Kardinals, worauf jener mit der Nachricht zurückkam, derselbe sei eben damals, als die Königin die Erscheinung hatte, verschieden. Herr d'Aubigné bemerkt, daß er die Mitteilung aus dem Munde der drei vollkommen glaubwürdigen Damen selbst habe. —

Schon der 1493 geborene einst berühmte Arzt und Theosoph Paracelsus schreibt: „Die unseligen Spuk- und Poltergeister äffen an dem Orte, wo sie im Leben ihr Unwesen getrieben haben, dasselbe auch im Tode, in der Nacht, in armseligen Dunstgestalten nach und suchen darin Linderung ihrer Qual; sie sehnen sich nach dem, wonach ihr Sinn im Leben hing; sie irren um die Gegend ihres Verbrechens herum, um es zu sühnen oder um die Spur desselben zu vertilgen. Sie erscheinen nicht immer auf gleiche Weise, denn sie kommen nicht immer in leiblicher Gestalt, sondern unsichtbarlicher Weise, daß nur etwa ein Schall oder Ton, Stimme oder Geräusche von den Lebenden gehört wird, als da ist Klopfen oder Pochen, Zischen oder Pfeifen, Heulen oder Seufzen, Wehklagen, Trampeln mit den Füßen, welches alles von jenen geschieht, daß die Leute aufmerksam auf sie werden und sie fragen." —

Von einem Selbstmörder als Wiedergänger handelt der folgende in Hellenbach „Vorurteile der Menschheit" III 154 mitgeteilte eigentümliche Spukfall.

Die Kammerfrau einer russischen Familie fand in Paris wegen Ueberfüllung des Hotels nur ein notdürftiges Unterkommen, erhielt

---

[1]) Es wird anzunehmen sein, daß der verstorbene Prediger nachher den Ofen an der Stelle hat setzen lassen, um die Spuren seiner Tat zu verbergen.

aber dann ein Zimmer des ersten Stockes angewiesen, das angeblich erst freigeworden war. Nachdem sie die Tür verschlossen, legte sie sich nieder. Da sah sie einen jungen Marineoffizier eintreten, der zuerst unruhig hin und her ging, dann sich auf einen Stuhl setzte und sich erschoß. Der herbeigeeilte Gasthofbesitzer gestand, daß dieser Vorfall sich in der vergangenen Nacht ereignet habe. Die Beschreibung, welche die Kammerfrau von dem Selbstmörder machte, stimmte mit der Wirklichkeit überein.

Mehr der Kuriosität wegen mag hiernach noch nach Jung-Stillings „Theorie der Geisterkunde" ein Spukfall mitgeteilt werden, den der Genannte als einen ihm aus mehreren sicheren Quellen bekannten, gar nicht anzuzweifelnden bezeichnet.

Ein 1746 gestorbener Hofmeister am Braunschweiger Kollegium Karolinum Namens Dörien wurde danach, wie a. a. O. aufs ausführlichste angegeben wird, als Wiedergänger vielfach im Institusgebäude von verschiedenen der Angestellten gesehen, von welchen er besonders einen Professor Oeder des Nachts in seinem Schlafzimmer heimsuchte. Aus Gesten des Gespenstes, welches nie sprach, und durch Nachforschungen stellte man zuletzt fest, daß der Verstorbene noch für Tabak etwas schuldig geblieben war und auch einige von einem Händler auf Probe entnommene Bilder für eine magische Laterne nicht mehr zurückgegeben hatte. Nachdem dann seine Freunde beides in Ordnung gebracht hatten, hörte der Spuk auf. Man wird es füglich als naiv bezeichnen können, daß diese Freunde wie auch Jung-Stilling selbst an einen Zusammenhang dieser Tatsachen miteinander glauben konnten.

Um einen verwandten Fall handelt es sich, wenn (nach Lady Morgans „Book of the Boudoir" 1829) dem Lordkanzler Erskine († 1823) einst seines Vaters Kellermeister, von welchem der Lord nicht wußte, daß er gestorben war, am hellen Tag erschien und ihn (wohl im Interesse seiner Erben) um seine Vermittlung wegen einer Summe bat, welche ihm bei der letzten Abrechnung mit dem Steward nicht bezahlt worden sei. Es ergab sich, daß die Angabe richtig gewesen war. —

Es entspricht gewiß auch nur einem allgemeinen, auf die eine oder andere Tatsache gestützten Volksglauben, wenn Shakespeare in seinen Trauerspielen Macbeth, Richard III. und Julius Cäsar die Geister Ermordeter vor den Mördern und im Hamlet solchen Rache heischend vor dem Sohne erscheinen läßt. Schon Lukian führt („Philopseudes" cap. 29) die Meinung der Alten an, daß nur die eines gewaltsamen Todes Gestorbenen erscheinen könnten.

In D. A. L. Richters, „Betrachtungen über den animalischen Magnetismus" (Leipzig 1817) wird folgender aus Moritz' „Magazin für Erfahrungsseelenkunde" entnommene Vorfall erzählt:

Sechstes Kapitel. Erscheinen Sterbender und Verstorbener.

„Der bekannte Dichter Pfeffel ging vor seiner Blindheit mit einigen Freunden, darunter einem französischen Geistlichen, in einer Allee mehrmals auf und nieder. Bei jedem Gange, es war am hellen Tage, wich der Geistliche einem gewissen Baume der Allee aus und machte einen Umweg. Als die anderen ihn hierüber befragten, erklärte er, daß er jedesmal da eine weiße menschliche Gestalt erblicke, die er scheue. Von den andern sah keiner etwas; sie ließen aber unter dem Baume nachgraben und fanden ein menschliches Skelett, das sodann weggetragen wurde."

Besondererweise erlebte Pfeffel, als er später erblindet war, noch einen ähnlichen Vorfall, über welchen unter seiner Kontrolle sein Schwiegersohn Ehrmann, Professor des protestantischen Seminars zur Straßburg, in v. Eschenmeyers „Archiv" X folgendermaßen berichtet:

Pfeffel hielt sich seit 1760 einen Privatsekretär Sigmund Billing, später Pfarrer in Colmar. Wenn er am Arm desselben durch seinen Garten bei Colmar ging, hatte dieser an einer gewissen Stelle jedesmal eine schnell zitternde Bewegung. Er gestand, daß er immer solche Erschütterung in der Nähe begrabener Menschengebeine habe. In einer folgenden Nacht gingen beide an die Stelle. Billing sah da eine weibliche Gestalt wenig über der Erde schwebend, die rechte Hand auf das Herz gelegt. Pfeffel machte auf der Stelle verschiedene Bewegungen, deren Erfolg B. ihm auf folgende Art bemerkte: „Jetzt steht Ihnen das Bild zur Rechten, jetzt zur Linken ... jetzt vor ... jetzt hinter Ihnen ... jetzt umfassen Sie es ... jetzt sieht es über Ihre Schulter." Als Pfeffel einen Stab quer durch die Figur schlug, verglich Billing das dem Durchstreichen eines Stabes durch eine Flamme, die sich nach scheinbarer Trennung danach wieder vereinigt. In Gegenwart mehrerer a. a. O. mit Namen genannter Personen ließ Pfeffel nachgraben, und man fand unter einer Schicht ungelöschten Kalkes stückweise ein Menschengerippe. Seine Mutter erinnerte sich auch, vor längeren Jahren schon von einem ihrer Leute von einer im Garten gesehenen weißen Gestalt gehört zu haben. Man ließ die Khochen in den Fluß werfen, und seitdem konnte Billing, der übrigens auch sonst verschiedenartige Gesichte hatte, ohne die geringste Ungemächlichkeit sich auf der Stelle aufhalten.

In diesen beiden Fällen handelt es sich um — übrigens schon vor langer Zeit — an ungeweihter Stätte begrabene, also wohl eines gewaltsamen Todes Verstorbene, deren Gespenster nur einzelnen in keiner Weise Beteiligten erschienen waren.

Einen ähnlichen Fall aus uralter Zeit habe ich schon in dem vierten Kapitel über Spukorte S. 67 angeführt.

Sechstes Kapitel. Erscheinen Sterbender und Verstorbener.

In der Zeitschrift „Die übersinnliche Welt" 1908 S. 198 wird konstatiert, daß „oft in Berichten die Unzufriedenheit über den Platz, an welchem die Gebeine verscharrt worden sind, den Grund für die Geistererscheinung bildet".

Was den nicht natürlichen Tod betrifft, will Schopenhauer a. a. O. S. 316 „auf den Fall der Giftmörderin Margarete Jäger besonders aufmerksam machen, teils weil die Aussagen darüber gerichtlich protokolliert sind[1]) und teils wegen des höchst merkwürdigen Umstandes, daß der erscheinende Geist mehrere Nächte hindurch von der Person, zu der er in Beziehung stand und vor deren Bette er sich zeigte, nicht gesehen wurde, weil sie schlief, sondern bloß von zwei Mitgefangenen und erst späterhin auch von ihr selbst, die aber dann so sehr davon erschüttert wurde, daß sie aus freien Stücken sieben Vergiftungen eingestand." Allerdings haben Gespenster sonst ja oft genug verschiedene Mittel, Schlafende aufzuwecken, angewandt. —

Mitunter ist auch das Erscheinen Verstorbener an den Orten beobachtet worden, welche für sie bei ihren Lebzeiten von besonderer Bedeutung waren. Von solchen Fällen ist besonders der folgende allgemein bekannt geworden.

Der vielgenannte Gelehrte Maupertuis, unter Friedrich dem Großen Präsident der Berliner Akademie, aber zuletzt besonders durch Voltaire lächerlich gemacht, war 1759 in Basel gestorben. Nicht lange darauf mußte der als forstlicher Lehrer berühmt gewordene Professor Gleditsch, gleichfalls Mitglied der Akademie, einmal den Saal, in welchem diese ihre Sitzungen abhielt, durchschreiten, um in dem ihm unterstellten naturgeschichtlichen Kabinett einiges anzuordnen. Als er die Halle betrat, sah er da in dem nächsten Winkel zur linken Hand die Gestalt des Maupertuis still stehend und die Augen fest auf ihn gerichtet. Nachdem Gleditsch sich hinlänglich Zeit gelassen hatte, um sich von der Wirklichkeit der Erscheinung vollkommen zu überzeugen, ging er an seine Arbeit. Aber er erzählte den Vorfall seinen Freunden mit der Versicherung, daß er die Erscheinung mit aller Geistesruhe und mit gesunden Augen wohl eine Viertelstunde lang angesehen habe. Die Sache machte, wie sich der Marquis d'Argens in einem Briefe an den König ausdrückt, in Berlin ein erschreckliches Aufsehen. Der Philosoph von Sanscouci war aber begreiflich zu „aufgeklärt", als daß er den Seher nicht mit Spott und Satire überschüttet haben sollte.

---

[1]) „Verhandlungen des Assisenhofes in Mainz über die Giftmörderin Margarethe Jäger" (Mainz 1835) und die Frankfurter „Didaskalia" vom 5. Juli 1835.

Sechstes Kapitel. Erscheinen Sterbender und Verstorbener. 117

Einen anderen Fall hat Walter Scott in der Edinb. review erzählt:

„Einer der Landammänner der Schweiz wollte eines Tages eine öffentliche Bibliothek besuchen. Als er nachmittags um zwei Uhr in den Bibliotheksaal ging, wie groß war nicht sein Erstaunen, als er da den vorigen Landammann, seinen verstorbenen Freund, in feierlicher Ratsversammlung auf dem Präsidentenstuhle sitzen sah, umgeben von einer bedeutenden Anzahl gleichfalls schon verstorbener Männer, welche an den Beratschlagungen teilnahmen. Er eilte erschrocken davon und begab sich zu einigen seiner Amtskollegen, um sich mit ihnen über die Maßregeln zu beraten, die gespenstige Ratsversammlung zu vertreiben. Als er aber mit einer Verstärkung von seinen Amtsgenossen zurückkam, saß an der langen Tafel niemand mehr, und jede Spur der Ratsversammlung war verschwunden[1]. —

Ernst Moritz Arndt schreibt in seinen „Erinnerungen" von einem heruntergekommenen früheren Besitzer des heimatlichen Gutes Schoritz auf Rügen: „Mir hat er die ersten kalten und heißen Gespensterschauer durch den Leib jagen müssen, denn er machte in einem grauen Schlafrocke und ein paar Pistolen unter dem Arm abendlich und mitternächtlich häufig die Runde auf seinem Hofe, indem er zwischen den beiden Scheunen über den Damm, der auf das Haus hin führte, langsam in das unterirdische Haus und die Keller und von da heraus schreitend durch das Gartentor ging, wo er die Bienenstöcke musterte und dann verschwand."

Ein anderes Beispiel bringt „Das malerische und romantische Westfalen" von Schücking und Freiligrath (2. A. S. 84). In dem Nonnenkloster Gehrden, welches 1810 aufgehoben und an den Oberjägermeister Grafen Sierstorff verkauft wurde, geht seitdem von Zeit zu Zeit eine der dort einst hausenden Nonnen um, deren Bild noch in einem ehemaligen Klostergebäude gezeigt wird. Einst saß der Oberjägermeister in seinem Arbeitszimmer am Schreibtisch, als die tote Nonne geräuschlos bei ihm eintrat und sich hinter ihm aufs Kanapee setzte. Der Graf faßte

---

[1] Ein verwandter Fall, bei welchem es sich jedoch nicht um eine eigentliche Erscheinung handelt, wird von Strackerjan a. a. O. mitgeteilt. Als in Hude im Herzogtum Oldenburg der Pastor Lammers nach 48 Jahre langer Seelsorgetätigkeit gestorben war, und zum ersten Male der Gottesdienst ohne ihn abgehalten wurde, knackten in der Kirche alle Priecheln so stark, daß die Anwesenden voll Schrecken und in der Furcht, daß die Kirche zusammenbrechen werde, aus derselben hinausliefen, und weil sich niemand wieder hineinzugehen getraute, der Gottesdienst mehrere Monate lang in einem Privathause abgehalten werden mußte.

118 Sechstes Kapitel. Erscheinen Sterbender und Verstorbener.

sich und nahm den Anschein an, als ob er ruhig weiterschriebe. Als er sich dann umsah, begegnete sie starr und zornig seinem Blick, erhob sich jedoch wieder und verließ geräuschlos, wie sie gekommen, das Gemach.

Auch unter den von Camille Flammarion gesammelten Fällen von telepathischen Manifestationen und Erscheinungen Sterbender sind mehrere nachgewiesen, in welchen frühere Bewohner eines Hauses in ihrer Sterbestunde in demselben spukten.

Folgender noch besonders als „gewißlichen also bestehend" bezeichneter Vorfall wird in der Zimmerischen Chronik II. S. 9 erzählt:

Bald nachdem Herzog Ulrich in Württemberg die Regierung angetreten hatte, wurde im Schloß zu Stuttgart unter Teilnahme vieler Lehensleute eine mehrtägige „Fastnacht" abgehalten und dazu im Saale „eine große Credenz aufgeschlagen", deren Silbergeschirr während der Nächte zu bewachen ein alter zuverlässiger Diener beauftragt wurde. Dieser sah in einer Nacht bei verschlossenen Türen „etlich der alten grafen von Wirtenberg sampt ihren Weibern mit großer herlichkeit hinein geen. Man trug inen vil windlichter vor; under denen allen er vil bei iren lebzeiten hat gekannt. Ein tail tanzten, die andern sassen zu disch, detten, als ob sie essen, drunken und ganz frölich waren, jedoch alles still. Der guet alt man sahe diesen abenteuer lang zu, und war in nit gehewr dabei, dann er wol verstandt, das es alles ein gespenst was. Letzlich, wie das wesen am bösten, do werden die personnen alle feurig und fueren mitainandern zum fenstern hinaus". Der „Silberknecht" verfiel infolge des ausgestandenen Schreckens in eine tödliche Krankheit und ist danach bald „zum alten haufen gefaren".

Hierher mag auch das Folgende gehören:

Nach der eben angeführten Chronik IV. S. 210 sind zu Mößkirch der Messner Hans Schlamp und der Kaplan Jakob Dreher im Winter des Jahres 1563 einmal in aller Frühe in die St. Martins-Pfarrkirche gegangen, um zur Messe zu läuten und die horas zu beten. Da haben sie in der verschlossen gewesenen Kirche einen weissen Mann auf der Kanzel gesehen und gehört, wie er gleichfalls weiß gekleideten Andächtigen gepredigt hat. Wie sie näher gekommen sind, ist die Erscheinung verschwunden. Zwei Jahre früher ist ebensolches in der Pfarrkirche zu Stockach geschehen. Auch haben „bei gar wenig jaren einsmals" zu Zürich die Scharwächter in dem verschlossenen Frauenmünster bei vielen brennenden Lichtern ein herrliches Amt mit Orgel und Instrumenten singen gehört. Als sie es des Morgens der Obrigkeit gemeldet, ist ihnen Stillschweigen darüber auferlegt worden.

Sechstes Kapitel. Erscheinen Sterbender und Verstorbener.

Auch aus neuerer Zeit wird unter anderem in K. Bartsch „Sagen etc. aus Mecklenburg" (I 363) mehrfach von nächtlichem Gottesdienst Verstorbener erzählt.

Im Jahre 1885 erregte es in der Bevölkerung Münchens Aufsehen, daß eine kleine zum Abbruch bestimmte Kirche des Vorortes Giesing in der Dunkelheit erleuchtete Fenster zeigte. Im „Bayerischen Kurier" glaubte man eine Erklärung dafür besonders unhaltbar in dem phosphoreszierenden Leuchten alten Holzes zu finden. —

In allen Fällen, in welchen viele gleichzeitig spukten, wäre ja auch die natürlich auch unlösbare Frage nach deren Verständigung miteinander darüber interessant. —

Als ein Beispiel davon, wie „ein mit einem Verstorbenen in naher Berührung gewesener Gegenstand Anlaß zu einer Vision geben kann", erwähnt Schopenhauer a. a. O. einen Vorfall, wo der bloße von solchem stets getragene Rock, der gleich nach dem Tode eingeschlossen wurde, nach mehreren Wochen beim Hervorholen die leibhaftige Erscheinung des Verstorbenen vor der darüber entsetzten Witwe veranlaßte.

Es ist dies zugleich ein besonderes Beispiel davon (vgl. S. 21), wie sehr unter den gleichen unendlich häufigen Umständen ein Spukfall immer nur eine seltene Ausnahme bildet. —

Auch die Verspottung eines Toten soll dessen Wiedererscheinen vor dem Spötter veranlassen können. Davon erzählt die Zimmerische Chronik II 47:

„Uf ain Zeit und namlichen an aim sampstag ist der Wildthanns Speet mit einem vettern über feldt geritten; do sain sie ungeferdt uf ein weg zu aim hochgericht, daran drei arm mentschen, übelthetter, gehangen, komen. Der Speet sagt in aim gespött: „Ir drei dürren brüder, was hangen ir alda? kompt hirnacht zum nachtessen und seit meine gest!" Uf den abend spat kamen sie wider heim. Als nun das nachtessen zubereit, sassen sie fröhlich zu disch. Gleich zu anfang des essens kompt ein diener gangen, zaigt an, es seien iren drei vorm thor, haben anklopft und sprechen, sie seien die drei dürren brueder, die er geladen, kommen uf das nachtmal und begern herein. Allererst ward diesem kecken kerle sein freche und gespöttige red zufallen, die in iezundt übel gerawen hat, aber zu spat. Darauf bevalhe er dem diener, den dreien am thor zu antwurten, sie megten wol an ir gewonlich statt oder ort wider ziehen und sich sein oder seiner rede nit bekommern, dann er mit inen nichts zu thuon haben welte. Solcher antwurt waren die drei nit zufriden, empoten dem edelmann wider, er het sie geladen, so weren sie erschinen; wellte er sie nun nit einlassen, wissten si wol mittel und weg, aber doch mit seiner höchsten ungelegenhait und seins undanks, zum nachtmal zu komen. Als dem Wildthansen und seinem vettern dise potschaft bracht, fienge inen baiden an die katz den rugken ufhin laufen; sonderlich aber, als der diener von wegen der trewreden sie aigentlicher besehen, seim junker anzaigt, was erschrockenlichen gestalt sie hetten. Do ward dem Wildthansen nit mehr gehewr, rathschlagt mit seim vettern und seinen dienern, wie doch der sach zu thuen were. Die rieten im alle, seitmals er sie geladen het, sollte er sie einlassen, dann ime sonst hievon großer nachtheil und misfallen begegnen megte. Damit warden sie eingelassen. Sie giengen alle drei die stegen hinauf, satzten sich zu disch neben ainandern gegen den edelleuten hinüber und stillschwigendt theten sie, als ob sie ässen. Baiden edelleuten ward der hunger vergangen, so sie die drei in aller gestalt, wie sie desselbigen tags am hochgericht gehangen waren, ansahen. Als nun die malzeit ein ende hat, standen die drei wider uf, under denen der klainest mit haiserer, erschrockenlicher stim dem Speeten seins ladens dank sagt, mit dem anhang, er sollte die Tag seins lebens kains armen Mentschens, der seiner verschuldung halb zeitlichen gericht wurde, spotten oder übelreden und sie drei hetten mit irem zeitlichen todt gebuest, verhofften der ewigen frewdt und sälligkeit. Mit dem zogen sie wider davon. Bemelter Speet, noch auch sein vetter haben hernach keinsen solchen mehr gespot oder zur malzeit geladen, sain auch baide, solange sie gelebt, fur das hochgericht nit mehr geritten".

Welcher Leser mag hierbei nicht an die in Worten und Tönen vielfach bearbeitete Geschichte von der Einladung des Komturs durch Don Juan denken? —

Eine verwandte Geschichte hat sich nach Strackerjan a. a. O. I S. 157 in neuerer Zeit im Herzogtum Oldenburg zugetragen. Bei Großenmeer war einst ein Verbrecher an einem Kreuzwege gehängt und unter dem Galgen eingescharrt worden. Lange darnach ritt ein Landmann aus Oldenbrok spät abends in trunkenem Zustande vom Oldenburger Pferdemarkt kommend nach Hause. Als er an jene Stelle kam, rief er: „Jan, wulltu mit?" „Ick kam all", scholl die Antwort zurück, und gleich darauf fühlte der Reiter jemand hinter sich auf dem Pferde, der ihn mit beiden Armen umfaßte. Er gab seinem Fuchse die Sporen, und derselbe setzte sich in sausenden Galopp. Glücklicherweise war der Reiter seinem Hause schon nahe, doch der Rollbaum vor dem Gehöfte war geschlossen. Mit mächtigem Satze sprang das Pferd über ihn hin und stand bald keuchend vor der Haustüre. Der Reiter sprang ab und sah zurück, da stand das Gespenst über den Rollbaum gelehnt und winkte ihm Abschied nehmend zu. Auch hier wird hinzugefügt, daß der Landmann den Gehängten nie wieder zum Mitreiten eingeladen habe.

Sechstes Kapitel. Erscheinen Sterbender und Verstorbener.

Hierzu mag auch der folgende in J. C. Loehe, „Ehre Gottes aus der Betrachtung des Himmels und der Erde" (Nürnberg 1767), Bd. VI, S. 294, mitgeteilte Vorfall gehören:

„Der Hofprediger Dr. Klopffleisch hatte Sommers hinterlassene Bibliothek gekauft, und als er sich eines Nachmittags dahin begab, die Bücher genauer zu besehen, sagte er beim Durchblättern eines orientalischen Manuskripts: »Du guter Sommer, du hattest es im Orientalischen weit gebracht, es ist schade, daß du schon faulest«. Darauf kam es ihm so vor, als ob jemand leise durch die Stube gehe. Weil er aber nichts sah, dachte er auch nicht weiter darüber nach. Als er jedoch obige Rede bei ähnlicher Veranlassung wiederholte, deuchte ihm, als ob etwas auf seine Schultern drücke. Er sah sich deswegen um und erblickte den verstorbenen Professor Sommer, welchen er genau betrachtete. Hierauf ging er sehr alteriert zu seiner Liebsten, deren Fragen er mit Klagen über großes plötzliches Uebelsein zuvorkam. Man ließ auf des Arztes Rat den Beichtvater kommen, welchem der Patient den Vorgang in aller Gegenwart erzählte und beteuerte, daß es keine Einbildung, sondern ihm alles gewiß und wahrhaftig so begegnet sei. Am dritten Tage schon beschloß er jedoch unter heftigen Konvulsionen sein Leben. Diese Erscheinungs-Szene, welche an sich nicht zu leugnen ist, hat zu ihrer Zeit großes Aufsehen erregt."

Um die üble Behandlung eines Toten handelt es sich auch in dem besonderen Spukfalle, welchen bei Strackerjan a. a. O. I. S. 156 eine Totenkleiderin erzählt: „Einmal hatte ich die Leiche einer Frau anzukleiden, dieselbe trug an der Hand zwei Ringe, und eine Verwandte, welche die Sachen im Hause besorgte, gab mir auf, sie abzuziehen. Die Ringe saßen aber sehr fest, so daß ich sie nur schwer nach vielem Ziehen von den Fingern herabkriegte. In den folgenden Nächten fühlte ich nun in meinen eigenen Fingern ein sehr schmerzhaftes Ziehen und Pressen und hatte die Empfindung, als wenn sich eine kalte Hand an die meinige legte. Ich wurde ganz krank davon und klagte jener Verwandten meine Not. Sie war danach so gütig, die beiden Ringe in den noch über der Erde stehenden Sarg zu legen. Seitdem waren die Schmerzen verschwunden, und ich wurde nicht weiter beunruhigt." Zu einer sichtbaren Erscheinung ist es also hier nicht gekommen.

Dr. Schindler erzählt („Das magische Geistesleben" S. 162) von einem Studenten der Medizin, der aus dem Garten eines Franziskanerklosters sich Knochen auf sein Zimmer nahm. Nachts füllte sich dasselbe mit weißen Männern, die miteinander flüsterten und ihm zu drohen schienen; ein schwarzer Mann faßte ihn fest am

Arme. Bis zur Morgenröte blieben sie bei ihm, und er sah, wie die Zimmertür sich öffnete und wieder schloß, als sie sich entfernten.

In der Weihnachtsnummer 1890 der Review of Reviews werden mehrere glaubhafte Fälle berichtet, in welchen dort näher bezeichnete Personen kräftig von der Hand eines im übrigen nicht sichtbaren Gespenstes gepackt wurden, wobei aus verschiedenen Umständen festzustellen war, daß es sich um den Geist bestimmter Verstorbenen handelte. —

Mitunter erscheint ein Verstorbener einem Lebenden in Erfüllung eines ihm gegebenen bezüglichen Versprechens. Wohl das älteste bekannte Beispiel ist der 1622 von dem Kirchenhistoriker Caesar Baronius erzählte („Annales" ad a. 411 tom. V) Vorfall, welcher seitdem fast in allen Schriften über Geistererscheinungen eine hervorragende Rolle gespielt hat:

Die miteinander befreundeten Marcilius Ficinus und Michele Mercatus, berühmte Gelehrte des 15. Jahrhunderts, kamen nach einer Unterredung über die Natur der Seele dahin überein, daß, wenn das möglich sei, der von ihnen zuerst Sterbende dem Ueberlebenden erscheinen und ihm auf diese Weise die fortdauernde Existenz der menschlichen Seele unwiderleglich dartun solle. Einige Zeit später war Mercatus an einem frühen Morgen mit dem Studium der Philosophie beschäftigt, als er den Trott eines Pferdes hörte, welches vor seinem Hause anhielt, und die Stimme des Ficinus, welcher rief: „O Michael, vera sunt illa!" Erschreckt eilte Mercatus an das Fenster und erblickte seinen Freund, der in weißem Anzuge auf einem Schimmel reitend, ihm den Rücken zukehrte. Er rief ihn an und folgte ihm mit den Augen, bis jener verschwand. Bald erhielt er die Nachricht, daß Ficinus zu derselben Zeit in dem fern von da gelegenen Florenz gestorben sei. Baronius fügte hinzu, daß Mercatus danach auf alle seine profanen Arbeiten verzichtete, um sich ganz der Theologie zu widmen.

Dr. Ferriar glaubt in seiner „Theorie der Erscheinungen" die Meinung begründen zu können, daß hier ausnahmsweise die Erscheinung des Wiedergängers von dem Seher selbst veranlaßt worden sei. Er schreibt: „Indem Mercato sich mit den Träumereien des Plato beschäftigte, lebte die Vorstellung von seinem Freunde und die Verabredung, welche sie miteinander getroffen hatten, wieder auf, und brachte bei der Einsamkeit, worin er sich befand, und bei der tiefen Stille, die in den Morgenstunden, da er studierte, herrschte, diese gespenstischen Eindrücke hervor." Wie aber auch Horst („Deuteroskopie" I 148) gewiß mit Recht bemerkt, reicht diese Erklärung offenbar nicht aus, zumal auch willkürlich angenommen ist, daß Mercato sich gerade „mit den Träumereien des Plato beschäftigt"

Sechstes Kapitel. Erscheinen Sterbender und Verstorbener.

gehabt habe. Jedenfalls ohne Seitenstück und nicht zu erklären ist die besondere Art und Weise der Erscheinung. Auch hiervon weiß schon der Verfasser der Zimmerischen Chronik (I 313) ein Beispiel mitzuteilen.

„Um die jar ongefarlich 1445 begab sich ain erschrockenliche handlung zu Marchdorf mit zwaien handtwerksgesellen, darunder der ain von der Newenstadt uf Schwarzwald soll purtig (gebürtig) gewesen, gesagt und gehaißen Hans Schwarzwalder. Hernach ist sain son, der auch ain sollichen Namen gehapt, vil jar und biss an sain ende zu Messkirch seßhaft gewest, auch mertails im andern jar zu aim burgermaister verordnet worden. Aber der alter Schwarzwalder, sain vatter, ist in der jugend dem . . . handtwerk nachgezogen, und, wie etwan geschicht, hat er ain mitwandergesellen gehapt, der ain sonders vertrawen zu ime getragen. Einsmals haben sie baide zu Messkirch unter ainem maister gearbeitet, hat sich aber begeben, daß des Schwarzwalders gesell unversehens krank worden, welches lagers er gestorben. Kürzlich aber in seiner krankheit und vor seinem absterben hat er seinem gesell uf sain vilfeltigs begeren zugesagt und hoch beteuret, da er gesterb, und es immer möglich seie, ime widerum zu erscheinen und anzuzaigen, wie es dort in jener welt umb ine ain gestalt hab. Also in wenig tagen hernach da ist im der gaist zu zaiten dags, zu zaiten bei der naht in ainer feurigen und grausenlichen gestalt, etwan auch in der vorigen form, erschinen und hat ime darbei gesagt, er seie ewiglich verloren. Dieser abentheur hat er sovil getriben und ain solche unaufherliche unruhe gemacht, daß er den jungen man gar nahe von sinnen gepracht, do hat kain betten, kain beiwohnung gaistlicher leuten geholfen, bis man zu letsten der sachen waiters rat gehapt und ain alten munch von St. Gallen bekommen. Der hat den gaist, er say dann ain guter oder ain beser, mit großer muehe und vilem beschweren, kommerlich von ime abtreiben und verbannen kunden. Man sagt, daß er in vil zeiten hernach seine sinn nie recht widerumb hab erlangen mögen."

Der bekannte 1868 gestorbene Lordkanzler Brougham hat im ersten Bande seiner „Memoiren" folgendes „höchst bemerkenswerte Ereignis" aufgezeichnet.

Auf der Universität war sein intimster Freund ein gewisser G., mit welchem er auf Spaziergängen neben anderen ernsten Themen sich auch über Geister und ein zukünftiges Leben unterhielt. Die Erörterung der Frage, ob ein Verstorbener den Lebenden erscheinen könne, veranlaßte sie zu der Torheit, einen mit ihrem Blute geschriebenen Vertrag zu schließen, daß der von ihnen beiden zuerst Gestorbene dem anderen erscheinen solle, um so den Zweifel an einem

124 Sechstes Kapitel. Erscheinen Sterbender und Verstorbener.

„Leben nach dem Tode" zu widerlegen. Nach Beendigung der Studien trat G. in Indien ein Amt des Zivildienstes an und wurde nach einigen Jahren von seinem Freunde vergessen. Eines Tages hatte dann dieser ein warmes Bad genommen, und als er im Begriff war aus demselben zu steigen, sah er auf dem Stuhle, auf welchem er seine Kleider niedergelegt hatte, G. sitzen, ruhig den Blick auf ihn gerichtet. Brougham wußte später nicht, wie er aus dem Bad gekommen war; als er wieder zu sich kam, fand er sich auf dem Fußboden liegend, während die Erscheinung wieder verschwunden war. Sie hatte den Lord so in Schrecken gesetzt, daß er mit niemand darüber sprechen mochte, aber er schrieb den Vorfall mit allen Einzelheiten und dem Datum des 19. Dezember 1799 nieder. Später erhielt er die briefliche Nachricht, daß G. an ebendiesem Tage gestorben war.

Wenn Brougham trotz alledem seiner Erzählung die Bemerkung hinzufügen zu sollen glaubt, es könne nicht zweifelhaft sein, daß er eingeschlafen und die Erscheinung nur ein lebhaftes Traumgesicht gewesen sei, so werden wir diesen Versuch einer natürlichen Erklärung füglich für mehr als bloß unwahrscheinlich halten dürfen. Man pflegt schon nicht während der kurzen Zeit eines Bades einzuschlafen. — Ein weiterer Beleg dafür, daß Spuk auch unter den gleichen Umständen nur ganz ausnahmsweise in die Erscheinung tritt, ist es, wenn mir der Regierungsrat R. einmal bei gegebenem Anlasse mitteilte, daß er sich mehrfach von Freunden habe versprechen lassen, ihm im Falle ihres früheren Ablebens, wenn sie könnten, zu erscheinen, jedoch ihm keiner der davon schon Verstorbenen erschienen sei. —

Eine hervorragende Rolle spielen bei dem Erscheinen eines Verstorbenen endlich die **irgendwie nahen Beziehungen desselben zu dem Sehenden.**

Wie wir schon S. 33 gesehen haben, daß eine Erscheinung überhaupt durch die Fernwirkung einer seelischen Erregung veranlaßt werden kann, schreibt Schopenhauer a. a. O. S. 308: „Der lebhafte und sehnsüchtige Gedanke eines anderen an uns vermag die Vision seiner Gestalt in unserm Gehirn zu erregen, nicht als bloßes Phantasma, sondern so, daß sie leibhaftig und von der Wirklichkeit ununterscheidbar vor uns steht. Namentlich sind es Sterbende, die dieses Vermögen äußern und daher in der Stunde ihres Todes ihren abwesenden Freunden erscheinen, sogar mehreren an verschiedenen Orten zugleich." Anstatt „Freunden" würde hier ja richtiger das allgemeinere „Nahestehenden" gesagt sein.

Einige Fälle der Art, bei welchen es sich nicht um einen Todesfall handelt, haben wir schon im zweiten Kapitel von der Doppelgängerei gesehen. Ein weiterer wird bei Schindler, „Das magische Geistesleben" von einem Herrn erzählt, der, erst ein Jahr verheiratet, während einer Reise voll Sehnsucht seiner Frau gedenkt, und nun diese mit einer Handarbeit beschäftigt und sich selbst vor ihr, wie er es gerne tat, auf einem Schemel sitzen sieht. Zudem aber hat die Gattin gleichzeitig ihn in der gleichen Weise gesehen, was sie ihm sofort, durch die Erscheinung geängstigt, mitteilte. Hier hat also sehr ausnahmsweise „der sehnsüchtige Gedanke" der b e i d e n Beteiligten eine Erscheinung veranlaßt.

Wenn schon Schopenhauer a. a. O. die große Anzahl „beglaubigter" Fälle hervorheben konnte, in welchen Sterbende oder eben Gestorbene ihnen Nahestehenden erschienen sind, so sind seit seiner Zeit noch viele weitere Hundert solcher Fälle veröffentlicht worden. So besonders außer von der schon mehrerwähnten Psychical Research Society von dem bekannten Astronomen Camille Flammarion auf Grund einer auch von ihm 1899 veranstalteten beschränkten Rundfrage 186 ausgewählte Fälle in seinem Buche „L'Inconnu et les problèmes psychiques" (unter dem Titel „Rätsel des Seelenlebens" übersetzt von Meyrink). Handelt es sich in den bezüglichen Fällen meistens um ein von besonderen Umständen nicht begleitetes Erscheinen eines Gespenstes besonders zur Nachtzeit, so werden die nachstehend mitgeteilten zeigen, in wie verschiedener Weise solches auch außerdem stattfinden kann.

Um eine durch ein schmerzliches Gedenken vor dem Tode veranlaßte Erscheinung handelt es sich offenbar in folgendem, von der Psychical Research Society festgestellten und in der Weihnachtsnummer 1890 der „Review of Reviews" mitgeteilten Vorfalle:

Lady H. erwartete auf einem Balle ihren Partner Herrn W., und während sie sich mit den Herren D. A., R. P. und einem Dritten unterhielt, trat, von allen gesehen, W. in den Saal, aber er ging mit einem Blick auf die Dame stillschweigend an ihr vorüber in den anstoßenden Speisesaal. Miß H. erklärte ihn lachend für den ungeschliffensten Menschen, der ihr noch begegnet sei, und folgte ihm nach, aber W. war nicht mehr zu sehen. Es war ein viertel nach zehn Uhr. Am nächsten Morgen fragte ihr Vater sie eifrig, ob sie Herrn W. nicht auf dem Balle gesehen habe, und auf ihren Bericht teilte er ihr mit, daß man seine Leiche aus dem Flusse gezogen habe. Seine Taschenuhr habe auf viertel nach zehn gestanden. Eine Rose, welche Miß H. ihm geschenkt, hatte noch in seinem Knopfloche gesteckt [1]).

---

[1]) Ein anderer von derselben Psychical Research Society festgestellter Fall des Erscheinens eines Selbstmörders ist hier im dritten Kapitel mitgeteilt.

Die Schriftstellerin Nataly von Eschstruth hat uns in ihrem Buche „Spuk"[1]) ein Viktor Scheffel begegnetes hierhergehörendes Erlebnis aufbewahrt. Ein dem Genannten auf der Heidelberger Universität befreundeter Kommilitone hatte mit einem jungen Mädchen ein Liebesverhältnis, war jedoch durch Schwindsucht mit einem frühzeitigen Tode bedroht. Einmal durch sein Befinden behindert, seine Liebste auf ein studentisches Tanzvergnügen zu begleiten, bat dieser den Freund, sich derselben da anzunehmen, aber mit der Warnung, ihr zu sehr den Hof zu machen. Als Scheffel das dennoch wenn auch ohne rechten Ernst tat, fühlte er einen derben Schlag auf die Schulter. Sich erschrocken umdrehend, sah er zu seinem Entsetzen den Freund hinter ihm mit starr auf ihn gerichteten Augen und im Ballanzuge, jedoch Vorhemd und Weste mit Blut überströmt, welches weiter seinem Munde entquoll. Als Scheffel ihn voll Schrecken anrief, zerrann die Erscheinung, die außer ihm keiner der Anwesenden gesehen hatte, vor seinen Augen. Schlimmstes ahnend, eilte er in die Wohnung, welche der Freund mit seiner Mutter teilte, und fand den Unglücklichen da tot auf dem Fußboden liegen ganz so, wie er ihn als spukhafte Erscheinung vor sich gesehen. Der Kranke hatte seiner Mutter gegenüber darauf bestanden gehabt, das Paar im Tanzsaale zu überraschen und war, im Begriff, sich dahin zu begeben, mit einem todbringenden Blutsturze mitten im Zimmer zusammengebrochen. —

A. Wuttke, Professor der Theologie, schreibt in seinem Buche „Der Deutsche Volksaberglaube" (Berlin 1900) S. 456:

„Ein sehr zuverlässiger Berichterstatter teilt uns folgende selbsterlebte Tatsache mit:

Ich saß als Hauslehrer an einem Freitage, über die Erziehung meiner Zöglinge sprechend, neben deren Mutter, einer Frau von vorwaltend klarem und nüchternem Verstande aus einer der ersten Familien des Landes, als diese plötzlich todblaß wurde und erst, nachdem sie sich erholt, erzählte, es sei irgendein luftiges Gebilde aus der Ecke auf sie zugekommen. Was es war und wie sie es deuten solle, wußte sie nicht zu sagen. Am folgenden Dienstag meldete ein Brief, ihre Schwester, die zwanzig Meilen entfernt wohnte und von deren Erkrankung wir durchaus nichts gehört oder geahnt hatten, sei am Freitag um dieselbe Stunde plötzlich gestorben."

Der Pfarrer Stützing zu Kleinau in der Altmark erzählt in einer 1764 geschriebenen Abhandlung „Kann ein vernünftiger Mann Geister- oder Gespenstererscheinungen glauben?" unter anderem folgendes (mitgeteilt in G. C. Horst, „Deuteroskopie" II 93):

---

[1]) Vgl. S. 43 Anm. 1.

Sechstes Kapitel. Erscheinen Sterbender und Verstorbener.

„Mein ehemaliger Universitätsfreund, nachheriger Prediger, der selige K., hat mir und einem anderen uns beiderseits verwandten Prediger mit feierlicher Beteuerung erzählt, was ihm begegnet sei, als er einst von Jena aus seine Eltern besuchte. Er hatte Botschaft von Hause erhalten, daß seine Großmutter sehr gefährlich krank wäre, ihn aber vor ihrem Tode noch zu sehen wünsche; er möge daher eiligst kommen. Weil er aber ohne nachteilige Versäumnis nicht sogleich abkommen konnte, starb unterdessen die Patientin. Nicht lange danach kam er in Gesellschaft eines Postboten nach Hause. Es wurde da für ihn und seinen Reisegefährten nur ein Lager zubereitet, und beide auf der Reise ermüdete Fußgänger schlafen bald ein. Aber ungefähr mitten in der Nacht wacht K. plötzlich auf und sieht ganz deutlich die Gestalt seiner gestorbenen Großmutter nach allen, auch den kleinsten Zeichen ihrer gewöhnlichen Kleidung unten an seinem Bette stehen, mit der Geberde einer Person, die ihre Hände ringt oder zusammenschlägt, welches bei ihr in ihrem Leben ein gewöhnliches Merkmal ihrer Freude gewesen war. Er verbirgt sich endlich unter der Bettdecke, merkt aber, daß sein Schlafkamerad ebenfalls munter ist und sich wie er selbst unter der Bettdecke zu verbergen sucht. Als sich die Erscheinung nach einiger Zeit wieder verloren, fragt er den Boten, ob er etwas gesehen habe. „Ja", antwortete dieser, „nicht allein gesehen, sondern auch gefühlt." K. erkundigt sich näher, und aus der ihm gemachten Beschreibung nimmt er ab, daß sie beide vollkommen ebendasselbe gesehen haben. Ueberdies versichert aber der Bote, er habe mit dem Gesicht K. abgewandt gelegen und ihm den Rücken zugekehrt, sei aber durch eine unwiderstehliche Gewalt bei den Füßen angepackt und auf die andere Seite herum geworfen worden, so daß er eine ganz umgekehrte Lage bekommen habe."

Auch wieder in der Zimmerischen Chronik II S. 78 wird erzählt, daß, als der Freiherr Wörnher von Zimmern gestorben, sein Geist in langem grauen Kleide des Nachts am Bett seiner wachenden Mutter erschienen und bevor er nach einiger Zeit wieder verschwunden, ihre Füße ergriffen habe, so daß sie dieselben schreiend an sich zog. Ebenso soll nach ebd. Bd. IV S. 349 das Gespenst eines gestorbenen Freundes, welches nächtlicherweile am Bett eines Grafen Landon erschienen ist, zuletzt einen Fuß desselben so hart ergriffen haben, daß noch lange ein Schmerz darin nachgeblieben ist.

In dem S. 43 angeführten Manuskript des Dr. Lysius wird folgendes erzählt:

„Zu der Zeit wie ich als Studiosus mich hier in Königsberg aufhielt, war es überall eine bekannte und ruchbare Sache, daß der jüngere Dr. Dreyer nach seinen und seines Vaters philosophischen

Sechstes Kapitel. Erscheinen Sterbender und Verstorbener.

Grundsätzen diesen auf dessen Todbette ausdrücklich ersucht habe, daß er ihm drei Tage vor seinem Tode erscheinen möge, welches denn auch der Vater heilig versprochen habe. Als zwei Jahre hernach mein jüngerer Bruder hier studierte und mit dem Dr. Dreyer in einem Hause wohnte und an einem Tische speiste, ward gedachter Dr. Dreyer krank, doch so, daß niemand seine Krankheit für gefährlich hielt, indem er ein starker Mann und erst etliche und dreißig Jahre alt war. Während dieses seines Krankenlagers nun besuchten ihn eines Tages verschiedene seiner guten Freunde. Beim Abschiede werden solche von seinen Hausgenossen und Bedienten bis zur Haustüre begleitet, so daß sich der Patient allein im Zimmer befindet. Wie aber die Domestiken wieder zurückkommen, treffen sie ihn sehr alteriert, ganz blaß, entstellt und in einem merklich veränderten Zustande von demjenigen, worin sie ihn einen Augenblick vorher verlassen hatten. Auf Befragen erzählt er mit zitternder Stimme, sein seliger Vater sei ihm während der Zeit erschienen, und nun werde er der getroffenen Vereinbarung gemäß unfehlbar über drei Tage sterben müssen, wobei er (der Kranke) zugleich seinen vormaligen Prinzipien zuwider die Warnung hinzufügt, daß doch ja niemand von Sterbenden dergleichen verlangen möge, weil er bei der Erscheinung seines Vaters selbst in Schrecken und Entsetzen geraten, und auch der Geist oder die Gestalt seines Vaters ihm sehr erschrocken (?) und wehmütig vorgekommen sei, daher er glaube, daß auch dieser darüber betrübt gewesen sein möge, daß er noch einmal auf dieser Welt erscheinen müßte. Aber wie dem sei, soviel, fügt Lysius hinzu, ist gewiß, daß der junge Dr. Dreyer wirklich den dritten Tag darauf verschieden ist". —

Dr. Horst bemerkt in seinem Buche „Deuteroskopie" I 189 hierzu: „Diese Erscheinung läßt sich füglich aus einem Uebermaß von Gemütserregungen erklären. Dreyer war bereits krank. Die getroffene Verabredung mußte ihm also im Gemüte vorschweben. Vielleicht war derselben sogar von seinen Freunden, und wenn auch nur im Scherz, erwähnt worden, da er nicht bedeutend krank zu sein schien. Vielleicht befand er sich beim Abschied von seinen Freunden in einem bereits mehr oder weniger exaltierten Zustande. Nun erfolgte die Erscheinung. Genug, dies Gesicht läßt sich völlig befriedigend vom psychisch-pathologischen Gesichtspunkt aus natürlich erklären."

Man wird solcher Erklärung jedoch nach den von Dr. Lysius angegebenen Umständen durchaus nicht beistimmen können. Der nicht schwer erkrankte junge Mann hatte gar keinen Anlaß, an seinen nahe bevorstehenden Tod, also auch nicht an die Verabredung mit seinem Vater zu denken, zumal nicht unmittelbar nach der Unter-

Sechstes Kapitel. Erscheinen Sterbender und Verstorbener.

haltung mit seinen ihn besuchenden Freunden, und er war ja denn auch durch die Erscheinung aufs höchste erschreckt worden. Und wie wollte man es vollends aus seiner angenommenen Erregung erklären, daß sie gerade die drei Tage vor seinem damals sonst noch von niemand erwarteten Ableben erfolgte? —

In Isaac Waltons Lebensbeschreibung des älteren englischen Dichters und Kanzelredners John Donne und danach in anderen Büchern liest man folgende Spukgeschichte.

Der Genannte hatte auf inständiges Bitten des Sir Robert Drury diesen nach Paris begleitet, obgleich seine leidenschaftlich geliebte Frau, deren Wochenbett bevorstand, die Ahnung geäußert hatte, daß ihr während seiner Abwesenheit irgendein Unglück begegnen werde. Zwei Tage nach der Ankunft in Paris blieb Donne allein in dem Zimmer zurück, in welchem er mit Drury und einigen anderen das Mittagsmahl eingenommen hatte. Als jener nach etwa einer Stunde wieder in das Zimmer zurückkehrte, fand er die Gesichtszüge des Freundes so verändert, daß er ganz erstaunt nach der Ursache fragte. Erst nach einiger Zeit vermochte Donne darauf zu antworten, er habe eine furchtbare Erscheinung gehabt, indem er seine Frau mit herabhängenden Haaren und einem toten Kinde in den Armen zweimal habe an sich vorüber gehen gesehen. Auf Drurys Entgegnung, er müsse inzwischen geschlafen und einen besonders lebhaften Traum gehabt haben, versicherte Donne, so gewiß als er sein Leben habe, wisse er, daß er vollkommen wach gewesen sei, und daß seine Frau, als sie ihm zum zweiten Male erschienen, ihm stillstehend ins Gesicht geblickt habe und dann verschwunden sei. Auf sofort eingezogene Erkundigung erfuhr man, daß Frau Donne in schwerem Wochenbett von einem toten Kinde entbunden worden sei, und zwar zu derselben Stunde, in welcher die Erscheinung zu Paris stattgefunden hatte.

Wenn Dr. Hippert in seinem Buche „Andeutungen" etc. (S. 313) auch diese aus einer leidenschaftlichen Gemütserregung Donnes natürlich erklären will, so hätte zu solcher wohl doch kein hinlänglicher Anlaß vorgelegen und auf alle Fälle wäre dadurch das totgeborene Kind sowie die völlig ungewöhnliche zweimalige Erscheinung der Wöchnerin keinesfalls erklärt.

Brierre de Boismont teilt in seinem Buche „Des Hallucinations" etc. (Paris 1852) S. 74 den eigentümlichen Fall mit, daß ein Verstorbener nacheinander drei weit von einander wohnenden Angehörigen erschienen ist.

Ein junger Mann von 18 Jahren, dem alle Schwärmerei oder Aberglauben fern lagen, wohnte seiner Gesundheit wegen in Ramsgate. Auf einem Spaziergange in ein benachbartes Dorf trat er gegen

Ende des Tages in eine Kirche und war von Schrecken ergriffen, als er da den Geist seiner vor einigen Monaten an einer langen und schmerzhaften Krankheit verstorbenen Mutter erblickte. Die Gestalt hielt sich längere Zeit unbeweglich zwischen ihm und der Mauer. Halb ohnmächtig kehrte er in seine Wohnung zurück, und da die Erscheinung sich an mehreren Abenden in seinem Zimmer wiederholte, fühlte er sich krank und kehrte nach Paris, wo sein Vater wohnte, zurück, entschlossen, diesem, um seinen Schmerz um den Verlust der teuren Gattin nicht zu vermehren, nichts von der Vision zu sagen.

Indem er hier mit dem Vater in demselben Zimmer schlafen mußte, war er überrascht, daß da ganz gegen ihre Gewohnheit und Neigung das Licht brennen blieb. Nachdem er deshalb stundenlang nicht hatte schlafen können, stand er auf, um es auszulöschen. Der Vater erwachte sofort und befahl ihm, es wieder anzuzünden, was er nicht ohne Erstaunen über die Heftigkeit desselben und die Zeichen von Schrecken in seinen Zügen auch tat. Darüber befragt, gab der Vater nur eine unbestimmte Antwort mit dem Versprechen späterer Erklärung.

Etwa eine Woche später wagte der junge Mann es noch einmal, das ihn am Schlafen hindernde Licht auszulöschen, aber der Vater stand fast sofort wieder auf und zündete zitternd vor Aufregung die Lampe wieder an, nunmehr mit der Erklärung, daß ihm im Dunkeln jedesmal das Gespenst seiner Frau erscheine, um erst, wenn das Licht brenne, wieder zu verschwinden.

Der Sohn begab sich bald darauf in eine sechzig Meilen entfernt liegende Stadt, um seinen dort in Pension befindlichen Bruder zu besuchen, dem er aus Besorgnis, sich lächerlich zu machen, nichts davon, was ihm begegnet war, mitgeteilt hatte. Er war kaum da angekommen, als ihn der Sohn des Pensionsinhabers fragte, ob sein Bruder schon früher Zeichen von Irrsinn gegeben habe. Er habe in der letzten Nacht im Hemde sein Zimmer verlassen, ganz außer sich und mit der Erklärung, daß er nicht wage, dahin zurückzukehren, da ihm dort der Geist seiner Mutter erschienen sei. —

Bei C. Flammarion a. a. O. S. 115 wird folgender Fall mitgeteilt:

Ein Schiffskapitän a. D. in Toulon berichtet: eine so zuverlässige als intelligente Dienerin wachte eines Nachts darüber auf, daß an das Fenster ihres eine Treppe hoch gelegenen Zimmers geklopft wurde. Inzwischen aufgestanden, hörte sie dasselbe noch wiederholt und sah beim letzten Male zweimal ein weißes Phantom an dem Fenster vorüberziehen. Zu derselben Zeit war eine ihr besonders teuere Verwandte sehr schnell an der Cholera gestorben.

Sechstes Kapitel. Erscheinen Sterbender und Verstorbener.

Ein wieder anders gearteter Fall der Erscheinung nach dem Tode wird bei Strackerjan I, S. 163, erzählt. In Nordenholz im oldenburgischen Kirchspiel Hude hatte eine bejahrte Frau gegen ihren einzigen Sohn den Wunsch geäußert, vor ihrem Tode noch seine Hochzeit mit einer künftigen Braut mitanzusehen, war jedoch mehrere Jahre vor solcher Hochzeit gestorben. Als diese dann stattfand, ging des Abends vor mehreren späten Gästen vom Huder Kirchhofe über Nordheide nach Nordenholz langsam eine weiße Gestalt einher und in das Hochzeitshaus, stellte sich in eine Ecke hinter der Vordertür, sah von da der Trauung (?) zu und kehrte dann ebenso zurück.

Zu den von der Society for Psychical Research selbst als zweifellos veröffentlichten Fällen gehört der nachstehend erzählte besonders bemerkenswerte:

„An einem Donnerstag im August 1849 verbrachte ich den Abend im Familienkreise meines Freundes Rev. Harrison. Wir machten einen gemeinsamen Spaziergang und waren alle vergnügt. Am anderen Morgen trete ich eine Reise zu Verwandten an, die ein Haus an der Straße von Hartfordshire nach London bewohnen. Am Montagnachmittag gehe ich auf dieser Straße spazieren. Sie ist an dem schönen Tage belebt, und ich fühle mich heiter und glücklich. Plötzlich tritt mir ein »Phantom« entgegen, es steht so dicht vor mir, daß ich am Weitergehen behindert werde. Ich kann seine Züge nicht erkennen, aber ich sehe, wie sich seine Lippen bewegen und höre es einige Worte murmeln. Seine Augen bohren sich durchdringend in die meinen, und ich rufe plötzlich: »Himmel, es ist Harrison!«, obgleich ich an jenem Tage gar nicht an ihn gedacht hatte. Nach einigen Sekunden, die mir endlos dünken, verschwindet es, und ich stehe wie festgebannt. Ich kann an der Realität der Erscheinung nicht zweifeln, das Blut ist mir erstarrt, und eine eisige Angst liegt mir in allen Gliedern. Ich habe nie etwas Aehnliches empfunden. Endlich beruhige ich mich und kehre zu meinen Verwandten zurück. Um die Damen nicht zu beunruhigen, schweige ich über mein Erlebnis.

„Das Haus meiner Verwandten liegt mitten in dem Grundstück, von einem 7 Fuß hohen Eisengitter umgeben und etwa 300 Schritte von jedem anderen Wohngebäude entfernt. Mit sinkender Nacht werden immer alle Türen verschlossen. Bei der Eintrittstür wacht ein großer Kettenhund, und im Hause haben wir einen Terrier, der jeden Fremden wütend anbellt. Nach einem schönen Abend gehen wir alle zu Bett. Die Dienstboten schlafen in den 60 Fuß entfernten Hinterräumen. Plötzlich erzittert die Eintrittspforte unter einem gewaltigen Schlage. Sofort sind wir alle versammelt, auch die Dienstboten kommen erschrocken herbeigelaufen; sie eilen zum Tore, können

Sechstes Kapitel. Erscheinen Sterbender und Verstorbener.

aber niemand sehen. Wir stehen alle vor einem Rätsel. Auch der Terrier hat sich seiner Gewohnheit zuwider zitternd und winselnd unter dem Sofa verkrochen. Am Mittwoch nach Hause zurückgekehrt, teilt mir in meinem Bureau ein Freund der Familie Harrison, der mich da schon wiederholt vergeblich zu treffen versucht hat, mit, an einer ausgebrochenen Choleraepidemie sei schon Frau Harrison und ein Stubenmädchen gestorben; der Reverend sei in ein Spital überführt worden und habe wiederholt dringend nach mir, dessen Aufenthaltsort aber nicht bekannt war, verlangt. Trotz unseres sofortigen Aufbruches fanden wir ihn leider nur noch als Leiche."

Die beiden eigentümlicherweise verschiedenartigen spukhaften Manifestationen des Todkranken werden mit seinem wiederholt geäußerten Verlangen zusammenhängen. Der Terrier muß (vgl. das neunte Kapitel) irgendwie erkannt haben, daß ein Spuk im Spiele war.

Den von Gurney, Myers und Podmore nachgewiesenen vielen Hunderten von Beispielen der Erscheinungen Verstorbener mögen ferner die folgenden entnommen werden.

1. Ein Herr im Süden von England hatte mit seinem Freunde einen gemeinschaftlichen Aufenthalt in Cambridge verabredet. In einer Nacht erwachend, sah er den Freund am Fuße seines Bettes sitzend, von Wasser triefend. In derselben Nacht wiederholte sich die Erscheinung. Bald darauf kam die Nachricht, daß jener kurz vor dieser Erscheinung beim Baden ertrunken war.

2. Kapitän Russel Colt hatte von seinem vor Sebastopol liegenden Bruder einen eine trübe Stimmung verratenden Brief erhalten. In seinem Antwortschreiben sprach er ihm Mut zu und bat ihn, wenn ihm etwas zustoßen sollte, dem Schreiber zu erscheinen. Bald darauf erwachte der Kapitän plötzlich eines Nachts und sah nahe seinem Bette den Bruder kniend und von einem phosphoreszierenden Licht umgeben, zärtliche Blicke, aber voll tiefer Traurigkeit auf ihn richtend. Der Kapitän glaubte an eine vom Mondlicht erzeugte Illusion und sprang aus dem Bette. Ans Fenster getreten, mußte er sich aber überzeugen, daß eine dunkle regnerische Nacht ohne Mondschein herrschte. Er schritt durch die Gestalt hindurch gegen die Zimmertür. Dort sich umwendend, gewahrte er noch immer seinen Bruder und bemerkte nun an dessen rechter Schläfe eine blutende Wunde. Der Bruder hatte den jene Bitte enthaltenden Brief wenige Stunden vor der Erstürmung des Redan erhalten, bei welcher er an Stelle des gefallenen Hauptmannes die Führung der Kompagnie übernahm. Er erhielt eine Kugel in die Schläfe und wurde später gefunden von andern Leichen umgeben, die ihn in einer Art von kniender Stellung hielten.

Sechstes Kapitel. Erscheinen Sterbender und Verstorbener.

3. Eine Frau war des Morgens im Begriff aufzustehen, als sie ihren Bruder, einen in Algier stehenden Leutnant, ganz deutlich vor sich sah. Er näherte sich und küßte sie auf die Stirn, wobei sie einen eiskalten Schauer fühlte. Dann hörte sie den Erschienenen deutlich sagen: „Adieu, Angèle! Ich bin gestorben."

4. Eine Dame saß am 14. November 1876 in der Todesstunde eines Onkels, von dessen Kranksein sie nichts wußte, mit ihrem Manne in der Town Hall zu Birmingham in einem Konzert, als sie einen eisigen Hauch verspürte und gleich darauf vor sich den Onkel im Bett liegen und anscheinend nach ihr suchend sah. Obgleich die Erscheinung ganz natürlich wie ein fester Körper war, konnte sie dahinter auch das Orchester sehen. Jene verschwand dann allmählich wieder.

Der Oberlandesgerichtsrat E. teilte mir selbst aus seiner Verwandtschaft unter näherer Angabe der beteiligten Personen folgendes mit. Ein fünf- bis sechsjähriges tödlich erkranktes Mädchen sagte kurz vor seinem Ableben: „Nun hole ich mir den Papa auch bald nach." Etwa ein halbes Jahr später litt dieser an einer unheilbar gewordenen Nekrose, und in einer Nacht hielten sich in einer an das Krankenzimmer anstoßenden Stube seine Gattin, der ihn behandelnde Arzt und eine Pflegeschwester auf, als, von den dreien völlig deutlich gesehen, das verstorbene Kind, seinen Vater an der Hand führend, an ihnen vorüberschwebte. Höchlichst erregt und schon Schlimmstes ahnend, begaben sie sich in das Krankenzimmer, und konnte da der Arzt den eben eingetretenen Tod des Mannes feststellen.

Eine in gewissem Maße ähnliche Erscheinung eines Verstorbenen wird bei Flammarion a. a. O. S. 156 mitgeteilt. Eine siebzehnjährige Schülerin eines elsässischen Instituts ist am letzten Februarsonntag 1854 nach Mittag mit ihren Genossinnen in einem Saale versammelt, als sie in einer Ecke desselben ihre anscheinend im Bette liegende Mutter erblickt. Das totenblasse Gesicht ist ihr zugekehrt und eine Hand gegen den Himmel erhoben. So schwebt die Erschienene langsam in aufsteigender Richtung durch den Saal und verschwindet dann. Die Mutter hatte in England gewohnt und war kurz vorher tödlich erkrankt. —

Als ein Beispiel aus jüngster Zeit zu diesem Kapitel erzählte unlängst der Kunstschriftsteller Dr. Meyer-Graefe, er sei bei dem Bildhauer Meunier an der Mittagstafel zu Gast gewesen, als dieser plötzlich mit allen Zeichen größten Erschreckens in eine Ecke des Gemaches geblickt und, nachdem er seine Gattin hinausgeschickt, erklärt habe, er wisse, daß sein in Westindien weilender Sohn eben gestorben sei. Am nächsten Tage wurde das durch ein Telegramm bestätigt. —

Sechstes Kapitel. Erscheinen Sterbender und Verstorbener.

Mit dem Erscheinen verbindet das Gespenst eines Sterbenden öfter auch eine Berührung mit der Hand, besonders eine streichelnde. Nicht immer aber begnügt es sich auch damit. Der Sammlung **Flammarions** entnehme ich folgende beiden Fälle.

Ein Fräulein, dessen langjährige Verlobung widriger Verhältnisse wegen hatte aufgehoben werden müssen, berichtet danach weiter:

„Einige Jahre darauf, in einer Aprilnacht 1893, sah ich in meinem Zimmer eine menschliche Erscheinung, deren Formen von einem großen schwarzen Gewand verhüllt waren. Mit Entsetzen sah ich dann, wie sie auf mich zukam, sich über mich beugte, und wie ihre Lippen sich auf die meinen preßten. Ich empfand die fürchterliche eiskalte Berührung eines toten Mundes! Ohne an meinen verlorenen Freund zu denken, war ich nur erstarrt während dieses langen eisigen Kusses! Am Tage darauf las ich in der Zeitung von .... eine Mitteilung von seinem stattgehabten Begräbnis."

In dem zweiten Falle standen zu der Zeit der Berichterstatter nebst seiner Mutter im Dienst des Generals Morse zu Troston Hall, während ein Stubenmädchen Susanne wegen Krankheit in ein Spital gebracht worden war. Es wird dann erzählt:

„Ich bin bereits eingeschlafen, da weckt mich ein seltsames Gefühl des Grauens. Ich versuche die Dunkelheit zu durchdringen, kann aber nichts sehen und doch ein Gefühl der Todesangst nicht bannen, so daß ich lange wach bleibe. Wer zu dem Zimmer meiner Mutter will, muß auf einem schmalen Gange an meiner Zimmertür vorüber. Am andern Morgen finde ich meine Mutter ganz krank aussehend. Erst nach längerem Sträuben und nachdem ich ihr mitgeteilt, welche Angst ich in der Nacht ausgestanden habe, erzählte sie mir ihrerseits: »Ich erwache in der Nacht darüber, daß meine Tür geöffnet wird, und erblicke mit Schaudern Susanne im Nachthemd. Sie geht auf mein Bett zu, hebt die Decke und legt sich neben mich. Ich spüre die kalte Berührung ihres Körpers und muß vor Entsetzen ohnmächtig geworden sein, denn ich weiß nicht, was weiter geschah. Wie ich wieder zu mir komme, ist sie verschwunden, aber ich weiß ganz bestimmt, daß es kein Traum gewesen ist.« Susanne hat vor ihrem in derselben Nacht erfolgten Ableben immer wieder nach Troston Hall zurückkehren wollen." —

Der besonders grausige Spukfall, daß ein eben Gestorbener von einem anderen Toten aufgesucht wurde, wird in der Zeitschrift „Die übersinnliche Welt", 1908, S. 28, mitgeteilt, und zwar als ein gut verbürgtes Erlebnis von Personen, an deren Glaubwürdigkeit nicht zu zweifeln war. Man hatte sofort nähere Untersuchungen und Zeugenvernehmungen angestellt, die ergaben, daß alle Zeugen das-

Sechstes Kapitel. Erscheinen Sterbender und Verstorbener.

selbe gesehen hatten und die Wahrheit ihrer Angaben hoch und teuer versicherten.

Auf dem großen Gute W. war der Gutsherr gestorben und altem Brauch gemäß auf der Scheunentenne aufgebahrt worden. Zwei Männer vom Personal des Gutes hielten des Nachts die Totenwache. Ihnen hatte sich ein Sattlermeister aus der nahen Stadt zugesellt, der sich jedoch im Heu der Scheune zum Schlafen niederlegte. Um Mitternacht hörten die beiden Wache haltenden Männer einen Wagen, mit Pferden bespannt, langsam die Landstraße herangefahren kommen. Da er auf den Gutshof herauffuhr, traten die Männer mit Laternen aus der Scheune heraus, um zu sehen, was für ein später Besuch da käme. Wer beschreibt ihr Entsetzen, als sie einen lange verstorbenen Gutsherrn, den Vater des soeben gestorbenen, auf dem Wagen sitzen sahen, der genau so aussah wie derjenige, den jener zu Lebzeiten stets zu benützen pflegte. Der Wagen hielt vor dem Scheunentore still; der Alte kletterte herab und ging zur Scheunentenne heran. Da schrien die beiden Männer laut auf und wandten sich zur blinden Flucht. Durch das Geschrei erwachte auch der Sattlermeister. Er fuhr von seinem Lager auf und sah den verstorbenen Gutsherrn vor der Leiche seines Sohnes stehen. Er stahl sich um den unheimlichen Gast herum und lief gleichfalls davon. Der Gutsfrau, der Mutter des Berichterstatters, Dobberkau in Schirgiswalde, wurde nachher gleich von dem Erlebten Mitteilung gemacht. —

Professor Perty berichtet in seinem Buche: „Die mystischen Erscheinungen der menschlichen Natur" von einer Frau von K., die im vorigen Jahrhundert in C. lebte und deren intimer Freund ein geistig hochstehender Pater C. in B. war. Als sie infolge einer Krankheit ihr Ableben nahe bevorstehen fühlte, gab sie in einer Nacht ihrer Tochter noch gute Lehren und Warnungen und sagte dann lächelnd: „Nun ist es Zeit, daß ich gehe und von Pater C. Abschied nehme." Darauf sank sie in Schlaf, aus welchem sie nicht wieder erwachte. Von dem Pater kam kurz darauf ein Brief, in welchem er sich nach dem Befinden der Frau erkundigte. Auf die Nachricht hin, daß sie gestorben sei, teilte er den Angehörigen mit, daß er in der betreffenden Nacht, mit der Ausrechnung einer mathematischen Aufgabe beschäftigt, an seinem Schreibtische saß, als plötzlich seine an der Wand hängende Mandoline einen starken Knall von sich gab. Er sah sich um und sah Frau von K. in weißer Gestalt vor sich stehen, die ihn mit freundlichem Ernst anblickte und dann verschwand. Als er die Mandoline betrachtete, zeigte der Resonanzboden einen starken Sprung. —

In manchen hier mitgeteilten Fällen konnte durch Zeugen festgestellt werden, daß der Erscheinende kurz vor seinem Ableben des

Sechstes Kapitel. Erscheinen Sterbender und Verstorbener.

Sehenden mit Sehnsucht gedacht hatte. In anderen Fällen ist das aber nicht nur nicht nachzuweisen, sondern es ist auch das Gegenteil mit Sicherheit anzunehmen. Viele Sterbende sind ja eine mehr oder weniger lange Zeit vor dem Ableben nicht mehr bei klarem Bewußtsein, und in anderen hier auch mitgeteilten Fällen waren die Wiedergänger durch einen Unglücksfall ganz plötzlich ums Leben gekommen.

Mit Recht hat daher auch schon Schopenhauer a. a. O., S. 297, geschrieben: „Der eben jetzt erfolgende Tod meines entfernten Freundes kann mir dadurch kund werden, daß dessen Gestalt sich mir plötzlich so leibhaftig wie die eines Lebenden darstellt, ohne daß etwa hierbei der Sterbende selbst durch seinen lebhaften Gedanken an mich mitgewirkt zu haben braucht."

Wie also zweifellos nicht entfernt jeder als Wiedergänger dem erscheint, dessen er vor seinem Ableben mit Sehnsucht gedacht hat, so geschieht das umgekehrt auch da, wo solches nicht der Fall gewesen ist, und aus dieser Sehnsucht kann daher wohl nicht, wie mit Vorliebe geschieht, eine Erklärung der Erscheinung geschöpft werden.

Horst schreibt freilich („Deuteroskopie" I, 124) auch: „Darüber, wie ein Uebermaß von Schmerz und Sehnsucht in der Sympathie eine äußerliche Intuition, oder das was wir eine Erscheinung nennen, zu bewirken vermöge, habe ich schon vielfach nachgedacht, aber ich gestehe es ganz unbefangen, bis jetzt nichts Genügendes gefunden." Und wenn Dr. Schindler („Das magische Geistesleben", S. 169) meint, die Erscheinung sei erklärbar, wenn wir bedächten, daß der Menschengeist bei sehnsüchtigem Denken einen anderen Menschengeist durch mittönende Schwingungen in eine gleiche Vibration des Nervensystems versetzen könne, woraus dann die Vision entstehe, so wird dadurch auch zur Erklärung gewiß nicht viel gewonnen sein.

Siebentes Kapitel.

Andere Anzeigen des Ablebens.

Auch ohne daß der Sterbende oder eben Gestorbene selbst erscheint, kann sein Ableben irgendwie Nahestehenden auf mannigfache spukhafte Weise kundgetan werden.

In Eschenmayers „Archiv für den Thierischen Magnetismus", Bd. 8, Stück 3 (Leipzig 1821), wird folgendes mitgeteilt. „Am Todestage des alten Koginspektors Paisen zu Klockries auf Fünen saß der Lehnsvogt und jetzige Inspektor Carstens in Lindholm mit seiner Frau und seinem Sohne am Mittagtisch, als alle drei deutlich ein Pferd auf den Hof trotten und die hohlen Worte hörten: »De ole Paul is dod!« Eine Stunde danach kam ein Knecht des Paisen auf den Hof geritten, der dessen Ableben mit denselben Worten bekannt machte. Dies hat mir nicht nur der alte Carstens, sondern auch sein Sohn, ein junger Rechtsgelehrter, der sonst wenig oder nichts auf solche Erscheinungen hält, feierlich versichert." —

Nur selten indessen wird, wie hier, ein Todesfall von einer geheimnisvollen Stimme mit ausdrücklichen Worten verkündet. Um so zahlreicher sind die mannigfachen sonstigen Anzeigen, durchaus der Regel nach auch nur durchs Gehör wahrgenommene Spukfälle, deren jedesmalige Bedeutung daher erst später völlig klar erkannt werden kann. Während häufig Laute wie Klopfen, Fußtritte und dergleichen, nur dadurch zu spukhaften werden, daß niemand vorhanden oder wahrzunehmen ist, der sie hervorrufen konnte, besteht eine besondere ganz unerklärliche Art hörbaren Spukes darin, daß, wie man aufs deutlichste wahrgenommen hat, Gegenstände durcheinander oder entzweigeworfen oder von den Wänden gefallen, Türen aufgebrochen worden sind, Pferde sich im Stalle geschlagen haben usw., während doch, wie danach der Augenschein ergibt, nichts dergleichen wirklich geschehen sein kann.

138   Siebentes Kapitel. Andere Anzeigen des Ablebens.

So erzählt L u d w. R i c h t e r in seinen „Lebenserinnerungen eines deutschen Malers", Frankfurt a. M., 1886: „Ich erwachte eines Nachts aus meinem gesunden Schlafe durch ein nahes Getöse. Der Mond erhellte die Kammer, in welcher ich mit meinem Vater schlief. Ich rieb mir die schlaftrunkenen Augen aus und war erstaunt, meinen Vater ebenfalls im Bette sitzend und gespannt horchend zu finden. »Hast du den Lärm auch gehört?« fragte er mich. In demselben Augenblicke ging das Getöse von neuem los. Wir horchten genau, es war ein heftiges Werfen, Poltern und dazwischen ein schmetterndes Krachen, das aus dem kleinen Kabinett erscholl, welches an das nebenanliegende Atelier stieß, und in dem sich eine schöne Sammlung von Gipsabgüssen und die Kupferstichsammlung des Vaters befand. Es war gar nicht zu bezweifeln, man hörte deutlich die größeren und kleinen Figuren herabstürzen und zerbrechen. Nachdem wir uns überzeugt, daß keine Täuschung obwalte, sprang mein Vater aus dem Bette, ergriff einen Säbel, eine Reliquie vom Schlachtfelde, welcher an der Wand hing, und marschierte so im Hemde, den Sarras in der Hand, nach der Tür; ich aber wollte meinen Vater doch nicht allein in das schrecklich spukende Gipskabinett zur Ratten-, Diebes- oder Geisterschlacht ziehen lassen, oder ich fürchtete mich, allein zurückzubleiben; kurz, ich sprang ebenfalls aus dem Bette, hielt mich an das Hemd des Vaters und bewaffnete mich mit einer Reißschiene. Wir öffneten vorsichtig die Ateliertüre und, da sich hier nichts zeigte, auch die Türe zum Gipskabinett. Wir glaubten in eine grauenvolle Zerstörung sehen zu müssen, aber nichts von alledem. Es war mäuschenstill. Im Mondschein präsentierte sich alles in alter Ordnung und ohne irgend eine Verletzung unseren Blicken. Wir sahen in den Hof hinaus, still und ruhig wie immer, und das ganze Haus lag im tiefsten Schlafe. Zu kämpfen gab es daher nichts, und wir zogen uns kopfschüttelnd in unsere Betten zurück. Die nächste Nacht verging sehr ruhig. Aber am frühen Morgen kam Frau Harnapp mit der Mutter in unsere Schlafkammer und rief: »Ich muß Ihnen eine Nachricht bringen!« »Ich weiß schon,« unterbrach sie der Vater, »der alte Zingg[1]) ist gestorben.« Und so war es. Eine Stafette war diesen Morgen von Leipzig gekommen mit der Nachricht, daß Zingg gestern nacht nach kurzem Unwohlsein verschieden sei." —

Eine eigentümliche hierhergehörige Spukgeschichte berichtet der Hugenottenführer A g r i p p a d ' A u b i g n é in seiner „Histoire universelle" 1550—1601 (T. II, B. 4, C. 16).

---

[1]) Adrian Zingg, Kupferstecher und Pate Ludwig Richters, der auch dem Vater nahe gestanden hatte.

Siebentes Kapitel. Andere Anzeigen des Ablebens.

Indem er 1580 mit den Truppen vor Montaigu lagerte, betete er eines Abends, zwischen zwei adeligen Genossen auf dem Strohsacke liegend, laut das Vaterunser, und zwar seinen andersgläubigen Mitoffizieren zuliebe nach katholischem Ritus. Als er dá an die Worte kam „führe uns nicht in Versuchung", empfing er drei Ohrfeigen mit einer, wie er nach dem Gefühl urteilte, flachen Hand, und zwar so laut klatschend, daß die dabei gegenwärtigen sieben Herren erstaunt die Augen auf ihn richteten. Das Zimmer war von einem hell lodernden Kaminfeuer und einem Licht erleuchtet. Ueber den seltsamen Vorfall erschrocken, veranlaßten die Anwesenden d'Aubigné, das Gebet noch einmal zu sprechen, indem sie sich um ihn herum stellten. Er tat das, und als er das Wort „Versuchung" aussprach, erhielt er zum größten Erstaunen aller wie das erstemal drei nur noch stärkere Schläge. Der Erzähler bemerkt hierzu, daß, da der Vorfall wider seinen Willen durch die Zeugen ohnehin bekannt geworden sei, er vorziehe, in seinen Memoiren eine zuverlässige Darstellung davon zu hinterlassen, und führt dann mehrere mögliche Erklärungen der Sache an, von welchen er als die wahrscheinlichste die bezeichnet, daß sein Bruder, der zu derselben Stunde in einem Vorpostengefecht gefallen sei, ihm damit ein Zeichen seines Todes habe geben wollen. Die in diesem Maße eigentümliche Art und Weise eines solchen wird freilich schwer zu begreifen sein.

Der Doktor der Theologie und geistl. Geheimrat P. C. H o r s t erzählt in seinem Buche „Deuteroskopie" (Frkf. 1830) Bd. II S. 135 folgenden Vorfall.

Der Baron von R. hatte die eigentümliche Gewohnheit, sowohl sich selbst als anderen von Zeit zu Zeit die Haare vom Nacken kopfaufwärts zu streichen. Sein Freund, der noch lebende Graf v. M. mochte dies nicht leiden und verbat sich solches mehrmals allen Ernstes, aber stets ohne Erfolg. Da erklärte er demselben endlich mit bestimmten Worten, er werde sich diese Sitte, welche ihm äußerst unangenehm sei, nicht mehr gefallen lassen. „Gut", sagte Baron v. R. etwas empfindlich, „so werde ich Dir das Haar noch einmal in die Höhe streichen, Du magst es leiden wollen oder nicht, und sollte es in der Stunde meines Todes sein." Beide lachten und Graf v. M. äußerte scherzend, wenn er ihm bis dahin Ruhe lasse, möge er, wenn er könne, seine Drohung immerhin erfüllen.

Ein paar Jahre darauf ward Baron R. krank, ohne daß Graf M. etwas davon erfuhr. Früh morgens, eben im Begriffe aufzustehen, tut dieser auf einmal einen lauten Schrei und sagt zu der ihn erschrocken fragenden Gattin: „Hast Du es denn nicht gehört? Eben hat mir eine eiskalte Hand mit den Worten »So stirbt man!« meine Haare von dem Nacken in die Höhe gestrichen." Er erinnerte sich sofort jenes

Siebentes Kapitel. Andere Anzeigen des Ablebens.

Scherzes und setzte nicht ohne sichtbare Gemütsbewegung hinzu: „Unser Freund R. hat Wort gehalten. Jetzt ist seine Drohung erfüllt. Er ist gewiß in dem Augenblicke gestorben." Tag und Stunde des Auftritts wurden sofort aufgezeichnet, und bald kam die Nachricht von seinem in derselben Stunde erfolgten Tode.

Der Verfasser fügt hinzu, daß er die „genau untersuchte" Geschichte aus dem Munde seines vieljährigen Freundes Hofrats Hecker zu Echtersheim habe, und daß ihm u. a. der Freiherr von Venningen und dessen Gemahlin Gewährsleute für „die über allen Zweifel erhabene Gewißheit derselben" seien.

In der „Zeitschrift für Spiritismus" wird 1903 S. 233 berichtet, daß eine Frau zu der nächtlichen Todesstunde ihrer fern lebenden Mutter sah, wie eine zarte weiße Hand von einer über dem Bette hängenden Mandoline, die sie als Andenken an den verstorbenen Vater von der Mutter erhalten hatte, eine Saite in der Mitte faßte, welche dann mit laut klagendem Tone mitten durchriß.

General Parmontier, ein außerordentlich gelehrter und angesehener Mann, hat Flammarion, dem Verfasser von „L'Inconnu", folgende beiden in seiner Familie geschehenen Vorfälle verbürgt.

1. In Andlau (Elsaß) saßen, nachdem man vergebens auf die Rückkehr des auf die Jagd gegangenen Hausherrn gewartet hatte, mehrere Personen an der Frühstückstafel, als bei völliger Windstille und heiterem Himmel, von allen wahrgenommen, das offenstehende Fenster des Speisezimmers plötzlich mit großer Gewalt zuschlug und sich sofort wieder öffnete. Alle waren vor Schrecken starr und die Dame des Hauses rief entsetzt: „Es steht uns ein Unglück bevor!" Nach einer dreiviertel Stunde brachte man den Gatten, durch die Brust geschossen, auf einer Tragbahre ins Haus. Er war mit den Worten „Meine Frau! Meine armen Kinder!" tot zusammengestürzt.

2. In Schlettstadt lagen die Eltern des Generals in einer heißen Sommernacht im Schlafe. Im anstoßenden Salon waren die Fenster durch dagegen gestellte Stühle offen gehalten. Plötzlich erwachte Frau P. durch eine heftige von oben nach unten laufende Erschütterung ihres Bettes. Sie hatte erschreckt ihren Gatten geweckt, als ein zweiter heftiger Stoß und bald ein dritter sehr starker folgte, während zugleich im Salon ein Lärmen und Klirren erscholl, als ob die Fenster mit Gewalt zugeschlagen, und die Scheiben zersplittert würden. Herr und Frau P., an ein Erdbeben denkend, begaben sich dahin, um die Verwüstung zu beaugenscheinigen. Da war jedoch an den Fenstern und Stühlen keine Aenderung wahrzunehmen. Es war windstill und ein klarer Sternenhimmel. Auch hatte in demselben Hause niemand etwas von Erdstößen wahrgenommen. Nach kurzer Zeit erfuhr Frau P., daß ihre alte Erzieherin, die seit der

Siebentes Kapitel. Andere Anzeigen des Ablebens.

Verheiratung ihrer zärtlich geliebten Schülerin in dem 650 Kilometer entfernten Wien lebte, in derselben Nacht gestorben war und sie vergeblich herbeigewünscht hatte.

Den hierher gehörigen zahlreich von Flammarion gesammelten Fällen entnehme ich weiter folgende.

Der Vater eines der Berichterstatter wohnte in Brumath (Elsaß) allein im ersten Stocke, der Großvater allein im Parterre eines Hauses. Um Mitternacht wurden beide durch großen Lärm geweckt und fanden die verschlossen gewesene Haustüre weit offenstehen. Sie schlossen sie wieder zu und schoben den Riegel vor. Wieder zu Bett gegangen, fanden sie noch ein zweites und ein drittes Mal mit dem gleichen Spektakel die Tür geöffnet, worauf sie dieselbe noch mit einem starken Strick zubanden. Ein späterer Brief aus Amerika meldete, daß ein Bruder des Großvaters dort in derselben Nacht gestorben war. Auch daß er vorher den lebhaften Wunsch geäußert hatte, seinen Bruder noch einmal zu sehen und unmittelbar vor seinem Tode gesagt hatte: „Ich habe jetzt eine große Reise gemacht; ich war bei meinem Bruder in Brumath."

In dem Schlosse des Großvaters eines anderen Mitarbeiters waren einmal sieben Familienmitglieder noch spät in der Nacht versammelt, indem man die Rückkehr des zu einem kranken Schwager gereisten Hausherrn erwartete. Plötzlich hörten alle Anwesenden, darunter zwei furchtlose Soldaten, eine benachbarte Tür so heftig zuschlagen, daß sie zusammenfuhren, und zugleich fühlten sie einen starken Luftzug und empfanden kalten Schweiß wie bei einem Alptraum. Wie man sich danach durch Nachsuchen überzeugte, waren alle Türen und Fenster fest geschlossen, und eine spätere Nachricht ließ feststellen, daß der Erkrankte genau zu derselben Zeit gestorben war.

Die Mutter eines anderen durchaus zuverlässigen Berichterstatters hatte, bei ihren Eltern in Schlettstadt wohnend, als junges Mädchen eine sehr musikalische Freundin, mit welcher sie öfter zusammen sang und die später in ein Straßburger Kloster eintrat. Etwa drei Jahre danach begab sich jene eines Tages auf den Boden, um etwas von da zu holen. Plötzlich kommt sie mit Angstgeschrei zurück und sinkt bewußtlos zu Boden. Wieder zu sich gebracht, ruft sie unter leidenschaftlichem Weinen: „Es ist schrecklich! Amalie stirbt; ich habe sie singen hören, wie nur eine Sterbende singen kann." Und von neuem verfällt sie in eine Nervenkrise. Bald darauf erfuhr man von der Oberin des Klosters, daß die Freundin zu dieser Stunde gestorben war. —

Beim Tode eines nahen Verwandten hörten mehrere und sahen das auch an der Bewegung der Tasten, daß ein Klavier von unsichtbaren Geisterhänden gespielt wurde, und dasselbe wiederholte sich nach kurzer Zeit, als auch die Frau jenes gestorben war. Flammarion bemerkt hierzu, daß ihm Victorien Sardou einen ähnlichen ihm bekannt gewordenen Vorfall erzählt habe.

In Ernst Moritz Arndts Aufsatz „Erinnerungen, Gesichte, Geschichten"[1]) finden wir als Erzählung des Elias Mumm, „eines angesehenen Kaufherrn in Köln, eines frommen und gescheidten Mannes" und seines Sohnes die folgende:

„Wir saßen im Winter des Jahres 1814 in Höchst bei Frankfurt des Abends in einem Nachbarhause an fröhlicher Tafel beisammen, wohl fünfundzwanzig, dreißig Personen. Da springt mit einem Male die älteste Tochter des Hauses, ein sehr hübsches Mädchen, auf und ruft: »Hören Sie! Hören Sie! Wer spielt da unten auf der Zither?« Ihre Schwester stimmt ein und spricht: »Ja wahrhaftig, es ist Musik. Gewiß der Major von Oppen. Der wird als Kurier aus Frankreich gekommen sein und will uns hier einen Spaß machen.« Und die beiden Mädchen laufen die Treppe hinunter und fragen und schauen unten und durchsuchen die Stuben und Kammern, worin Oppen als Einquartierung viele Wochen bei ihnen gewohnt hat. Die Mädchen finden aber nichts und kommen etwas verstört wieder zu der Gesellschaft. Da macht es eine Pause von einer halben Stunde, dann aber beginnt es von neuem zu klingen, aber nicht allein die beiden Mädchen, sondern die ganze Gesellschaft hört es. Jene eilen nun außer sich wieder hinunter, indem sie rufen: »Gewiß, es ist der Oppen, und der Schelm hat sich nur irgendwo versteckt.« Bald kommen sie ganz blaß und verstört zurück. Sie bleiben sehr still, und unten wird nun auch nichts mehr gehört. Und still geht bald die ganze Gesellschaft auseinander. Die Mädchen haben sich aber Tag und Stunde wohl gemerkt, und es hat sich aus den Zeitungen und den Aussagen der Freunde ergeben, daß der Major von Oppen an jenem Abend in einem Gefecht in Frankreich gefallen war. Er war Adjutant in Blüchers Heer. Als ein edler für sein Vaterland und dessen Freiheit brennender Jüngling hatte er in Spanien mehrere Feldzüge als Freiwilliger gegen die Franzosen mitgemacht, hatte spanische Lieder und das Zitherspiel nach Deutschland mitgebracht und jene Mädchen, in deren Herzen er wohl liebenswürdige Erinnerungen hineingesungen hatte, oft damit ergötzt."

Herr Castex-Degrange, Direktor der Ecole des beaux-arts in Lyon, hat zu derselben Sammlung folgenden Beitrag geliefert.

Dr. Clermont nahm eines Morgens seiner Gewohnheit gemäß vor dem Aufstehen eine Tasse Kaffee und plauderte während dessen

---

[1]) „Schriften", Teil 3.

Siebentes Kapitel. Andere Anzeigen des Ablebens. 143

mit seiner Frau, als er plötzlich von einer unsichtbaren Gewalt in die Höhe geworfen und wieder zurückgeschleudert wurde, so daß der ganze Inhalt der Tasse verschüttet wurde. Wie er später erfuhr, fiel dieses Geschehnis mit dem Eintritt des Todes seines Bruders zusammen, der in Algier im Meer gebadet und in den Fuß gebissen oder gestochen worden war, worauf er am Starrkrampf nach dreißig Stunden gestorben war. —

In einem anderen Falle ist ein Vikar eben zu Bett gegangen, als er einen gleichsam elektrischen Schlag vom Kopf bis zu den Füßen fühlt. Er hat das mit Recht mit dem zu der Stunde erfolgten Ableben seiner kranken Mutter in Beziehung gebracht.

Als im Jahre 1853 ein Franzose in Algier im Kampfe gegen Abdelkader fiel, hörte seine ein Landhaus bei La Rochelle allein bewohnende Mutter in einem rings geschlossenen Zimmer ein Klirren und Lärmen und fand dann, mit dem Dienstmädchen herzugeeilt, ein auf dem Kamingesims aufgestellt gewesenes Kaffeeservice zerbrochen und mitten im Zimmer, wie da zusammengefegt, liegen. Auch von letzterem besonderen Umstande abgesehen, war es ganz ausgeschlossen, daß etwa ein Tier oder ein heftiger Windstoß das hätte verursacht haben können.

Weitere wohlverbürgte hierher gehörige Fälle sind noch folgende:

Der Tod eines Bruders wurde einem noch lesend im Bett liegenden Herrn dadurch angekündigt, daß die Vorhänge wild hin und her bewegt wurden, während zugleich schleppende Schritte und ein tiefes Seufzen zu hören waren. Auch seine Frau erwachte davon.

Ein Steuereinnehmer zu Morbihan hörte beim Ableben seines in Paris wohnenden Bruders zugleich mit zwei bei ihm weilenden Freunden das Geräusch tanzender Fünffrancsstücke in einer Schublade.

Eine Barmherzige Schwester vernahm in der Nacht, in welcher ihre Mutter starb, wiederholt das starke Geräusch einer über den Klosterhof rollenden Tonne, ohne daß dort etwas zu sehen gewesen wäre. —

Nicht selten hört ein dem Sterbenden irgendwie Nahestehender sich von diesem gerufen, und mitunter ist es bezeugt, daß dieser Ruf an fern gelegenem Orte wirklich ausgestoßen wurde[1].

Der in Algier erfolgte Tod eines Mannes wurde in derselben Nacht in Rémoulin (Gard) seinem Bruder und dessen Frau dadurch kundgetan, daß auf dem über ihrem Schlafzimmer liegenden Fußboden dreimal ein Knall wie von dem Herabfallen eines schweren

---

[1] Anderseits muß nach dem Volksaberglauben wer sich dreimal rufen hört, selbst sterben.

Körpers gehört wurde und dasselbe gleichzeitig einer in Nîmes wohnenden Schwester durch einen ebenso unerklärlichen Lärm in einem Tische und ein beängstigendes Hinundherschwanken eines Schrankes. —
Noch manches andere hat man in hinlänglich beglaubigten Spukfällen beim Ableben eines Nahestehenden gehört. So im eigenen oder in einem benachbarten Zimmer verschiedenartigen Lärm, als wenn Pflastersteine über den Fußboden hinrollten, eine Kette geschleppt oder eine Eisenstange fallen gelassen würde, ferner laute Schritte, das Schlagen einer seit langem nicht aufgezogenen Uhr, einen Spektakel im Kamin, des Nachts besonders Schläge gegen die Bettstelle und dergleichen mehr. —

Als in gewissem Maße naheliegend kann es bezeichnet werden, daß auch das Bildnis eines Sterbenden Gegenstand einer spukhaften Erscheinung sein kann. Mehrere Beispiele davon werden auch bei Flammarion a. a. O. mitgeteilt.

Die Großmutter eines der Korrespondenten blickte eines Tages auf das Oelbild ihres in Straßburg studierenden Sohnes und sah da, wie sich die Leinwand auf sie zu bewegte, während sie gleichzeitig den Sohn „Mama, Mama!" rufen hörte. Die Wahrnehmung war so deutlich, daß sie in Angst die Arme ausbreitete und „Eduard!" rief. Dieser war zu derselben Stunde durch einen Unglücksfall umgekommen.

Eine Frau in Monte Carlo berichtet, daß sie in der Todesstunde ihres Vaters das über ihrem Bett hängende Bild desselben sich hin und her bewegen sah.

Fräulein Valentine C. studierte eines Abends eifrig ein geometrisches Problem, als ihr Blick wiederholt auf ein vor ihr stehendes Bild einer Freundin gelenkt wurde, welches diese ihr geschenkt hatte. Da sah sie plötzlich, wie sich die Lider bewegten und der Mund sich öffnete. Sie rieb sich die Augen, aber danach sah sie wieder ganz deutlich, wie sich die Augen des Bildes schlossen und die Lippen bewegten, auch hörte sie deutlich einen Seufzer. Ihre zu der Stunde an der Schwindsucht gestorbene Freundin hatte kurz vorher gesagt: „Vielleicht betrachtet Valentine jetzt mein Bild. Sie glaubt an meine Genesung, und ich fühle, daß ich sterbe."

Auch von einer Häufung spukhafter Phänomene in Anlaß eines Todesfalles werden in Flammarions Sammlung mehrere Beispiele mitgeteilt.

So wird von einem Mitarbeiter aus St. Petersburg berichtet:

Im Jahre 1866 befanden sich der Professor Paul L. aus Rußland und sein Bruder bei ihrer Mutter in Preußen zu Besuch. In einer nicht fernen Stadt lebte eine Schwester, die etwas leidend war. Als am 17. September früh beide Brüder spazieren gingen, hörte Paul zweimal diesen seinen Namen rufen und dasselbe hörte ein drittes

Siebentes Kapitel. Andere Anzeigen des Ablebens.

Mal deutlich auch der Bruder. Eilig nach Hause zurückgekehrt, fanden beide da ein Telegramm vor, welches ihnen mitteilte, daß die Schwester im Sterben liege. Paul und seine Mutter fuhren sofort ab. Während der Fahrt um vier Uhr nachmittags sah jener seine Schwester am Wagen vorüberschweben, so daß ihr Kleid ihn streifte. In der Wohnung derselben erfuhren sie, daß die Schwester zu derselben Stunde gestorben war und daß sie in Fieberphantasien mehrmals „Paul" gerufen hatte. Außerdem fand sich da, daß zu der gleichen Zeit die Uhr stehen geblieben und ein Bild der Verstorbenen heruntergefallen war, obgleich der Nagel noch fest in der Wand stak.

Ein junges Ehepaar fuhr eines Abends auf einem Einspänner zu seinen auf einem Pachthofe lebenden Eltern. In die Nähe desselben gekommen, sah man, wie drei Flammen gleich großen Irrwischen aus dem Dache des Hauses hervorbrachen, und beim Betreten des Hofes hörten beide ein Trommeln an der Gartentür. Im Hause selbst fanden sie die Bewohner in großer Erregung, weil man da im Erdgeschoß wiederholt ein Hin- und Herrücken von Stühlen gehört hatte, ohne daß da etwa solches zu finden gewesen wäre. Dasselbe wurde dann in der Nacht nochmals von fünf Personen im Hause gehört, während die Dienstboten in einem anderen Trakt schliefen. Am anderen Tage erfuhr man, daß eine junge Verwandte, die ihnen sehr zugetan gewesen, an dem Tage beerdigt worden war. Durch Zufall hatte sich die Trauernachricht verspätet. --

Seines literargeschichtlichen Interesses wegen mag hier noch der Fall einer ausdrücklichen Anzeige des Todes mitgeteilt werden, welchen Schiller in freier Umdichtung in seinem Geisterseherfragment benutzt hat. In der Nacht zum 1. Februar 1760 veranstaltete der preußische Hof in Magdeburg einen Maskenball, an welchem als Domino gekleidet auch der spätere Landgraf Friedrich II. von Hessen-Kassel, damals noch Erbprinz und Gouverneur der Festung, teilnahm. Schlag 12 Uhr näherte sich ihm eine als Armenier verkleidete Maske, deutete auf die im Saal befindliche Uhr und sprach: „Hochfürstliche Durchlaucht, soeben ist der Landgraf gestorben." Zur nämlichen Stunde war der Landgraf Wilhelm VIII. in Rinteln verschieden. Der Armenier war ein früher in hessischen Diensten stehender ungarischer Husarenoffizier, der die Gabe des zweiten Gesichts hatte. —

Träume beruhen auf einer durch die Sinneseindrücke des Wachenden nicht mehr beeinträchtigten verborgenen und unbewußt handelnden Tätigkeit des Gehirns. Soweit meine persönliche Erfahrung reicht — und ich schlafe nie ohne zu träumen — sind sie nur das Spiel einer lebhaften Phantasie, die mit den wirklichen Ereignissen des Lebens und mit den Gedanken während des Wachens nichts zu tun haben.

146   Siebentes Kapitel. Andere Anzeigen des Ablebens.

Wenn sie daher als solche in diesem Buche an sich nicht zu behandeln sind, so ist das doch der Fall insoweit, als auch ihnen ausnahmsweise die seelische Einwirkung eines Geistes auf den anderen zu Grunde liegt. Es äußert sich das besonders dahin, daß ein Sterbender oder ein auch nur von einem anderen besonderen Ereignis Betroffener ebenso wie dem Wachenden so auch dem Träumenden erscheinen kann. Zahlreiche bestbeglaubigte Beispiele dessen sind besonders in den mehrangeführten Veröffentlichungen Flammarions sowie der Society for Psychical Research erzählt, von welchen nachstehend noch einige mit besonderen Umständen verknüpfte kurz mitgeteilt werden sollen.

1. Ein Berichterstatter hörte im November 1892 im Traume einen auch ihm sehr nahe stehenden alten Freund seines Vaters, den General Charpentier de Cossigny, zuerst seinen Namen rufen und träumte dann weiter, wie dieser auf ihn zukam und ihn auf die Stirn küßte. Die Lippen waren so kalt, daß der Erzähler erwachte. Er sah dann ganz deutlich in der Mitte des von einer Straßenlaterne erleuchteten Zimmers die hohe Gestalt des Generals, der sich danach langsam entfernte. Er war an dem Abend infolge eines Sturzes von der Treppe gestorben.

2. Ein Fabrikant in Bridgeport war im Oktober 1863 Passagier der Inman-Linie auf einer Reise von Liverpool nach New-York. Gleich nach der Ausfahrt wütete ein lange andauernder Sturm, so daß er erst in der neunten Nacht ein wenig schlafen konnte. Ihm träumte da, daß seine Frau im Nachthemd in seiner Kabine erschien und nach einigem Zögern in der Tür, weil sie ihn da nicht allein fand, an sein Bett kam, ihn küßte und liebkoste und dann wieder fortging. Der Erzähler erwachte und sah, daß sein Schlafgenosse mit aufgestütztem Ellbogen gleichfalls wachend dalag. Dieser, ein sehr ernster und zuverlässiger Bekannter, sprach dem Fabrikanten sogleich von der von ihm wachend, von jenem nur im Traum gesehenen Erscheinung, und nach beendeter Reise erfuhr der Erzähler von seiner Frau, daß sie, durch eine Zeitungsnachricht von dem Sturm in Angst versetzt, mit allen Einzelheiten genau dasselbe von ihrem nächtlichen Besuche auf dem Schiffe geträumt hatte. Eine von beiden Ehegatten gleichzeitig geträumte Erscheinung war also von einem Dritten, und zwar Unbeteiligten, als wirklich wahrgenommen worden. Bei Flammarion a. a. O. S. 351 mitabgedruckte Zeugnisse bestätigen die Wahrheit.

3. Auch gewissermaßen ein „zweites Gesicht" kann man im Traume haben. So träumte einmal der Musikprofessor Henri Horst in Straßburg, daß er fünf Särge aus seinem Hause hinaustragen sehe. In derselben Nacht entwich da Gas, und fünf Personen erstickten.

Achtes Kapitel.

Die wilde Jagd und Verwandtes.

Wohl die am meisten seit alters und allgemein bekannten nächtlichen Spukerscheinungen im Freien sind diejenigen, welche, sonst sehr verschiedener Art, Reiter und bellende Hunde mit einander gemein zu haben pflegen, und für welche die Bezeichnung „wilde Jagd" die gewöhnlichste ist.

In ihrer gewissermaßen ursprünglichen und typischen Gestalt ist diese ein Zug gespenstischer Jäger, die mit Hörnerschall, Jagdrufen, Pfeifen und Hundegebell selten auch dem Auge wahrnehmbar, besonders in stürmischen Nächten nach Weihnachten, meistens dieselben Wege verfolgend durch die Lüfte ziehen.

Der bunt gestaltende Volksglaube hat hier dann mannigfach weiter angeknüpft. In dem Geisterheer ziehen auch, meist ohne Kopf oder sonst verstümmelt, die eines gewaltsamen Todes Gestorbenen wie die Ungetauften mit. Der wilde Jäger verfolgt auch die in Wäldern wohnenden Busch- oder Moosweibchen, die er, wenn er sie erreicht, grausam zerreißt. Wer den Zug vorwitzig anruft oder vor ihm nicht die Mitte der Landstraße einhält, wird getötet u. dgl. mehr. Gern setzt die Sage dem Zuge einen besonderen Führer, und dieser wird wohl mit dem germanischen Sturmgott Wodan — daher auch die Bezeichnung „wütendes Heer" — in Beziehung gebracht. Andererseits will man wohl in den verschiedenen Gegenden die Personen kennen, welche meistens zur Strafe dafür, daß sie zu Lebzeiten im Uebermaße der Jagdleidenschaft frönten, an der Spitze der wilden Jagd oder wohl auch als einzelne Herumstreifende zu ewigem Jagen verdammt sind. So werden in der Mark der alte Sparr aus der Zeit des Großen Kurfürsten, in Schleswig-Holstein ein bischöflicher Jagdmeister Blohm, in der Uckermark ein

Graf Schlippenbach, in der Lausitz gar Dietrich von Bern, in England König Artus und in Niederhessen selbst Karl der Große als solche genannt. In der Sagenwelt ist jedoch als der eigentliche „Wilde Jäger" **Hackelberg** — auch die Namensform Hackelblock und Hackelbärnd finden sich — der bekannteste. Er soll ein herzoglich braunschweigischer Oberjägermeister gewesen sein, geboren 1521 und gestorben 1581 zu Wülperode, wo im Steinfelde auch der „Klöpperkrug" liegt, in dessen Garten, früher dem Gottesacker von Wülperode, auf einem Leichenstein noch sein Bildnis gezeigt wird: ein Reiter mit Blechhaube und wehendem Mantel, an einem Riemen einen Hund leitend, während ein anderer daneben läuft. Er ritt immer einen Schimmel, das wildeste Tier, das irgend aufzutreiben war, und liebte die Jagd, welche er besonders am Harz, am Hackel und auf dem Solling ausübte, so über alles, daß er auf seine Seligkeit verzichten wollte, wenn er nur ewig jagen könne. Es darf wohl als zu spitzfindig bezeichnet werden, wenn Jakob Grimm in seiner deutschen Mythologie Hackelbärnd als „Mantelträger" und somit als nur einen Beinamen des Wodan deutete, der auch einen Mantel tragen solle. —

In einer auch allgemein bekannten Sage des Odenwaldes hat dann der wilde Jäger die Gestalt eines Herrn von **Rodenstein** angenommen. Dieser hatte bei einer Belagerung Wiens durch die Türken dem Kaiser so gute Dienste geleistet, daß derselbe ihn dafür durch Bezahlung seiner vielen Schulden sich wieder verpflichtete. Auf der Heimreise unweit seiner Burg Schnellerts durch einen Sturz vom Pferde verunglückt und da begraben, kündigt der Ritter nun durch seinen Auszug von da nach dem Rodenstein — beide Burgen sind jetzt Ruinen — einen dem Deutschen Reiche bevorstehenden Krieg und durch seine Rückkehr den nahenden Frieden an. Mit dem gewöhnlichen Gelärm des wilden Jägers zieht der Burggeist nebst seinem gespenstischen Gefolge über Ober-Kainsbach durch die Scheune eines dortigen Bauernhofes ins Hersprengtal hinab bis Brenzbach und von da über Fränkisch-Krumbach, wo er sich in der Dorfschmiede sein Pferd beschlagen läßt. In amtlichen Protokollen von 1742, 1796 und 1804 soll solches alles eidlich bezeugt worden sein.

Graf **Schack** schreibt in seiner Selbstbiographie „Ein halbes Jahrhundert" I, S. 30 von der Burg Rodenstein: „Ich hörte in deren Umgegend allen Ernstes von gebildeten Leuten versichern, vor einigen Jahren sei der Ritter mit seinem wilden Gefolge häufig ausgezogen und habe seinen Weg nach der benachbarten Burg Schnellerts durch eine Scheune genommen. Die Landleute, die in dieser mit Dreschen beschäftigt waren, seien wiederholt durch einen Orkan zu Boden

Achtes Kapitel. Die wilde Jagd und Verwandtes.

geworfen und hätten alsdann gehört, wie die wilde Jagd mit Hörnerschall, Roßgestampf und Rüdengebell über sie hingezogen. Die Sache habe soviel Aufsehen erregt, daß die hessische Regierung dadurch veranlaßt worden sei, eine Untersuchung anzustellen. Seitens der Richter seien viele Verhöre vorgenommen worden und zahlreiche übereinstimmende eidliche Aussagen lägen vor, welche den wunderbaren Vorgang bestätigt und sie überzeugt hätten, derselbe sei auf natürliche Weise nicht zu erklären."

Daß es sich hier in der Tat um wirklichen Spuk handelt, zeigt auch die offenbare Vergeblichkeit der Versuche, die Erscheinung als natürlich zu erklären.

So soll nach mehrfach geäußerter Meinung [1]) der Zug wilder Gänse zu der Sage von der wilden Jagd Veranlassung gegeben haben. Jene können aber doch weder dem Auge ein irgend derselben ähnliches Bild bieten, noch kann ihr eintöniges Schreien mit Hundegebell, Peitschenknallen, Hörnerschall und Jagdrufen verwechselt werden. Endlich ziehen die Wildgänse nicht während der Nacht und pflegen auch überhaupt nicht bei uns zu überwintern, während die wilde Jagd ja gerade während der Winter-Sonnenwende der „Zwölften" hauptsächlich ihr Wesen treiben soll.

Nicht anders verhält es sich, wenn nach Professor Dr. Schwartz, „Der heutige Volksglaube" II. Aufl. (Berlin 1862, S. 16) die Aufklärung vergebens gegen den Glauben an den wilden Jäger[2]) ankämpft und die Erscheinung aus dem Heulen und Brausen des Windes sowie aus dem Geschrei der von demselben aufgeregten Vögel, namentlich der Eulen, zu erklären, das übrige aber als Visionen zu deuten sein soll, wie sie durch eine in solchen Lagen natürliche Beklommenheit des Gemüts veranlaßt werden und sich dann den überlieferten Erzählungen anschließen.

Von der Unähnlichkeit des Gehörten miteinander gilt auch hier das schon in bezug auf die wilden Gänse Bemerkte, und kommt hier noch hinzu, daß bei solcher natürlichen Erklärung auch das für einen Zug ja wesentliche Herankommen und Wiederverschwinden fehlen würde. Außerdem aber werden ja gewiß auch durch das so alltägliche Vorkommnis eines starken Windes weder die Vögel aufgeregt und zum Schreien veranlaßt, noch wird dadurch gar bei den Menschen solche „Beklommenheit des Gemütes" verursacht, daß dadurch Halluzinationen des Gesichts oder des Gehörs entstehen

---

[1]) Vgl. K. Bartsch, „Sagen etc. aus Mecklenburg" (Wien 1897 I, S. 4).

[2]) Wie lebendig derselbe noch immer ist, ergibt sich u. a. daraus, daß Professor Dr. Wossidlo auf seine Nachforschung allein aus Mecklenburg-Schwerin Hunderte von Mitteilungen darüber erhalten hat.

könnten. Bei einer „Aufklärung" solcher Art[1]) kann es also gewiß nicht wundernehmen, wenn sie gegen den allgemein verbreiteten Glauben an die wilde Jagd wirkungslos geblieben ist. Wenn es sich dabei nur um so einfache und alltägliche Dinge aus unserer Umgebung handelte, würde sich solcher Glaube sicher nicht, wie nachweislich, seit dem 12. Jahrhundert erhalten haben.

Von den nach verschiedenen Quellen sehr zahlreichen Fällen eines Erscheinens der wilden Jagd nur noch im folgenden einige Beispiele:

Matthieu, ein gleichzeitiger Geschichtsschreiber des Königs Heinrich IV. von Frankreich, erzählt in seiner „Histoire", daß der Genannte, als er einmal im Walde von Fontainebleau jagte, schnell in seine unmittelbare Nähe gekommenes Hundegebell, Schreien und Hörnerblasen hörte. Als auf sein Geheiß der Graf von Soisson eilig nach denen suchte, welche es so wagten, die königliche Jagd zu stören, zeigte sich diesem ein großer schwarzer Mann, welcher rief: „Hört ihr mich?" und damit verschwand.

Im Walde von Chambord spukte der Sage nach der mächtige Lehensherr Thibald Le Vieux aus dem 10. Jahrhundert als „chasseur noir". Er erschien einmal mit seinem gespenstischen Gefolge dem im Schlosse wohnenden Prinz von Sachsen und warnte ihn, ihm noch länger als 30 Tage in sein Gehege zu kommen. Als der Prinz sich nicht daran kehrte, wurde er nach Ablauf der Frist in einem Duell getötet.

Perreaud, Pfarrer in Macon, bemerkt in seiner hier früher angeführten „Demonologie" (Genf 1653), daß ihm mehrfach von ganz glaubwürdigen Leuten versichert worden sei, sie hätten besonders um die Weihnachtszeit den Lärm der wilden Jagd gehört, und daß das Volk meistens glaube, der König Herodes sei zu dieser ewigen Jagd verdammt. —

Im vierten Buche der Zimmerischen Chronik „vermeldet" ein eigenes Kapitel „allerhandt sachen von dem wuteshere" wie folgt:

„Im jar 1550 hat man das wutteshere zu Mösskirch gehört. Das ist in ainer nacht zu herbstzeiten nach den zehn uhren vorm Banholz mit einer grosen ungestimme über die Ablach uf Minchsgereut gefaren und als das ain guete weil daselbs umbher terminiert, ist es die Herdtgassen herabkommen und dann neben dem siechenhaus und unser Frawen über die Ablachbrucken, dem bach nach an der

---

[1]) Nach G. Windhaus, „Führer durch den Odenwald" 2. Aufl. (Darmstadt 1886) S. 136 soll das bei der wilden Jagd Gehörte sogar „vielleicht durch Erdbeben oder der Erde entströmende Gase verursacht worden sein".

Achtes Kapitel. Die wilde Jagd und Verwandtes.

stat, die Katzenstaig hinauf, mit aim wunderbarlichen gedöß, lauten geschrai, clingeln und aim grosen luft so das getriben. Es ist nachgends, das sollichs die wachter uf dem thurn und ander in der stat wol hören megen, aber finstere und verre (Ferne) halb gleichwol nichts sehen kunden, dem Herdlin zugefarn, daselbs hindurch neben Rordorf ins Hardt; ist auch noch dieselbig nacht geen Feringen an der Lauchard kommen. Da ist der blast von dem alten burgstale hinab und durch das stetlin hindurch mit groser forcht der burger und zugehörer getriben worden. In derselben nacht, als das wuetend here zu Veringen passiert, do is nachts um die zwelf uren ungefarlich ein wachter uf der gasen gangen, mit namen Hanns Dröscher, der hat die stund wellen ußrufen. In dem ist das geschell angangen und vom alten schloß herab kommen. Da hat etwar uf dem mark daselbsten ine angeschrieen: »Mano! mano!« Der guet wächter hat im gefurcht und wol gemerkt, das es nit recht zugang, hat nit gleich kommen oder antwurten wellen. Der ander hat das schreien und ruefen so lang getriben, das doch der wachter letstlich zu im gangen. Do hat er ain forchtsammen man, beclaidet wie ein kriegsman gefunden; dem ist das haupt in zwai thail biß an hals gespalten gewesen, das der ein tail uf der achseln gelegen und hat der wund man oder das gespenst den wachter gebetten, er soll im den kopf wieder zusamen binden, damit er dem andern haufen gefolgen mege, und hiemit hat er ein zweheln user dem wammas oder ermel gezogen, damit er ine verbinden solle. Der guet wachter ist ganz erschrocken, hat sich entschuldiget, er kinde ine nit verbinden, seie nit sein handwerk, aber er welle im gern ein scherer oder barbirer holen, dann es war sein mainung, sich von im abzustreifen. Aber der ander wolts nit zulassen, trang darauf, das der wachter ine letstlich verbunden muest. Indessen zaigt er dem wachter an, wie er von Veringen burtig und ime in aim krieg das haupt seie von ainandern gespalten worden, iezo in der rais mit dem wueteshere. Dankt im dabei des verbindens und sprach, er solte im nit nachsehen, dann es ime sonst nit glucklichen wurde ergeen. Damit schieden sie von ainandern. Nit waiß ich, ob der wachter im nach het gesehen, oder nit. Der wachter gieng heim, wardt krank und legt sich nider. Desselbigen legers lag er sechzehn ganzer wochen zu bet, das er darzwischen weder wenig oder vil reden was. Das ist also gewisslichen beschehen, und lebt der wachter noch heutigs tags zu Veringen.

„Ich hab wol in meiner jugendt gehört, das gar nahe graf Eitelfriderrich von Zollern, der anno 1525 zu Pavia gestorben, uf ein zeit also zu Killberg im closter ergangen. Es ist von vilen jaren her zu Kilperg gemerkt worden, das zu etlichen zeiten ein jeger

Achtes Kapitel. Die wilde Jagd und Verwandtes.

nachts mit hunden nahe beim closter gehört wurt, und ist ain alte sag, es sei ein graf von Hochenberg, der treib also sein gefert. Nun kam graf Eitelfritz eins mals geen Kilperg, er hörte nachts den jeger nit fern vom closter. Dem schrie er zu, wiewol im jener kain antwurt weiter gab. Was beschach? Der graf wardt dieselbig nacht krank und verschwal im das angesicht und der hals, das er selbs, auch menigelichen seins lebens sich verwage und gar beschwerlichen wider mogte zu gesundhait gebracht werden.

„Solch gescheft mit dem wuteshere ist einest vor jaren bei der frommen welt vil umbher gefaren und mehrmals zu Mösskirch gewesen, aber lenge halben der zeit und user unfleis unserer vorfaren, alles in ain vergeß kommen. Es hat auch solches wueteshere nit allain in der nacht sich hören lassen, sondern auch mermals am morgen frue, auch abendts und gegen der nacht sich erzaigt und sehen lassen, dess wir dann ain glaupliche histori haben, die sich bei mentschen gedechtnus im landt zu Franken und dann im closter zu Maulbronnen begeben hat. Es sein zwen vom adel im landt zu Franken wonhaftig gewesen, under denen der ein einer von Seckendorf, der ander aber des geschlechts von Erlikon gewesen. Dieselbigen sein ein andern so feindt gewesen, auch baiderseits ainander allen unwillen und (1078) widerdrieß zugefuegt, das jeder uf den andern gehalten und den todt getrowet, und ist gleichwol das auch darbei gewesen, das der ein des andern eheweib zu vil haimlich und freundtlich soll gewesen sein. Uf ein zeit aber, als sie baide uf ainandern geritten und gehalten, do ist der von Seckendorf eins abendts, als sich tag und nacht schier von ainandern geschaiden, durch ein waldt selbander gernst, mit ufzognen bögen, geritten, und als er ein gueten weg ins holz, do ist er neben der straß zu ainer capellen kommen, darin bliben sie übernacht. Gegen tag waren sie baide in aller frue uf und ritten wider uf iren halt. Indess facht es an zu tagen; so erhört er, als er ein klainen weg ins holz geritten, ein wunderbarlichs geschrai, gedöß, clingeln und lärmen mit eim grosen brastlen, als ob alle beum im waldt entzwai brechen und umbfielen. Dem von Seckendorf war hiebei nit haimlich, dann er nit wissen mogt, was das für ein wesen, aber wol hörte, das es sich neherte. Derhalben er abwegs gewichen und sich zwischen die peum versteckt. Alda ist er halten bliben. Unlangs darnach do hat er ein wunderbarliche reuteren gesehen, ein tail haben kaine kopf gehapt, nur ain arm, die ross etwann nur zwen fueß, auch ohne ein haupt; vil fueßgenger sein mitgeloffen, under denen etwann der ain auch nur ain schenkel, etwann einer mit einer handt, vil ohne haupter, ein tail halber verbrent, vil die blose schwerter durch den leib gehabt. In suma, es ist ein soliches, seltzams, abenteurigs

Achtes Kapitel. Die wilde Jagd und Verwandtes.

gesundle bei ainander gewesen, dergleichen er sein lebenlang nit gesehen gehapt¹), ich geschweig das gedöß und prausen, das im luft umbher und dem haufen nachgefaren. Aber unter dießem haufen allen ist nichts gewest, darab er sich mehr verwundert, als ab ainem raisigen man, der hat ein weisen, durren, magern und hinkenden gaul an der handt gefuert, hat ain schlecht claidt angehapt und ist also verwundet gewesen, das im die derm userm leib gangen und über das claidt und das ross hinab gar nahe dem boden eben gehangen sein. Als nun das gefert, wie erzellt, alles ohne sein schaden furuber (wie man dann sagt, das niemands vom wueteshere was nachtails begegne, so man user den weg thue weichen), do ist er dem weg oder straßen wider zugeritten. Also ist im noch ainer uf eim raisigen pferdt begegnet, der zu der andern compania auch gehört hat, und dieweil derselbig allain gewesen, do ist er erkecket und hat in gefragt, was das fur ein haufen leut seien, die unlangs alda furzogen. Derselb hat im geantwurt, es seie das wueteshere. Do hat er in abermals gefragt, wer aber der seie, so das mager pferdt an der handt fuere und dem das gederm uber das ross hinab hange. Do hat er widerumb gesagt: »Es gehört dem von Seckendorf zu,« damit hat er in, von Seckendorf mit dem taufnammen genempt, »der soll von dem von Erlikom, seinem feindt, uf eim solchen weisen, mageren ross von heut uber ain jar gewisslichen erschossen werden, und im wurd sein gederm also userm leib über die claider und das pferdt herabhangen.« Der von Seckendorf, als er sich hört nennen und das er der seie, der also von seinem todtfeindt jemerlichen solte umbgebracht werden, erschrack er nit wenig und wiewol er nit wenig gern noch mer gefragt, so wolt doch der ander lenger nit bleiben und zohe den andern nach. Der von Seckendorf het den hasen im busem und rit widerumb haim, gieng in sich selbs und nam diese abenteurer so hoch zu herzen, das er im endtlichen fursatzte, ein sinn zu erdenken, damit er eim sollichen jämerlichen todt und insonderhait seinem todtfindt entpfliehen megte; übergab er den nechsten freunden seine gueter, nam ein klains badtgelt mit sich. Damit kam er geen Maulbronnen ins closter und wardt ein convers oder laienbrueder, wie man nempt. Seitmals aber er sich nit zu erkennen gab, do wust auch niemands, wer er ware. Uf ain zeit und auf den tag, als das jar herumb, das er von Seckendorf zu Maulbronnen gewesen, unerkannt und gar sicher seiner sachen, do fuegt sich user der verhengnus Gottes, das der Erlikom geen Maulbronnen kam. Wie er dem closter nahet, so ersicht er

---

¹) Hier dürfte freilich auch eine lebhafte Phantasie des Erzählers mitgespielt haben.

ohne geferdt den von Seckendorf; der stande beklaidt wie ein laienbrueder und las spen bei den zimerleuten. Wie er in nun erkennt, schreit er ine an, do sei er im worden, jezo sei die stund verhanden, das er daran muese. Seckendorf gab die flucht dem closter zu. Underwegen ersicht er ein ledig weiß paurenross, ganz mager; darauf sprang er eilendts und unterstandt sich zu entreiten. Wie er aber sicht, das solichs nit sein mocht, do kert er das pferdt umb, erwuscht ein stangen der mainung, dem Erlikomer zu begegnen und sich umb sein leben, so böst er kunde, zu weren. Hiezwischen aber het der Erlikom sein bogen ufzogen, scheust uf in ab und trifft den Seckendorf mit eim stral, inmaßen im das ingewaidt und die derm über den rock und über das ross abher hiengen, wie im zuvor geweissagt worden. Er het kain craft mehr, fiel ab dem ross und starb und ist zu Maulbronnen begraben worden. Der Erlikommer ist entritten. Wo er aber hinkommen oder wie es im weiter ergangen, das ist nit bewist, aber wol zu erachten, er hab hinfuro auch nit vil glucks mehr gehapt und sei kains rechten todts gestorben.

„Wie es diesem Seckendorf mit dem Erlikommer ergangen, also ist beizeiten und regierung des römischen kunigs Alberti, Kunig Ruedolfs son, ein sach zu Salmansweiler furgangen. Es war der zeit ein wunderbarlicher schnaphan im landt zu Schwaben, hieß der Schreiber, vom adel. Der wardt auch einsmals von dem wueteshere gewarnet vor seinem feindt. Also wolt er dem todt empfliehen, entschloß sich, bei dem apt vo Salmansweil ein pfrund zu kaufen und von mehr sicherhait wegen ein laienbruder zu werden. Dieweil er nun mit dem apt derhalben handlet, so kompt hiezwischen sein feindt ins closter, stet ab und ersicht des Schweikarts ross im stall, das er wol kant. Darumb, wie der ander nach gepflegner und beschlossner handlung mit dem apt userm closter gat und kains argen sich versicht, wurt er von diesem erstochen, dessen er in wenig tagen hernach gleichwol mit groser rwe, ganz christlich gestorben. Der andere kam darvon."

Aus neuerer Zeit erzählt Ludwig Richter in seinen „Lebenserinnerungen eines deutschen Malers" (Frankfurt a. M., 1886) S. 36: „Ein andermal wird Großvater nach Dresden geschickt. Es ist spät in der Nacht, als er in die Langebrückerheide kommt, wo es nicht geheuer sein sollte. Ermüdet von dem langen Wandern auf sandigen Waldwegen, setzt er sich unter eine alte Eiche, die mitten auf dem breit ausgefahrenen Wege steht und ruht aus. Es ist eine schwüle dunkle Nacht. Nichts regt sich im Walde, alles ist still. So sitzt er eine Zeitlang und berechnet, daß er gegen Morgen in Dresden sein könne. Da erwacht er aus seinen Gedanken und glaubt aus weiter

Achtes Kapitel. Die wilde Jagd und Verwandtes.

Ferne ein Getöse und dazwischen ein Rufen, Johlen und Schreien zu hören, was sich schnell nähert. Er sieht um sich — ein Bellen, Klatschen, Halloschreien und Brausen wie Sturmwind zieht über den Wald. Er sieht Gestalten „wie Türken gekleidet" schreiend über den Weg rennen und im Walde verschwinden. Dann verzieht sich der der Sturm, und alles ist wieder still und einsam wie vorher. »Das war der wilde Jäger.« — Großvater eilte weiter, und bei Anbruch des Tages gelangte er wieder nach Langebrück, wo er am Abend eingekehrt war. Der wilde Jäger hatte ihm diesen Schabernack gespielt!" [1])

Solches erzählte der Großvater mit ruhiger Zuversicht, nicht ohne Lächeln über die jetzige kluge Welt, die dergleichen Dinge nicht glaube, weil sie nichts davon erfahren habe."

Auch außer der wilden Jagd kommen gespenstige Züge durch die freie Luft vor. So wird G. C. Horst „Deuteroskopie" (Frankfurt, 1830) II, 152, berichtet:

„Zwei junge Männer, welche bereits öffentliche Aemter bekleiden und frei bis zum Spott darüber vom Gespensterglauben sind, haben mir folgendes Erlebnis erzählt: Beide gingen nach Vollendung ihrer akademischen Jahre gemeinsam nach Gießen, um sich dort einer Prüfung zu unterziehen. Es war an dem Tage frischer Schnee gefallen und schon Abend, als sie das letzte Dorf vor der Stadt passierten. Ungefähr 500 Schritte hinter demselben fährt auf vollkommen ebener, hell vom Mond beschienener Ebene plötzlich in aller Eile ein mit vier Pferden bespannter Schlitten, von dem sie zuvor gar nichts gewahr worden waren, in der Richtung von einem vor ihnen liegenden Walde kommend quer über die Straße in das offene Feld hinein, so dicht an ihnen vorbei, daß sie kaum Zeit haben, ihm auszuweichen. Darin saß nur der Lenker, der mit aufgehobenem Arme die Peitsche schwang. Sie blickten dem Gefährt erstaunt nach, aber in dem Augenblick verschwindet vor ihnen alles plötzlich wie von der Erde verschlungen. Auch auf dem frisch gefallenen Schnee ist keine Spur zu finden, daß da gefahren worden sei. Nicht wissend, was sie zu dem seltsamen Vorfall sagen sollten, gehen sie in das nahe Dorf zurück, um sich zu erkundigen, ob der Schlitten vielleicht auch da von irgend jemand gesehen worden sei. Dort erfuhren sie von Gästen eines Wirtshauses, daß das Gespenst in älterer Zeit im nahen Walde ärger als der wilde Jäger gehaust habe, öfters den Reisenden aufgesprungen sei, daß sie hätten erliegen müssen, mit seiner Geißel habe es eine ganze Herde von Säuen im Walde herumgejagt, seit mehreren Jahren lasse es sich aber nur noch

---

[1] Ueber solches Irreführen siehe auch oben

Achtes Kapitel. Die wilde Jagd und Verwandtes.

zu Schlitten sehen u. dergl. mehr. Die beiden jungen Leute setzten hernach durch den Wald ihren Weg nach Gießen fort, wo sie ohne weiteres Abenteuer ankamen."

Auch bei Strackerjan, „Aberglaube und Sagen etc." I, S. 214, wird von einem Fuhrwerk mit vier Schimmeln erzählt, welches an bestimmter Stelle gesehen wird, aber den Boden nicht berührt. —

Dem wilden Jäger auf dem Festlande entspricht allgemeinem Glauben der Seeleute nach auf dem Meere der fliegende Holländer. Sein besonders in der Gegend des Kaps der guten Hoffnung gesehenes, eine blutrote Flagge führendes Schiff ist schwarz, fährt in stärkstem Sturme mit vollen Segeln und zeigt eine bleiche, hohläugige Bemannung, während am Schnabel wohl ein menschliches Gerippe steht, welches einen Speer in der Rechten hält. Zuweilen setzt es ein Boot aus, um den ihm begegnenden Schiffern Briefe mitzugeben, die diese aber nicht besorgen können, weil sie an längst verstorbene Personen gerichtet sind. Das Erscheinen des Geisterschiffes ist von schlimmer Vorbedeutung.

Wie bei dem wilden Jäger hat auch dem fliegenden Holländer die Sage verschiedene Personen zugrunde gelegt.

Nach einer im „Morgenblatt" von 1824 abgedruckten aus einem alten Manuskript übersetzten Mitteilung hatte der holländische Kapitän van Evert eine edle Spanierin Namens Lorenza an den Mast seines Schiffes gebunden und ihren Bräutigam Don Sandovalle d'Avanda getötet, was dessen Vater durch eine Vision erfuhr. Das Schiff kam nie wieder zum Vorschein, gleichzeitig aber verschwand ein berüchtigter holländischer Seeräuber spurlos zwischen dem Kap und dem La Plata-Strom.

Nach einer anderen Erklärung handelt es sich um einen holländischen Schiffskapitän Namens van der Decken, der um 1600, als er vergeblich das Kap der guten Hoffnung zu umsegeln versuchte, geschworen, er wollte trotz Sturm und Wellen, trotz Gott und dem Teufel um das Kap kommen und wenn er bis zum jüngsten Tage fahren müsse. Hierauf vernahm er ein Stimme vom Himmel, welche ihm ankündigte, daß er nun wirklich bis zum Tage des jüngsten Gerichts dort segeln müsse. So kreuzt er nun da gegen die Stürme, ohne einen Schritt weiter und zurück zur Heimat kommen zu können. Nach einer dritten Version endlich hat dies Los einen Kapitän van Strasen zur Strafe dafür getroffen, daß er, um seine Verachtung des christlichen Glaubens zu zeigen, an einem Karfreitag seine Seefahrt angetreten hatte.

Besondere Zeugnisse für eine Erscheinung des Geisterschiffes, welche ja auch jedenfalls in manchen Fällen leicht auf Täuschung beruht haben könnte, sind mir nicht bekannt. Professor K. Meyer bemerkt in seinem „Aberglauben des Mittelalters" (Basel 1884, S. 355) dazu: „Was für Ereignisse oder Anschauungen der Sage zugrunde liegen, ist nicht ganz leicht festzustellen. Man könnte an wirkliche Schiffe mit verhungerten Matrosen oder überhaupt mit Leichen denken, welche sich in der Phantasie der Seeanwohner allmählich zum Geisterschiffe gestalteten . . . Vielleicht darf man auch an Luftspiegelungen denken . . . jedenfalls ist aber die Sage von irgend einer äußeren Veranlassung ausgegangen, und die Motivierung ist das jüngere Element, welches erst hinzutrat, als jene bereits in der Phantasie der Seeleute lebte."

Neuntes Kapitel.

Spuksichtige und spukende Tiere.

Wie auch Geistesgestörte und Kinder, so können außerdem Tiere das zweite Gesicht haben, und zwar ist das von den Haustieren besonders bei Pferden und Hunden beobachtet. Es zeigt das u. a. folgender von L. Strackerjan, „Aberglaube und Sagen aus dem Hzt. Oldenburg" I, 141, als Beispiel des „Vorspuks" mitgeteilter Vorfall:

Ein Landmann aus dem Kirchspiel Wiarden fuhr mit seiner Schwester und einer Cousine zu Schlitten nach Minsen, um die Pastorenfamilie zu besuchen. Gegen zehn Uhr abends wurde wieder vorgespannt, und der Landmann wählte von der Pastorei aus einen anderen Weg, als auf dem er gekommen war, der aber bald wieder mit diesem, der eigentlichen Landstraße, zusammenläuft. Kaum ist er auf dem neuen Weg eine Strecke gefahren, so fangen die sonst frommen Pferde an zu stutzen und wollen nicht aus der Stelle. Der Kutscher steigt ab, faßt die Tiere am Zügel und bringt so das Fahrzeug ein paar Schritte weiter; wie er sich aber wieder aufgesetzt hat, geht es mit den Pferden wieder in der vorigen Weise. Leute aus dem nahen Kruge kommen dazu und helfen; die Pferde sind aber kaum aus der Stelle zu bringen. Als man endlich mit Mühe und Not die eigentliche Landstraße erreicht hat, geht es mit einem Male flott weiter, und bald ist man zu Hause; doch ist es zwei Uhr geworden über eine Entfernung, die ein Fußgänger in einer Stunde zurücklegt. — Einige Zeit darauf verunglückten sieben Schiffer von Horummersiel, die in einer Jolle auf der Jade fuhren und mit ihrem Fahrzeuge umschlugen. Die am Minser Deich angetriebenen Leichen wurden alle an einem Tage begraben, und die Wagen mit den Särgen fuhren auf demselben Wege in das Dorf ein, auf welchem der Landmann kurz vorher das nächtliche Abenteuer mit den Pferden gehabt hatte, und man konnte sich dasselbe nunmehr leicht erklären; die Pferde hatten den Leichenzug gesehen. —

Als ein eigenes Erlebnis wird in Dr. W. Ludwig (Pseud. für Prof. Kuhlenbeck), „Spaziergänge eines Wahrheitssuchers", S. 72, berichtet, daß einmal in einer Hauptstraße von Osnabrück zwei einen leeren Wagen ziehende Pferde durch kein Mittel an einem Hause vorüberzubringen waren, so daß man sie zuletzt ausspannen, zurück und auf einem Umwege auf die andere Seite des Hauses bringen mußte, von wo aus sie den nun dahin geschobenen Wagen nunmehr willig weiterzogen. Wie von einer Zuschauerin vorher als wahrscheinlich bezeichnet worden war, wurde bald darauf aus dem Hause eine Sattlerwitwe zu Grabe getragen. —

In wie uralter Zeit schon die Spuksichtigkeit von Tieren allgemein bekannt war, zeigt die im vierten Buch Moses, Kap. 22, erzählte Geschichte, wonach eine von dem Propheten Bileam gerittene Eselin trotz harter Züchtigung sich weigert, auf einem schmalen Wege weiter zu gehen, weil ihr derselbe durch die Erscheinung eines Engels versperrt ist, während diese Erscheinung erst danach auch von Bileam selbst wahrgenommen wird.

Interessanterweise hat sich Jahrtausende später unter andern ein wirklicher Vorfall zugetragen, der jener Legende fast genau gleicht. Dr. Horst erzählt denselben in seiner „Deuteroskopie" II, S. 214, folgendermaßen: „Daß Pferde in der Tat bisweilen Dinge sehen, welche der Mensch selbst nicht sofort sieht, ist durch mancherlei merkwürdige Vorfälle bestätigt. Eine Dame in dieser Gegend (von Lindheim) ritt vor noch nicht langer Zeit bei hellem lichten Tage auf einem wohlzugerittenen Pferde über eine Stelle, die das Pferd wohl schon hundertmal ohne Anstoß gegangen war. Auf einmal stutzte das Tier und ist nicht von der Stelle zu bringen, schnaubt und beginnt sich in die Höhe zu bäumen. Die Dame macht wiederholte Versuche, es zu nötigen, auf dem gewöhnlichen Wege fortzugehen. Aber aller Anstrengungen ungeachtet umsonst! Auf einmal macht es schnaubend einen Sprung zur Seite, offenbar um nur nicht auf dem gewöhnlichen Wege fortgehen zu müssen, und ist dann alsobald, wie sonst immer, wieder ruhig und folgsam. Jetzt sieht sich die Dame nach dem Wege noch einmal um und sieht mitten auf demselben starr und bewegungslos einen langen hageren Mann in einem weißen Kittel stehen. Die Dame, welche diese Zeilen vielleicht selbst lesen wird, ist aufgeklärt und mutvoll und verlachte den Gespensterglauben, und doch versicherte sie, daß sie in dem Augenblicke von einem unwillkürlichen Schauer erfaßt worden sei. Sie blickt einen Augenblick darauf noch einmal zurück, und nun ist nichts mehr von der wunderbaren Gestalt zu sehen. Der Schauplatz war eine vollkommene Ebene ohne Hohlwege oder Bäume, wo es unbegreiflich ist, wie jener Mann den Blicken so plötzlich habe entschwinden können"[1]).

In Wolfgang Menzels „Denkwürdigkeiten" (Bielefeld 1877, S. 53 f.) findet sich folgender Beitrag zu diesem Thema.

„Die Besuche, welche wir häufig in der Nachbarschaft machten, ließen uns bemerken, daß an einer gewissen Stelle des Weges, wo derselbe gerade aus dem Bergwalde in ein Wiesental einlenkte, niemals bei Tage, aber jedesmal bei Nacht, die Pferde scheu wurden. An einen (alten) Stein dort am Wege knüpfte sich die Erinnerung eines Mordes, und das Volk glaubte, die Pferde scheuten vor dem Geist des Ermordeten. Wir mußten in der Tat bei Nacht an dieser Stelle jedesmal aus dem Wagen steigen und die Pferde am Zaum langsam vorüberführen. Ganz dieselbe Erfahrung machte ich zwanzig Jahre später im Schwarzwald. Ich wurde in Balingen zum Abgeordneten in die württembergische Ständeversammlung gewählt. Indem ich mit vielen Wagen vor dem Bergstädtchen Ebingen, wo ich eine Volksversammlung gehalten hatte, des Nachts nach Balingen zurückfuhr, mußte ich unterwegs an einer unheimlichen Stelle aussteigen, wo alle Pferde bei Nacht scheuten. Auch hier glaubte man, die Tiere würden durch das Gespenst eines Ermordeten geschreckt."

Folgender Vorfall wird in Camille Flammarions „L'Inconnu' berichtet. Ein Maire des (damals noch französischen) Hüningen erfuhr, daß sein in Rixheim wohnender Vater ernstlich erkrankt sei. Er ritt in aller Eile dahin, als er nach der Hälfte des Weges seinen Vater mitten auf diesem Wege stehen sah. Das Pferd bäumte sich und wollte an der Erscheinung nicht vorbei, bis diese

---

[1]) In für ihn charakteristischer Weise versucht Dr. Hennig (vgl. Kap. I. S. 17) auch diesen Spukfall „natürlich zu erklären," indem er a. a. O. I, S. 67, schreibt: „Diese alltägliche und nichts weniger als übernatürliche Geschichte ist bezeichnend für die Macht der Illusion im Moment des Schreckens. Mag es nun ein heller Stein oder eine Wolke oder was immer sonst gewesen sein, das der Dame die gespenstische Erscheinung eines Mannes in weißem Kittel vorgaukelte (?!), als sie, vor Schreck über das ungewohnt störrische Wesen ihres Pferdes, sich einen Moment umsah – in jedem Fall ist die Erzählung nur ein Seitenstück zu zahllosen anderen ähnlichen Wahrnehmungen (?) . . . Sollte man es wohl glauben, daß ein solcher Fall als ein ganz besonders eklatanter für das wirkliche Vorkommen echter Gespenster angeführt wird? Daß er selbst dem sonst verhältnismäßig gut kritisch veranlagten und verständigen Horst als unbezweifliches Wunder erscheint?" — Auch abgesehen von dem übrigen Unhaltbaren hat Hennig den Vorfall selbst offenbar mit Bedacht in den wesentlichen Punkten verdreht, da die Reiterin ja **erst nachdem sich das Pferd wieder ganz beruhigt hatte** dazu kommen konnte, sich — und warum nur „einen Moment lang"? — nach der Ursache seines Erschreckens umzusehen.

Neuntes Kapitel. Spuksichtige und spukende Tiere.

verschwand. Es mußte irgendwie erkannt haben, daß es sich nicht um Wirklichkeit, sondern um einen Wiedergänger handelte. Der Vater war zu derselben Zeit gestorben. —

Daß besonders Pferde das zweite Gesicht haben, ist nach einer Bemerkung in v. Eschenmayers „Archiv für tierischen Magnetismus" VIII 130 eine u. a. bei dänischen Landleuten allgemein bekannte und unangezweifelte Tatsache. Die von jenen so wahrgenommenen Leichenzüge müssen etwas Gespenstisches an sich haben, da die Tiere ja vor wirklichen nicht scheuen. —

Wenn spuksichtige Hunde im Vorgesicht einen Leichenzug sehen, setzen sie sich wohl hin und blicken heulend dahin, woher derselbe kommt, oder sie klemmen sich ängstlich zwischen die Beine ihres Herrn. Bei Dr. W. Ludwig a. a. O berichtet ein Mitarbeiter, daß Jagdhunde seines Großvaters einmal alltäglich in die Richtung des benachbarten Pastorats sehend, ein jämmerliches Geheul erhoben, welches sie nicht mehr wiederholten, sobald nach kurzer Zeit der damalige Pastor gestorben war.

Sobald der Geist der „Seherin von Prevorst" erschien (vgl. S. 99), lief ein im Hause anwesender schwarzer Dachshund immer ängstlich auf Menschen zu, oft mit heftigem Geheul, und nächtlich wollte er nie mehr allein sein.

In der Zeitschrift „Die übersinnliche Welt" Jahrgg. 1908 findet sich folgende Mitteilung:

„Ein Dachshund freute sich eines Tages in höchst auffälliger Weise zu einem meiner dabei anwesenden Mutter nicht sichtbaren Wesen und verhielt sich ganz so, wie er früher meinen kurz vorher verstorbenen Bruder zu begrüßen pflegte. Plötzlich zeigte er sich ganz verdutzt, winselte und schlich traurig abseits." Gewiß war eine Erscheinung da verschwunden gewesen.

Ich selbst erinnere mich aus meiner Jugendzeit folgenden Vorfalles. Mein Onkel Fritz Mercker hatte von seiner Studienzeit in Jena eine besonders große Ulmer Dogge mitgebracht, die er, als er darauf eine Reise nach Holland machte, in dem Wohnsitz seiner Eltern zurückließ. Als er dann von Amsterdam aus die Rückreise größtenteils auf einem Segelschiffe machte, wurde die Seefahrt durch widrige Winde so in die Länge gezogen, daß man daheim anfing, an der glücklichen Rückkehr überhaupt zu zweifeln. Da zeigte eines Tages der Hund im Hause eine ganz auffallende Unruhe, und als man ihn hinaus gelassen hatte, lief er spornstreichs auch vom Hofe herunter, um nach einiger Zeit mit seinem Herrn zurückzukehren, den er in noch ziemlicher Entfernung vom Gute gefunden hatte. Er mußte ihn schon vorher im zweiten Gesicht gesehen haben.

Neuntes Kapitel. Spuksichtige und spukende Tiere.

Selten zeigt sich eine **Katze** spuksichtig. Ein Beispiel ist zu der Sammlung von F l a m m a r i o n (a. a. O. C XXX) aus der Schweiz geliefert worden.

Eine mir sehr liebe Studiengenossin (ich bin Aerztin) ging nach Indien und wir verloren uns danach aus den Augen. Am 29. Oktober 1890 höre ich des Morgens früh um sechs Uhr in meiner Wohnung zu Lausanne einigemal an meine Tür klopfen. Ich öffne dieselbe etwas, um eine Katze auf die Mäusejagd hinauszulassen. Danach höre ich das Klopfen von neuem. Die Nachtglocke hatte nicht geschellt und niemand war die zu meinem Zimmer führende Stiege heraufgekommen. Zufällig schaue ich die Katze an, welche auf ihrem gewohnten Platze am Fußende meines Bettes sitzen geblieben ist. Ihr Fell ist gesträubt und sie zittert. Da bewegt sich die Tür wie von einem Windhauche hin und her, und ich sehe eine Gestalt, ganz in weißen Dunst gehüllt, der wie ein Schleier ihre düstere Erscheinung umfließt, eintreten. Das Gesicht kann ich nicht erkennen. Sie näherte sich mir, ich fühle einen eisigen Luftzug und höre die Katze wütend fauchen. Ich schließe instinktiv die Augen, und wie ich sie wieder öffne, ist alles verschwunden. Die Katze zittert an allen Gliedern und ist in Schweiß gebadet. Nach 14 Tagen etwa erfahre ich, daß meine Freundin in der Nacht zum 30. Oktober in Srinaghar, Kaschmir, an einer Darmentzündung gestorben ist." —

Wenn man schwerlich behaupten wird, daß auch Tiere durch Störungen des Nervensystems hervorgerufene Halluzinationen haben können, sind die hiernach von ihnen zugleich mit dabei gegenwärtigen Menschen oder auch im Unterschied von solchen wahrgenommenen spukhaften Erscheinungen gewiß als ein bester Beweis für die Wirklichkeit solcher zu bezeichnen. —

Tiere sind aber auch nicht bloß spuksichtig, sondern sie spuken auch selbst.

Es ist das ja zunächst besonders überall bei gespenstischen Reitern und Fuhrwerken, von denen hier in anderen Kapiteln gehandelt worden ist, der Fall. Außerdem erscheinen sie aber auch für sich allein.

Ihre Gestalt ist dann weitaus am häufigsten die eines schwarzen Hundes mit großen feurigen Augen. So heißt es in den „Beiträge zur Geschichte Böhmens", Abt. 2, Bd. 2, S. 197 (Leipzig 1864) geradezu, daß fast an jedem Orte in Böhmen ein solcher umgehe. Aus der sonach so außergewöhnlich häufigen Behauptung dieser Erscheinung darf man füglich schließen, daß dieselbe durchaus nicht etwa immer nur auf Einbildung beruhe, sondern ihr nicht eben selten Wirklichkeit zugrunde liege. Schwarze Hunde sind ja überhaupt selten, und wenn, von den feurigen Augen abgesehen, auch braune

Neuntes Kapitel. Spuksichtige und spukende Tiere

oder graue Tiere in dunklen Nächten wohl als schwarz erscheinen mögen, so pflegen dann doch Hunde überhaupt nicht selbständig herumzustreifen. Es hat dann auch nicht fehlen können, daß der Volksaberglaube da in mannigfacher Weise angeknüpft hat. So soll der Teufel mit Vorliebe in dieser Gestalt erscheinen, dasselbe sollen Hexen vermögen und Geizhälse und Menschen, die viel Böses getan haben, sollen verdammt sein, als solche Hunde, die auch wohl noch eine Kette schleppen müssen, umzugehen. Auch Erhenkte oder solche, die sich selbst erhängt haben, tun dasselbe. Auf die gespenstischen Hunde zu schießen, soll fruchtlos sein, und meistens sind solche es, welche einen Schatz hüten. Wie schon bei den alten Indiern der schwarze Hund ein Bote des Todesgottes Jama war, glaubt man auch, daß heulende Hunde überhaupt einen Todesfall ankündigen, weil sie dann einen Leichenzug sehen.

In der Regel sind es aber bestimmte Orte, an welchen der schwarze Hund spukt. Von den in K. Bartsch, „Sagen etc. aus Mecklenburg" (Wien 1879) Bd. 1 mitgeteilten Beispielen mögen folgende anscheinend hinlänglich beglaubigte hier wiedergegeben werden.

(1) Auf der Chaussee zwischen den Städten Plau und Lübz kommt man durch ein Gehölz, die Lalchower Tannen genannt, auf dessen einer Seite die Elbe vorbeifließt. Hier hat sich einmal ein Förster ertränkt und geht seitdem in Gestalt eines schwarzen Hundes in dem Gehölz umher. An einem Sonnabend-Abend ging ein Zimmermann aus Barkow nach Plau. Bei den Tannen gesellte sich der schwarze Hund zu ihm und sah ihn mit funkelnden Augen an. Der Zimmermann schlug zuletzt mit seinem tüchtigen Handstock nach ihm. Aber da verwandelte sich der Hund in eine lange schwarze Gestalt, die ihn im Kreise umschwebte.

(2) In Neustrelitz befand sich da, wo jetzt das Gymnasium Carolinum steht, in alter Zeit ein Friedhof, und bei der Legung des Fundaments wurden noch viele Gebeine aus- und in einer Ecke des Gartens wieder eingegraben. Neben dieser Grube wurde seitdem zur Zeit des Vollmondes ein schwarzer Hund mit feurigen Augen gesehen, so daß niemand spät abends den am Schulhof vorbeiführenden Gang passieren mochte. Man durfte den Hund nicht anrufen.

(3) Wie viele Augenzeugen berichtet haben, begegnete ihnen in den Freitagsnächten auf der Hauptstraße von Fürstenberg ein schwarzer Kettenhund und gab ihnen dann das Geleit bis zum Strelitzer Tore. Da war das jetzige Schulhaus früher ein Teil einer alten Burg, von deren Herren einer der Sage nach, eines wüsten und gottlosen Lebens überdrüssig, sich erhängte und seitdem als der schwarze Hund die Runde um die Burg machen mußte.

Neuntes Kapitel. Spuksichtige und spukende Tiere.

Unter anderm wird auch in L. Strackerjan, „Aberglaube und Sagen aus dem Herzogtum Oldenburg" (das. 1867), Bd. 1, von zahlreichen Orten berichtet, an welchen der schwarze Hund umgehen soll. Es entspricht auch manchen angeblich auf Wahrheit beruhenden Volkssagen, wenn in Goethes „Faust" der schwarze Pudel, in dessen Gestalt Mephisto sich einführt, alsbald zu abenteuerlicher Größe anschwillt. —

Nicht nur im Freien zeigt sich ein spukender Hund. So gehört zu den auf Flammarions Rundfragen eingegangenen Berichten auch der folgende:

Eine Frau, vor kurzem zu Bett gegangen, bemerkte, daß dasselbe sich, wie von einer unsichtbaren Hand geschüttelt, hin und her bewegte. Sie zündete eine Kerze an und erblickte mitten im Zimmer einen großen Hund, der sie anstarrte und einige Augenblicke später durch das geschlossene Fenster hinaussprang. Ein an einer unheilbaren Krankheit leidender Offizier hatte sie gebeten, seine Pflege zu übernehmen und auf ihre Weigerung hin geäußert, dann bleibe ihm nichts übrig als zu sterben. Zu der Stunde jener Erscheinungen hatte er dann einen Selbstmord begangen. —

Ganz eigentümlicherweise soll der Hund auch ein „Wiedergänger" sein können. So versichert in der Zeitschrift „Die übersinnliche Welt", Jahrgang 1908, ein Mitarbeiter, daß ein Dachshündchen, welches mit großer Zuneigung an ihm hing, nach seinem Tode noch sehr oft unter den anderen Hunden des Herrn so deutlich gesehen worden sei, als ob es noch lebte. —

In der Zimmerischen Chronik II, S. 219, wird ausführlich erzählt, wie in den Jahren von 1510 bis 1550 in einem Gehölz zwischen Ravensburg und Zustorf des Gespenst eines weißen Füllens, ein angeblich wohl vom „bösen Geist" in diese Gestalt verwandelter Uebeltäter, auch am hellen Tage derart gespukt habe, daß „vielmals" Leute vor Schrecken gestorben seien und man kaum noch gewagt habe, da hindurch zu passieren.

Auch in Ibsens Schauspiel Rosmersholm spielen ja gespenstische weiße Pferde eine Rolle.

Schlußsätze.

Mag auch vielleicht der eine oder andere seines besonderen Inhaltes wegen hier aufgenommene Spukfall, ohne daß ich das ausdrücklich dazu bemerkt hätte, nicht als ganz sicher beglaubigt erscheinen, so bleiben doch jedenfalls so übergenug zweifellose übrig, daß jene an dem Gesamtergebnis nichts ändern können.

Solches wird in erster Linie dahingehen, daß durch die mitgeteilten Beispiele eine eigenartig große Mannigfaltigkeit der Erscheinungen (im weiteren Wortsinne) gezeigt werden konnte. Es tritt das ja unter anderm darin hervor, daß allein bei den „Sehern" des zweiten Gesichts der Spuk sich nicht nur ausnahmsweise, sondern regelmäßig bei gegebenem Anlaß zeigt, daß allein bei den Anzeigen des Ablebens es erklärlich ist, weshalb er gerade zu einer bestimmten Zeit und nicht etwa zu einer anderen sozusagen beliebigen erfolgt, und daß allein bei den Doppelgängern der zweite immer von allen Anwesenden gesehen wird. Denken wir ferner beispielsweise an die Erscheinung Sterbender, an spuksichtige Tiere, an das Treiben der Geister an bestimmten Spukorten, an Doppelgängerei, das zweite Gesicht, die durch die Lüfte ziehende Jagd, das Vorhererscheinen einer Feuersbrunst und noch manche andere Art von Spuk — was hat denn alles dieses noch mit einander gemein, als etwa, daß es sich dabei eben um nicht natürliche Dinge handelt, welche „unsere Schulweisheit" vergebens zu enträtseln versucht?

Sollte es daher auch selbst dem „heißen Bemühen" hervorragender Forscher gelungen sein — was jedoch meiner Ansicht nach keineswegs zuzugeben ist — für die eine oder andere Art des Spukes eine gemeinverständliche und überzeugende Erklärung zu finden, so werden doch unter den in diesem Buche mitgeteilten Spukfällen immer wieder so manche sein, auf welche ihrer Art nach dieselbe von vornherein gar nicht passen und keine Anwendung finden kann.

Es handelt sich beim Spuk eben um ein ganzes weites Gebiet außernatürlicher Dinge.

Auch Schopenhauer schließt seine Abhandlung „Versuch über Geistersehen und was damit zusammenhängt" mit dem Satze: „Wenn es mir durch alle diese Betrachtungen gelungen sein sollte, auch nur ein schwaches Licht auf eine sehr wichtige und interessante Sache zu werfen, hinsichtlich welcher seit Jahrtausenden zwei Parteien einander gegenüberstehen, davon die eine beharrlich versichert »es ist«, während die andere hartnäckig wiederholt »es kann nicht sein«, so habe ich alles erreicht, was ich mir davon versprechen und der Leser billigerweise erwarten durfte." Aber nachdem auch der berühmte Philosoph — zu dessen Zeiten ja auch noch nicht entfernt soviel tatsächliches Beweismaterial zur Verfügung stand als uns heutzutage — hierin kaum etwas gefunden hat, was von nachkommenden Forschern angenommen worden wäre, ohne daß diese wohl — vergleiche besonders das im ersten Kapitel darüber Ausgeführte — bisher darin glücklicher gewesen wären, werden wir uns darin finden müssen, daß auch der Spuk zu den Dingen gehört, deren Begreifen und Erklären den Menschen versagt ist.

Und so wird mein Buch den vollen Beweis dafür bieten, daß von einem Zweifel der nur hinlänglich Wissenden an dem in Wirklichkeit vielfach vorkommenden Spuke nicht die Rede sein kann, und wie sehr also mit noch heute ungemindertem Recht auch unser größter Dichter im Hinblick darauf gesagt hat [1]:

„Wir tappen alle in Geheimnissen und Wundern."

---

[1] Goethes Gespräche mit Eckermann.

Sach- und Namenregister.

(Die Ziffern bedeuten die Seitenzahlen.)

Abenberg 80.
Adimantus 19.
Aether 22, 38.
„Ahnfrau, die" 20.
Ahnung 61, 129.
Animalischer Magnetismus 22.
Ansbach, Schloß 87.
Anzeigen des Ablebens 136 und oft Kap. 7.
Archiv für tierischen Magnetismus 33, 35, 46, 48 Anm., 55, 56, 65, 137, 161.
Ardeck 89.
Arndt, E. M. 91, 142.
Astralgeist 22, 109.
Athenodorus 67.
D'Aubigné 113, 138.
Aufhocken eines Gespenstes 12, 120.

Bannen 70, 81, 112, 123.
Banquo 64.
Baronius, Cäsar 122.
Bartsch, K. 82 f., 92, 119, 149, 163.
Bayreuth, Schloß 87.
Becker, Prof. 30.
Belsazar 58.
Berlin, Schloß 86.

Berührung durch ein Gespenst 71, 80, 94, 101, 121 f., 126 f., 133 f., 138, 146.
Bildnis 71, 85, 144 f.
Bileams Esel 159.
Blücher 102.
Blut, unvertilgbares 95.
Blutentziehung 105.
Bodinus 38.
Boethius 64.
Bohrkäfer 51.
Bonsen zur, Prof. s. Zurbonsen.
Brierre de Boismont 129.
Brougham, Lord 32.
Brutus 63.
Byron, Lord 32.

Calderon 32.
Cardanus 86.
Cassius 64.
Castex-Degrange 142.
Charpignon 62.
Clatzow 87.

Dämon 72.
Dauer, kurze, des Spukes 21.
De la Motte-Fouquée 31.
Decken, Kapitän van der 156.

Donne, John 129.
Droste-Hülshoff, Annette von 45.

Eigenbewegung von Sachen 79, oft in Kap. 4.
Elisabeth, Königin 31.
Erlikon, von 151.
Erscheinen Sterbender und Gestorbener 52, 107 ff. und oft Kap. 6.
Eschstruth, N. v. 29, 43, 57 Anm., 84, 126.

Fegefeuer 107.
Fenster sich öffnen und schließen 140.
Ferriar, Dr. 122.
Flammarion, Camille 15, 110 Anm., 118, 125, 130, 133 f., 140 f., 144, 146, 160, 162.
Flammen 53, 89, 144.
Fliegender Holländer 156.
Formey, Geheimrat 32.
Friedhof 11, 18, 42, 93.

Gehrden 117.
„Geisterseher, der" 145.
Gemütserregung 104, 129.

Sach- und Namenregister.

Gießen, Spukhaus 75.
Goethe 20, 27, 29, 36, 48, 93, 164.
Gottesdienst, spukhafter 118.
Gregor der Große 20 Anm., 60, 111.
Gregor von Tours 53.
Grillparzer 20.
Großerlach, Spukort 75.
Gryphius, Andreas 20.
Gustav Adolf 56.

Haare sich sträuben 83, 94.
Hackelbärnd, Hackelberg 148.
Hades 108.
Häufung spukhafter Phänomene 144.
Halluzination 16, 28 f., 50, 100 ff., 149, 162.
Heiligenlegenden 20.
Hellenbach 22.
Helmstedt 42.
Hennig, Dr. R. 17, 23, 28, 42 Anm.³, 160 Anm.
Herodot 19.
Hexen 64, 163.
Hippert, Dr. 56, 129.
Hölle 107 ff.
Hoffmann, E. T. A. 98.
Homer 20.
Horst, Dr. theol. 14, 24 ff., 31, 42 f., 84, 105, 128, 136, 139, 155, 159.
Hudemühlen, Schloß 84.
Hund, der 99, 106, 132, 161 f., 164.

Irreführen 94, 155.
Jagd, wilde 147 ff.
Jean Paul 98.
Jena, Schlachtfeld von 90.
Joller, Advokat W. 77 ff.
Jung-Stilling 27, 30, 37, 42, 48 Anm., 62, 74, 87, 114.

Kant 108 Anm.
Karl der Große 56.
Karl XI., König von Schweden 12.
Karl XII., desgl. 102.
Katze 99, 162.
Kerner, Justinus 97.
Kiefer, Prof. 65.
Kind 50, 62, 76, 129, 133.
Kirchhof 11, 18, 42, 93.
Klavier, selbstspielendes 141.
Klein-Stockicht 75.
Klopfen, spukhaftes 16 f., 78 und oft.
Kloppenburg 92.
Kobold 83.
Koburg, Feste 25.
Krankhafte Prädisposition 100 ff.
Kreuzweg 41, 120.
Kröning, M. 30.

Lärm, spukhafter 51, 56 f., 68 f., 76, 80, 83, 138 und oft.
Legenden 20.
Lenau, Nikolaus 97.
Loehe, J. C. 121.
Ludwig, Dr. 14 Anm., 28, 31, 53, 60 f., 159, 161.
Lüssow 86.
Lukian 114.
Luther, Martin 97.
Lysius 43.

Macbeth 64.
Magazin zur Erfahrungsseelenkunde 40.
Maupertuis 116.
Menzel, Wolfgang 160.
Mercatus 122.
Meyer, Prof., Karl 18, 74, 157.
Mörike, Eduard 60.
Mößkirch, Schloß 68.
Moses 159.

Nachspuk 107.
Nachtpol 22.
Napier, Feldmarschall 31.
Neuendorf 91.
Neuhaus, Schloß 88.
Nicolai, Ch. F. 103 f.
Nonnen 106.

Oberlin, Pfarrer 98.
Ohlhaver, H. 109 Anm.
Ohrfeige 81, 83, 139.
Orlamünde, Agnes von 87.

Paracelsus 113.
Perreaud 73 ff., 150.
Perty, Prof. 25, 34, 46, 135.
Petermännchen 83.
Pfeffel, Dichter 115.
Phantasms of the Living 15, 34, 60 f.
Plassenburg, Schloß 87.
Plinius d. J. 38, 67.
Plutarch 63.
Possen 70.
du Prel 34.
Prevorst, die Seherin von 99, 161.

Radziwill, Prinzessin 62.
Remigius 37.
Review of Reviews 34, 36, 122, 125.
Richter, D. A. L., Konrektor 112, 114.
Richter, Ludw., Maler 138, 154.
Ringingen, Schloß 69.
Rodenstein 148.
Roggenhagen 89.
Rosenberg, Berta von 88.
Rostocker Wulfshagen 92.
Rothenburg, Schloß 75.

Sardou, Victorien 142.
Schabernack, Possen 70, 73, 80.
Schack, Graf 82, 148.
Schatz 88.

Sach- und Namenregister. 169

Scheffel, Viktor 57, 126.
Schichtkieker 41.
Schindler, Dr. Brunow 22, 55, 59, 74 f., 120, 125, 136.
Schlußsätze 165.
Schmeller, letzter des Geschlechts 69, 110.
Schnellerts 148.
Schopenhauer 8, 14, 22, 27, 28 Anm., 47, 55, 63, 67, 68, 89, 107, 116, 119, 136, 166.
Schott, E. 80.
Schrift, spukhafte 58 f.
Scott, Walter 9—12, 99, 117.
Schücking, Levin 45.
Schüle 28.
Schwartz, Prof. Dr. 149.
Schwerin, Schloß 83.
Seckendorf von 152.
Seedorf, Schloß 69.
Seher 41 ff.
Shakespeare 30, 59, 64, 114.
Shelley, Dichter 31.
Sichselbstsehen 27.
Silvio, Pellico, Dichter 96.
Slaventziz, Schloß 75.
Society for Psychical Research 15, 36, 46, 51, 131, 146.
Speyer, Spukhaus 68.
Spökenkieker 8.
Spukhamm 95.
Steine werfen 73, 75, 79.
Steinmetz, v. 100.
Sterbeklänge 60.

Stockholm, Schloß 12.
Strackerjan 40 Anm. ff., 47, 51, 54, 92, 95, 117 Anm., 120 f., 124, 131, 158.
Strasen, Kapitän van 156.
Strümpell, Prof. 16.
Stützing, Pfarrer 126.

Teufel 97, 107, 163.
Tiere, spuksichtige und spukende, s. Hund, Katze, Pferd.
Tierischer Magnetismus 22.
Totentanz 93.
Totenuhr 51 f.
Traum 145 f.
Traumorgan 42 Anm.
Tür sich öffnen und schließen, Kap. 4, 141.

Ueberhitzung 69.
Uhr 56.
Unterbewußtsein 22.
Unterzell 42.

Verbannen 76.
Verfolgung einzelner durch Spuk 96 ff.
Verspottung Toter 119.
Versprechen des Erscheinens beim Ableben 122, 128, 132.
Verwesung 109.
Viper 73.
Vorgehör 51, 53.
Vorherbestimmung der menschlichen Schicksale 47.

Vorspuk 54 und oft Kap. 6.
Vorzeichen des Todes 40 ff., 52.

Wald als Spukort 90.
Wallace, A. R. 22.
Wappen 56.
Warnendes Vorzeichen 56, 58.
Wartburg, die 71.
Weber, Fr. W. 45, 98.
Weiße Frau 86 f.
„Welt, die übersinnliche" 75, 116, 134, 161, 164.
Widerlegung von Spuk 9 ff., 16 ff.
Wiedergänger 107, 164.
Wilde Jagd 147 ff.
Wildenstein, Schloß 71.
Wildgänse 149.
Winterpalast 84.
Wodan 148.
Wolfegg, Schloß 70.
Wütendes Heer 147 ff.
Wuttke, Dr. A. 27, 52, 61, 126.

Zell, Spukhaus 70.
Zimmerische Chronik 8, 20, 26 Anm., 27, 40 Anm., 56, 58, 68 ff., 89, 93 f., 96, 108, 110 f., 118 f., 123, 150 ff.
Zurbonsen, Prof. 15, 48.
Zweites Gesicht 39 und oft Kap. 3, 97 f., 146, 161.

Weitere Angebote unseres Verlages

Enno Nielsen (Hrsg.)
Auf den Spuren grosser Geheimnisse
Das Unerkannte auf seinem Weg durch die Jahrtausende
Band I: Die merkwürdigsten erzählten Fälle aus den Jahren 1200 v.u.Z. bis 1800

Unter Verzicht auf Urteil und Deutung will der Herausgeber in diesem ersten Band, und zwar möglichst im Wortlaut der ersten Überlieferungen, solche Fälle aus dem weiten Gebiet des Übersinnlichen in zeitlicher Folge darstellen, die im Glauben an ihr wirkliches Geschehen überliefert sind. Es spielt also keine Rolle, ob der Herausgeber an die Wirklichkeit jedes Falles „glaubt" - und auch der Leser soll nicht zu solchem „Glauben" überredet werden. In diesem Sinne scheint das Buch ohne Beispiel und Vorgänger zu sein. Dass der Herausgeber aus der Menge des gesichteten Materials eine Auswahl treffen musste, und diese natürlich auch persönlichen Geschmack widerspiegelt sei ihm verziehen, denn immer wieder blitz in diesem Band der breite Strom der Geschichte und tausende von meschlichen Lebensläufen mit all ihren Freuden, Sorgen und Nöten auf, die den Leser sowohl bereichern, oft ergreifen oder erheitern, immer aber anregen und unterhalten. Bewußt wurde aus Gründen des religiösen Taktgefühls auf die Darstellung der biblischen Wunder und Erzählungen verzichtet.
Reprint des 1922 in Ebenhausen erschienenen Originals,
330 Seiten, Broschur, Klebebindung, 15,0 x 21,0 cm, **ISBN 978-3-934673-53-3**

Band II: Die merkwürdigsten erzählten Fälle aus den Jahren 1800 bis 1920

Die Zeit, an deren Beginn der Erbe der Revolution, Napoleon, steht und deren Ausgang, auf Bismarck folgend, der I. Weltkrieg und Revolution kennzeichnen, war überreich an Entdeckungen und Erfindungen, die man in der ihr vorangegangenen noch für Zauberei und Teufelsspuk gehalten hätte. Dass sie auch überreich war an Fußspuren des Unerkannten, und wie die Menschen diese Spuren aufgenommen haben, und wie das grosse Geheimnis sie, sobald sie sich ihm nahe zu sein wähnten, immer wieder durch sein „Noch nicht!" enttäuscht hat, das versucht dieser zweite Band zu zeigen. Aber wie viele geheimnisvolle und wunderbare Begebenheiten darin auch erzählt werden, weiß die Geschichte nicht noch von erstaunlicheren zu berichten: Wie die deutsche Kaiserkrone wiedergewonnen wurde und erneut verloren ging, wie die unterdrückten Ghettobewohner in Erfüllung uralter Weissagung erstarkten und zu Führern in Politik, Wirtschaft, Kunst und Wissenschaft wurden etc. Und unter den Geisteroffenbarungen und Prophezeihungen dieses Buches steht keine, auszusagen, wann der Geist und welcher Geist den Mammon überwinden wird, der in den Wirren des Völkerhasses und Klassenhasses über Sieger und Besiegte die Weltherrschaft angetreten hat.
Reprint des 1923 in Ebenhausen erschienenen Originals,
330 Seiten, Broschur, Klebebindung, 15,0 x 21,0 cm, **ISBN 978-3-934673-54-0**

Otto von Corvin
Pfaffenspiegel
Historische Denkmale des Fanatismus in der römisch-katholischen Kirche

Dieses Hauptwerk des gebürtigen Polen und späteren deutschen Offiziers, Publizisten, Erfinder und Revolutionärs Otto von Corvin, der nach seiner Verurteilung zum Tode durch Erschiessen und seiner nicht mehr für möglich gehaltenen Begnadigung wie kaum ein anderer gegen die sozialen Verhältnisse der verarmten Bevölkerung und die dunklen Seiten von Kirche und Monarchie anschrieb, ist zu unrecht in den Schatten der Geschichte abgetaucht. Aufgrund seiner These, das ein bestimmter Teil des Christentums unendliches Leid über die Welt gebracht hat, wurden bezüglich weiterer Aussagen des Bandes in den 30er Jahren in Deutschland Strafrechtsprozesse geführt, Druckverbote ausgesprochen, Beschlagnahmungen angeordnet und versucht, das Buch aus den Annalen der kirchenkritischen Literaturgeschichte zu streichen. Dass die Erkenntnisse des Autors auch heute noch ihre Brisanz und Aktualität besitzen, zeigt nicht zuletzt der Umstand, dass seit dem Erscheinen des Buches im 19. Jahrhundert bisher über drei Millionen Exemplare verkauft wurden und kein Ende abzusehen ist.
Original-Reprint der 43. in Berlin gedruckten Ausgabe, des erstmals 1845 erschienenen Buches mit dem Essay „Otto von Corvin - Ein deutscher Freiheitskämpfer in Wort und Tat" zum Leben und Wirken des Autors,
408 Seiten, Broschur, Klebebindung, 15,0 x 21,0 cm;
ISBN 978-3-939856-08-5

Otto von Corvin
Die Geißler
Historische Denkmale des Fanatismus in der römisch-katholischen Kirche - Band II

Mit diesem Band knüpft Otto von Corvin nahtlos an sein Hauptwerk, den „Pfaffenspiegel", an und beschäftigt sich mit einer besonderen Variante des römisch-katholischen Fanatismus - der Züchtigung, Selbstzüchtigung und Prügel als Ausdruck eines irrgeleiteten Glaubens und beleuchtet sowohl die 'Allgemeine Prügelschau' sowie die 'Römisch-katholischen Selbsthiebe' und beschließt seine Betrachtung mit den 'Ordentlichen und außerordentlichen Kirchen- und Klosterhieben'.
- „Der Stock regiert die Welt" lautet ein altes Sprichwort und Otto von Corvin, der zum Tode durch Erschiessen verurteilt , doch später begnadigt wurde und gegen die Armut des Volkes und die Allmacht der Oberen anschrieb, leitet daraus ab: „Der Papst und unsere Fürsten lassen sich so gern die Statthalter Gottes nennen; aber in der Tat sind sie nur Statthalter des Stockes, der nach dem gemeinen Sprichwort die Welt regiert. Die Wahrheit desselben erkannten schon die Alten an, und die Bilder des Stockes und seiner gleich verehrungswürdigen Gemahlin, der Geißel, waren von jeher die Symbole der obersten Gewalt."
Original-Reprint der in Hamburg gedruckten Auflage,
328 Seiten, Broschur, Klebebindung, 15,0 x 21,0 cm;
ISBN 978-3-939856-49-8

Michael Derrich
Monster und Ungeheuer
Mythos & Wirklichkeit legendärer Kreaturen

Am Beginn des neuen Jahrtausends sind dank der Computertechnik Monster und Ungeheuer faßbarer als in früheren Zeiten, was deren Präsenz auf Kinoleinwänden und im Fernsehen angeht. Phantasiegeschöpfe sind dabei das eine - die Realität mit noch immer unentdeckten Arten im Tierbereich eine andere bis zu der Behauptung, dass Arten, die seit Millionen von Jahren als ausgestorben gelten, im Verborgenen überlebt haben. Neben der Beleuchtung dieser Sachverhalte steht vor allem im Mittelpunkt des Buches, ob es Wissenschaftlern und Forschern aufgrund von Genexperimenten gelingen kann, Dinosaurier und Mammuts wiederzubeleben oder Chimären aus Affen, Menschen und Robotern zu schaffen. Die diesbezüglichen Erkenntnisse des Autors sind dabei hoffnungsvoll, was die Bekämpfung von Krankheiten betrifft, stellen aber auch eine Warnung vor unkontrollierten Experimenten dar.
120 S., sw-Abbild., Literaturarchiv, Broschur, Klebeb., 15 x 21 cm,
ISBN 978-3-939856-07-8

Michael Derrich
Der Körperkult
Die Geschichte seiner Wurzeln in der Esoterik

Seit Beginn der Zivilisation sind die Menschen mit einem in jeder Epoche existierenden Phänomen konfrontiert: dem Körperkult. Heute dominiert er mehr denn je die Öffentlichkeit und das ausgerechnet bei den aufgeklärt und rational denkenden Menschen der Industrienationen. Sportliche Höchstleistungen, gnadenlose Schönheitswettbewerbe und -operationen, Piercing und Branding durchziehen den Alltag, ohne das die Wurzeln dieser Begierden bekannt sind. In diesem Buch zeigt der Autor, das hinter dem Selbstverwirklichungswahn mehr steckt, als für die Anforderungen der Leistungsgesellschaft besser gerüstet zu sein.
240 Seiten, sw-Abbild., Broschur, Klebebindung, 15,0 x 21,0 cm,
ISBN 978-3-934673-36-6

Gerd Elmar König (Hrsg.)
Wissenschaft ohne Grenzen
Das Beste aus fünf Jahren grenzwissenschaftlicher Forschung 1996 - 2000

Unser einstmals fest gefügtes Weltbild ist am Beginn des neuen Jahrtausends in Umbruch geraten. Wie kaum in den Jahren zuvor haben sich von 1996 bis 2000 Ereignisse, Tatsachen und Theorien einen Weg gebahnt, die für uns von entscheidender Bedeutung sein werden, weil sie den Konsens des wissenschaftlichen Establishments zerbrechen. Dieser in begrenzter Auflage erstmals erscheinende Sammelband vereinigt die Highlights grenzwissenschaftlicher Arbeit und Forschung und ist für jeden Interessierten ein Kompendium für neues Wissen und Handeln.
480 Seiten, sw-Abbild., Broschur, Klebebindung, 16,5 x 24,5 cm,
ISBN 978-3-934673-41-0

Giovanni Frusta
Flagellantismus und Jesuitenbeichte
Die Geschichte der Geisselungs-Institute, Kloster-Züchtigungen u. Beichtstuhl-Verirrungen

Die Neigung und der Gebrauch der Menschen, sich selbst oder anderen körperlichen Schmerz zuzufügen, gehört zu den seltsamsten Erscheinungen in der Sittengeschichte. Aberglaube und Betrug, Selbsttäuschung und Schwärmerei, Lüsternheit und Wollust, Brutalität und Grausamkeit hatten gleich großen Anteil daran. Viele Forscher beschäftigten sich zu verschiedenen Zeiten mit diesem Gegenstand, doch fehlte bis jetzt eine erschöpfende Darstellung des Flagellantismus in allen seinen obskuren Verzweigungen und ungeheuerlichen Praktiken, die hiermit in einzigartiger Weise dem Leser nahegebracht wird.
Original-Reprint des 1925 in Berlin erschienenen Buches;
240 Seiten, Broschur, Klebebindung, 15 x 21 cm, **ISBN 978-3-934673-20-5**

Emil Szittya
Selbstmörder
Die erste Kulturgeschichte des Selbstmordes aller Zeiten und Völker

In diesem kulturgeschichtlich einmaligen Kompendium des deutschen Schriftstellers und Malers Emil Szittya gelingt es ihm nachzuweisen, dass alle Statistiken und Ursachen über den Freitod wie Geistesstörung, Krankheit, Sorge, Furcht, Lebensüberdruß, Vermögensverhältnisse, Verlust von Angehörigen und häuslicher Kummer nur einen relativen Wert haben und der Selbstmord ein komplexes Phänomen ist, dass sich bisher allen wissenschaftlichen Deutungsversuchen entzog. Die menschliche Natur hatte in allen Zeitläuften ihre Grenzen, sie kann Leid, Freude, Schmerzen bis auf einen gewissen Grad ertragen, und geht zugrunde, sobald dieser überstiegen ist. Im Mittelpunkt steht in diesem Band das nicht zu enträtselnde Mysterium Mensch mit seiner Ansicht, dass der Selbstmord ein Vorrecht gegenüber dem Tier darstellt, das seinem Leben nicht wissentlich ein Ende setzen kann. Dabei wird ein Bogen geschlagen von der Frage, ob der Freitod ein Verbrechen an uns oder gegenüber der Gesellschaft ist und welchen Stellenwert Sterbehilfe besitzt.
Zum Inhalt (Auswahl): Philosophie und Apologie des Selbstmordes; Zu den Ursachen des Selbst mordes; Selbstmord in der Literatur; Selbstmordarten; Der religiöse Selbstmord; Selbstmord aus Ehrgefühl; Der politische Selbstmord; Selbstmord und Verbrechen; Das Glücksspiel; Selbstmord aus materiellen Sorgen; Kinderselbstmorde; Selbstmordepidemien; Kirche und Selbstmord; Staat und Selbstmord; Gibt es ein Mittel gegen den Selbstmord?
Originalreprint des 1925 in Leipzig erschienenen Buches; 410 Seiten m. Zeichnungen von Chodowiecki, Da Vinci, Grosz, Zille u.a., Literatur-, Personen- u. Ortsverz.; Broschur, Klebebindung, 15,0 x 21,0 cm, **ISBN 978-3-939856-35-1**

Fordern Sie KOSTENLOS unser Gesamtprogramm an:
Buchverlag König
Äußere Zeulenrodaer Straße 11 • 07973 Greiz/Thür.
Tel.: 0 36 61 - 67 42 13 • Fax: 0 36 61 - 67 42 14

Friedrich Gerstäcker
Rätselhafte Begegnungen nicht nur für Abergläubige
Gesamtausgabe in 3 Bänden

Achtung! Diese Sammlung ist wirklich nur für Hartgesottene, welche keine Angst vor seltsamen nächtlichen Wesen kennen! Wenn Sie aber von sich glauben es tatsächlich durchzuhalten, über 700 Seiten mit unheimlichen Geschichten zu lesen, dann sind Sie hier genau richtig. Diese drei Bände enthalten die schauerlichsten Geschichten und mysteriösesten Vorfälle, die ein weitgereister Schriftsteller wie Friedrich Gerstäcker je erdacht oder recherchiert hat. Ihre Einladung zur Gruselstunde enthält folgende seelischen Traktate: „Der Dreizehnte", „Germelshausen", „Die Ahnung", „Werner", „Die Puppe", „Versunkene Stadt", „Der tote Chaussee-Eintreiber".
720 Seiten mit 7 unheimlichen Geschichten und einem Essay über Friedrich Gerstäcker, sein Leben und Wirken von Hildegard Gerlach, 3 Broschuren, Klebebindung, je 10,5 x 15,0 cm; **ISBN 978-3-939856-16-0**

Band I: Der Dreizehnte

Sind Sie abergläubisch? Dann legen sie dieses Buch rasch aus der Hand. Denn die Erzählung könnte Sie in der Meinung bestärken, dass die „13" wirklich eine Unglückszahl sei. Das mußte auch die Gruppe ehrenwerter Bürger zugeben, die einen Club der „13" gegründet hatten, um den dummen Vorurteilen in der Kleinstadt mutig entgegenzutreten. Aber kurz vor der Silvesternacht ereilte den 13. das Schicksal. Oder glauben Sie, dass versunkene Dörfer aus dem Moor wieder auftauchen können?
240 Seiten, 2 Geschichten und einem Essay über Friedrich Gerstäcker, Broschur, Klebebindung, 10,5 x 15,0 cm, **ISBN 978-3-939856-13-9**

Band II: Die Ahnung

Viel ist über alte Landhäuser schon berichtet worden. Von knarrendem Gebälk, mitternächtlichen Geistererscheinungen und Teufelsspuk hört man da. Dass aber ein einsamer Mann in solch einem Haus der Liebe seines Lebens begegnet, kann doch wohl nicht wahr sein? - Dass in einer anderen Geschichte eine Puppe durch Fürsorge zum Leben erweckt werden kann, ist doch mehr als unwahrscheinlich. Und doch hat sich diese außerordentliche Begebenheit in einer Stadt zugetragen...
240 Seiten, 3 Geschichten, Broschur, Klebebindung, 10,5 x 15,0 cm, **ISBN 978-3-939856-14-6**

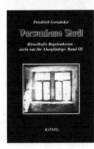

Band III: Versunkene Stadt

Was der ungerechtfertigte Besitz von Reichtum außer Übermut mit sich bringt, erfahren wir in der ersten Geschichte dieses Bandes, die außer gespenstischem Geschehen auch eine ganz eigene Tragödie um einen Urlaub am Meer, eine große Liebe und deren unfassbares Ende. - Am bzw. auf dem Meer spielt auch die zweite Erzählung, welche schildert was es nach sich ziehen kann, wenn man die Warnungen des Klabautermannes in den Wind schlägt...
240 Seiten, 2 Geschichten, Broschur, Klebebindung, 10,5 x 15,0 cm, **ISBN 978-3-939856-15-3**

Magisches Deutschland
Reisebegleiter zu geheimnisvollen Sagenplätzen

Von der Vielzahl sonstiger Reiseführer unterscheidet sich diese Reihe dadurch, dass sie kein üblicher touristischer Ratgeber ist, sondern die sagen-, märchen- und legendenumwobenen Plätze Deutschlands erschließt. Jeder Band beschreibt Orte und Objekte, an denen ungewöhnliche oder unheimliche Begebenheiten zu finden und nachzuempfinden sind. Die betreffenden Geschichten werden auf heute noch sichtbare Plätze bzw. Gegenstände bezogen, können so literarisch erfahren und sinnlich wahrgenommen werden und vermitteln interessante Einblicke in die Kulturgeschichte der jeweiligen Region. Die Bände sind in der Praxis entstanden und für die Praxis gedacht. Das bedeutet, dass volkstümliche Überlieferungen nicht nur referiert, sondern nach Möglichkeit auch auf ihren jeweiligen Kontext überprüft und interpretiert werden; unterstützt durch umfangreiche Recherchen der Autoren vor Ort. Für die wichtigen Sach- und Hintergrundinformationen stand Fachliteratur zur Verfügung, von der am Ende jeden Buches eine Auswahl zu finden ist, zusammen mit einer Übersichtskarte und einem Ortsverzeichnis, das zu einer Entdeckungsreise in die jeweilige Region einlädt.

Reinhild Zuckschwerdt-Moll
Berlin-Brandenburg
Reisebegleiter zu 156 Sagenplätzen
240 Seiten, 74 sw-Abb., Übersichtskarte, Ortsverzeichnis u. Fachbuch-Auswahl, Taschenbuch-Broschur, Klebeb., 10,5 x 22,0 cm.
ISBN 978-3-934673-95-3

*Ingrid Berle, Marie-Louise Schmeer-Sturm,
Marie-Luise Hoffmann, Renate Könke*
München-Oberbayern
Ein Reisebegleiter zu 279 Sagenplätzen
330 Seiten, 105 sw-Abb., Übersichtskarte, Ortsverzeichnis u. Fachbuch-Auswahl, Taschenbuch-Broschur, Klebebind., 10,5 x 22,0 cm,
ISBN 978-3-934673-98-4

Frank Winkelmann
Südliches Niedersachsen
Ein Reisebegleiter zu 110 Sagenplätzen
200 Seiten, 84 sw-Abb., Übersichtskarte, Ortsverzeichnis und Fachbuch-Auswahl, Taschenbuch-Broschur, Klebebindung, 10,5 x 22,0 cm,
ISBN 978-3-934673-96-0

Ingrid Berle, Hildegard Gerlach
Rheinland
Ein Reisebegleiter zu 200 Sagenplätzen
240 Seiten, 80 sw-Abb., Übersichtskarte, Ortsverzeichnis u. Fachbuch-Auswahl, Taschenbuch-Broschur, Klebeb., 10,5 x 22,0 cm,
ISBN 978-3-934673-98-4

WEITERE AUSGABEN SIND ERHÄLTLICH ODER IN VORBEREITUNG!

Alfred Lehmann
Aberglaube und Zauberei
von den ältesten Zeiten an bis in die Gegenwart

Das unübertroffene kritische Standardwerk für magisch Interessierte und okkulte Kenner mit erstaunlicher Aktualität und zukunftsweisender Bedeutung in einer neuen Sonderauflage.

770 Seiten mit 4 Schwarz-weiß-Tafeln und 72 Abbildungen, Bibliographie, Autoren- und Sachregister, Hardcover, gebunden, Format 16,5 x 24,5 cm, **ISBN 978-3-934673-61-8**

Aus dem Inhalt (Auswahl):
- *Einleitung* (Das Verhältnis des Aberglaubens und der Magie zu Religion u. Wissenschaft;Religion und Magie bei Naturvölkern)
- *Die Weisheit der Chaldäer und ihre Entwicklung in Europa* (Chaldäer; Griechen und Römer; Das Mittelalter bis zu den Hexenprozessen; Teufelsbündnis und Hexensabbat u.a.m.)
- *Die Geheimwissenschaften* (Das Verhältnis der gelehrten Magie zur Zauberei des Volkes; Die gelehrten Magier vor Agrippa; Die magischen Wissenschaften; Magia naturalis; Popularisierung der Wissenschaften; Moderner Spiritismus und Okkultismus; Die Ausbreitung des Spiritismus; Okkulte Kräfte; Theosophie und Fakirismus, Spiritismus nach 1880 u.a.m.)
- *Die magischen Geisteszustände* (Der Mensch als das Zentrum der magischen Kräfte; Bedeutung der Beobachtungsfehler für den Aberglauben; Der Schlaf und der Traum; Die Bedeutung der Träume für den Aberglauben; Das Nachtwandeln; Hypnose und Autohypnose; Magische Wirkungen der Narkosen; Die technischen Hilfsmittel der Magie u.a.m.)

Fordern Sie KOSTENLOS unser Gesamtprogramm an:

Buchverlag König
Äußere Zeulenrodaer Straße 11 • 07973 Greiz/Thür.

Tel.: 0 36 61 - 67 42 13 • Fax: 0 36 61 - 67 42 14

eMail: verlag-koenig@t-online.de

oder besuchen Sie uns im Internet:

www.buchverlag-koenig.de